法医鉴定委托事项浅析

主编　邵同先　刘惠勇

郑州大学出版社

图书在版编目(CIP)数据

法医鉴定委托事项浅析 / 邵同先,刘惠勇主编. — 郑州 : 郑州大学
出版社,2023.9
ISBN 978-7-5645-9913-3

Ⅰ. ①法… Ⅱ. ①邵…②刘… Ⅲ. ①法医学鉴定 – 委托 – 中国
Ⅳ. ①D919.4

中国国家版本馆 CIP 数据核字(2023)第 171738 号

法医鉴定委托事项浅析
FAYI JIANDING WEITUO SHIXIANG QIANXI

策划编辑	张　霞	封面设计	苏永生
责任编辑	刘　莉	版式设计	苏永生
责任校对	吕笑娟	责任监制	李瑞卿

出版发行	郑州大学出版社	地　　址	郑州市大学路40号(450052)
出 版 人	孙保营	网　　址	http://www.zzup.cn
经　　销	全国新华书店	发行电话	0371-66966070
印　　刷	河南龙华印务有限公司		
开　　本	787 mm×1 092 mm　1 / 16		
印　　张	20.25	字　　数	398 千字
版　　次	2023 年 9 月第 1 版	印　　次	2023 年 9 月第 1 次印刷

书　　号	ISBN 978-7-5645-9913-3	定　　价	102.00 元

作者名单

主 编　邵同先　刘惠勇
副主编　石　杰　马会民
编　委　（以姓氏笔画为序）
　　　　马会民　石　杰　刘惠勇
　　　　李向伟　邵同先　姜珊珊
　　　　曹　霞

法医鉴定委托事项的规范表述是基本的文书表达要求,能真实反映委托机构(人)的诉求和目的,对后期法医鉴定顺利启动鉴定过程和鉴定程序起到关键作用,也是委托机构(人)对鉴定机构鉴定要求的明确指向,使法医鉴定意见符合委托的诉求,为案件处理和司法实践提供可靠的科学依据。当前法医鉴定委托书(函)尚无统一格式,委托事项(要求)填写不规范、目的不明确,有些文字叙述烦琐甚至有些词不达意,还有些委托事项的表述过于口语化和使用非专业词汇,给后续法医鉴定工作带来了很大的困扰。国内对法医鉴定委托事项的表述迫切需要规范,目前尚无完整、系统的法医鉴定委托事项规范表述和统一标准供法医鉴定行业参考。为促进该行业委托事项规范表述,以及为提高法医鉴定的质量奠定基础,我们组织相关专家编写了《法医鉴定委托事项浅析》一书。

本书共七章:第一章为绪论,第二章为法医临床鉴定委托事项,第三章为法医病理鉴定委托事项,第四章为法医毒物鉴定委托事项,第五章为法医精神病鉴定委托事项,第六章为法

1

医物证鉴定委托事项,第七章为法医鉴定委托事项表述规范指南及法医鉴定委托书(函)。附录是有关法医鉴定的几个国家或行业标准,方便读者在工作中使用。

本书在编写过程中得到了本行业和法医鉴定委托单位许多专家、学者的支持和帮助,他们提出了许多好的建议和意见。本书的顺利出版,也是参与编写本书的各位专家和老师共同努力的结果。本书适合基层法院、公安局、检察院及相关委托机构人员阅读和参考。希望本书的出版能对法医鉴定委托事项的规范表述起到促进作用,使鉴定诉求更具有针对性和指向性,使鉴定意见与委托单位或委托人的要求吻合度更高,提高司法鉴定的质量和水平。

由于编者的水平、经验和能力有限,书中可能存在不足的地方,希望各位读者在阅读后提出宝贵意见,以便今后进一步提高本书的质量。

邵同先

2023 年 5 月

目 录

第一章 绪 论

法医鉴定委托事项是委托机构(人)在司法实践和案件处理中需要法医对人体病理变化或相关生物检材进行技术鉴定前,填写在司法鉴定委托书(函)的重要内容,反映委托机构(人)的鉴定诉求和目的,便于法医鉴定机构开展针对性的鉴定工作。规范的委托事项(事由)和书写是法医鉴定前必需的环节,委托事项的规范表述是法医针对性鉴定的前提。

委托机构(人)提出的法医鉴定委托事项目前不统一,委托诉求和法医鉴定的内容与规范专业术语出现脱节,委托机构(人)的诉求表达不清楚,不利于法医鉴定和案件处理。鉴定机构与委托机构(人)的委托事项沟通不到位,难以达成一致或统一,导致委托机构(人)填写委托事项不规范、不严谨。亟需从委托机构(人)的委托事项的目的和诉求及法医鉴定的技术性方面对法医鉴定委托事项进行规范统一,以利于法医鉴定的开展和鉴定机构的案件鉴定及处理。

第一节 法医鉴定委托事项中的术语和定义

法医鉴定是具有司法鉴定资格的人员对与人身有关的活体、尸体及生物物证等的检验鉴定工作,从而得出相关结论性意见。法医鉴定委托事项是委托机构(人)向法医鉴定机构提出的法医鉴定委托书(函)中委托鉴定的诉求和目的,需要鉴定机构给出针对性的结论和意见。

法医鉴定委托事项包括法医临床学、法医病理学、法医毒理学、法医物证学、法医精神病学等学科涉及的鉴定内容。

一、法医临床鉴定委托事项范围中的术语和定义

1. 误工期、护理期、营养期评定

误工期、护理期、营养期评定(indentification of loss of working time,nursing period,vegetative period,简称三期评定)是指法医鉴定人应用法医临床知识对误工期、护理期、营养期做出判定并给出具体的鉴定意见。

误工期(或损害休息期)是指人体损伤后经过诊断、治疗达到临床医学一般原则所承认的治愈(即临床症状和体征消失)或体征固定所需要的时间。

护理期是指人体损伤后,在医疗或者功能康复期间生活自理困难,全部或部分需要他人帮助的时间。

营养期是指人体损伤后,需要补充必要的营养物质,以提高治疗质量或者加速损伤康复的时间。

2. 人身保险伤残鉴定

人身保险伤残鉴定(disability assessment for personal insurance)是指根据《人身保险伤残评定标准》(行业标准),法医鉴定人对参加人身保险人员所受人体损害,从其功能和残疾方面进行分类和分级的鉴定。

3. 护理依赖程度鉴定

护理依赖程度鉴定(identification of nursing dependency level)是指法医鉴定人对人身损害躯体伤残者和精神障碍者,日常生活是否需要护理依赖及其程度的鉴定。

护理依赖是指躯体残疾者和精神障碍者需经他人护理、帮助以维系日常生活。护理依赖程度是指躯体残疾者或精神障碍者需要他人帮助的程度。

护理依赖程度可为终身的,不同于一般意义上的住院护理期。护理依赖程度分为3级:一级为完全护理依赖;二级为大部分护理依赖;三级为部分护理依赖。

4. 人体损伤程度鉴定

人体损伤程度鉴定(identification of the degree of human injury)是指法医鉴定人根据人体损伤当时的伤情及其损伤的后果或者结局,全面分析,综合鉴定。

损伤程度包括损伤当时原发性病变,与损伤有直接联系的并发症,以及损伤引起的后遗症。人体损伤程度分为重伤、轻伤及轻微伤。

5. 伤残等级鉴定

伤残等级鉴定(disability level identification)是指法医鉴定人对人身伤害的伤残程度的等级进行鉴定。

一般伤残的等级,是根据伤残的严重程度来判定。按照相关标准分为一级到十级伤残,一级最重。

6. 人体损害(损伤)与疾病关系鉴定

人身损害(损伤)与疾病关系鉴定[assessment of the relationship between human damage(injury) and diseases]是指法医鉴定人对人身伤害鉴定时,区别损伤与原发疾病(原发损伤)的原因力大小。

人体损害(损伤)与疾病关系鉴定结果,按照因果关系类型和损害在疾病中的原因力大小,分为完全作用、主要作用、同等作用、次要作用、轻微作用和没有作用6种类型。

7. 道路交通事故受伤人员伤残程度鉴定

道路交通事故受伤人员伤残程度鉴定(assessment of the degree of disability of injured individuals in road traffic accidents)是指法医鉴定对道路交通事故受伤人员伤残程度进行鉴定,包括精神的、生理功能的和解剖结构的异常及其导致的生活、工作和社会活动能力不同程度丧失。

道路交通事故受伤人员伤残程度按伤残等级分为Ⅰ级伤残、Ⅱ级伤残、Ⅲ级伤残、Ⅳ级伤残、Ⅴ级伤残、Ⅵ级伤残、Ⅶ级伤残、Ⅷ级伤残、Ⅸ级伤残、Ⅹ级伤残。

8. 劳动能力鉴定

劳动能力鉴定(appraisal of labor capacity)是指劳动功能障碍程度和生活自理障碍程度的等级鉴定,也是确定其劳动能力丧失的程度。劳动能力的丧失分为两种:①部分丧失劳动能力,这种人虽然因伤、病导致身体衰弱、器官功能障碍或肢体残废,但仍能从事一些轻微或力所能及的工作;②完全丧失劳动能力,这种人因伤、病已经不能从事任何强度的工作,甚至连日常生活都需要他人照顾。

9. 活体年龄鉴定

活体年龄鉴定(living age identification)是指法医鉴定人根据人体的骨龄、牙龄等医学知识,对争议对象的年龄提出法医学鉴定意见。该鉴定意见可以成为刑事或民事案件中确定被鉴定人真实年龄的重要依据。

10. 性功能鉴定

性功能鉴定(judicial appraisal of sexual function)是指法医鉴定人对被鉴定人的性功能问题进行鉴别和判断并提供鉴定意见或结论。

11. 医疗纠纷鉴定

医疗纠纷鉴定(medical dispute appraisal)是指人民法院在受理医疗损害赔偿民事诉讼案件中,依职权或应医患任何一方当事人的请求,委托具有法定鉴定资质的司法鉴定机构对患方所诉医疗损害结果与医方过错有无因果关系等专门性问题进行分析、判断并提供鉴定结论。

医疗纠纷鉴定的目的是为医疗损害赔偿民事诉讼中遇到的专门性问题提供技术服务,为调节和处理医疗纠纷提供科学依据。

12. 诈病(伤)及造作病(伤)鉴定

诈病(伤)及造作病(伤)鉴定(identification of fraudulent and artificial)是指法医鉴定人采用法医临床学的理论与技术,对诈称(夸大)损伤、诈称(夸大)疾病及人为造成的身体损伤进行鉴定。

13. 致伤物和致伤方式推断

致伤物和致伤方式推断(inference of the cause and mode of injury)是指法医鉴定人根据人体损伤特征推断致伤物和致伤方式的过程。

致伤物即致伤工具的推断一般从两方面来进行:首先要根据损伤的种类(如擦伤、挫伤、咬伤、骨折等)区分该损伤系钝器伤、锐器伤或火器伤;然后再根据损伤的形态(如形状、大小等)来推测致伤物的形状、大小、质量、长度、厚度及有无棱边、棱角或其他特征。

14. 合理医疗费

合理医疗费(reasonable medical expenses)是指符合通常惯例且医学必需的医疗费。

不属于合理医疗费的有:陪床费、空调费、垃圾处理费;营养补充类、免疫功能调节类、美容及减肥类、预防类及中草药类的特定药品的费用;试验性、研究性医疗项目的费用;与被保险人的诊断及治疗无关的费用。

15. 医疗终结时间

医疗终结时间(medical end time)是指医疗机构或医生对患者或伤残者诊断治疗全过程结束的时间。

医疗终结时间包括病情检查、确诊、药物治疗、手术治疗等医疗措施结束的时间。职工因病或因工伤残医疗终结,必须由指定的医疗机构认定。医疗终结是确认职工是否病情痊愈或者伤残的依据。

一般情况下出院可被认为是治疗终结。医院认为患者病情稳定,已不需要进行继续治疗的话,患者可以出院回家休养,这样患者出院时就是治疗终结之时。

当然也有例外,如果出现骨折,为了复位做手术,在体内植入了钢板或钢针,医院要求患者先出院,待几个月愈合后,再行手术取出体内钢板或钢针,这样第二次手术出院时才能说是治疗终结。如果患者出院后因原病情的反复又入院治疗,这种情况应当视为治疗没有终结。

16. 医疗费审查

医疗费审查(medical expense review)是指法医鉴定人对受害人在遭受人身伤害之后接受医学上的检查、治疗与康复训练所必须支出的费用审查。

医疗费不仅包括过去的医疗费如治疗费、医药费,也包括将来的医疗费如康复费、整容费及其他后续治疗费。

对医疗费一般从以下几个方面进行审查:①审查医疗费是否为治疗所受损伤的费用,与损伤无关的医疗费如治疗另外本身固有的疾病,不属于赔偿范围;②审查医疗费的数额,按照一审法庭辩论终结前实际发生的数额确定。

器官功能恢复训练所需的康复费、适当的整容费及其他后续治疗费用,赔偿权利人可以待实际发生后另行起诉。但根据医疗证明或者鉴定结论确定必然发生的费用,可以与已经发生的医疗费一并予以赔偿。

17. 后续治疗费鉴定

后续治疗费鉴定(subsequent treatment fee assessment)是指法医鉴定人对受害人因伤致残,因其增加生活上所需支出的必要费用及因丧失劳动能力导致的收入损失,包括残疾赔偿金、残疾辅助器具费、被扶养人生活费,以及因康复护理、继续治疗实际发生的必要的康复费、护理费、后续治疗费进行鉴定。

18. 伤残辅助器具费鉴定

伤残辅助器具费鉴定(assessment of disability assistive equipment costs)是指法医鉴定人对受害人在人身伤害致残的情况下,为补偿其丧失的器官功能,辅助其实现生活自理或者从事生产劳动而购买、配备的生活自助器具(如假肢、轮椅等)支出的费用进行鉴定。

二、法医病理鉴定委托事项范围中的术语和定义

1. 死亡原因鉴定

死亡原因鉴定(cause of death identification)是指确认是暴力死还是非暴力死,做出导致死亡的具体疾病或暴力的结论。

2. 死亡方式鉴定

死亡方式鉴定(identification of mode of death)是指法医鉴定人对死者死亡付诸实现的方式做出判定,包括他杀、自杀或意外事故、灾害。

3. 死亡时间推断

死亡时间推断(inference of time of death)是指法医鉴定人对人体死亡至尸体检验时所经历或间隔的时间进行推断。

4. 致伤(死)物认定

致伤(死)物认定[identification of causing injury(death)]是指法医鉴定人对某一嫌疑致伤物为造成受害人损伤的物体的确认。

5. 生前伤与死后伤鉴别

生前伤与死后伤鉴别(differentiation between pre life injury and post death injury)是指法医鉴定人在尸体检验时,对生前损伤和死后损伤做出区分。

三、法医毒物鉴定委托事项范围中的术语和定义

1. 法医毒物鉴定

法医毒物鉴定(forensic toxins identification)是指法医鉴定人运用法医毒物学的理论和方法,结合现代仪器分析技术,对体内外未知毒(药)物、毒品及代谢物进行定性、定量分析,并通过对毒物毒性、中毒机制、代谢功能的分析,结合中毒表现、尸检所见,综合做出毒(药)物中毒的鉴定。

2. 气体毒物鉴定

气体毒物鉴定(gas toxicity identification)是指法医鉴定人对在常温常压下呈气态或极易挥发的有毒化学物进行鉴定。气体毒物可以来源于工业污染,煤和石油的燃烧,以及生物材料的腐败分解。气体毒物对呼吸道有刺激作用,人吸入后容易中毒。气体毒物包括氨、臭氧、二氧化氮、二氧化硫、一氧化碳、硫化氢及光化学烟雾等。

3. 挥发性毒物鉴定

挥发性毒物鉴定(identification of volatile toxin)是指法医鉴定人对在常温下有较大气压,相对分子量小,化学结构简单,可以利用其较易挥发的特点从检材中分离出来的毒物进行鉴定。常见挥发性毒物包括醇类、氰化物、酚类、醛类、烃类、卤代烃及苯的衍生物等。

4. 合成药毒物鉴定

合成药毒物鉴定(toxic identification of synthetic drug)是指法医鉴定人对人工合成的药物过量服用产生毒性作用,造成人体损害进行鉴定。常见的合成药有巴比妥类、苯二氮䓬类、吩噻嗪类药物等。

5. 天然药毒物鉴定

天然药毒物鉴定(toxic identification of natural drug)是指法医鉴定人对天然药毒物造成人体损害进行鉴定。

6. 毒品鉴定(drug identification)

毒品鉴定是指法医鉴定人对国家规定管制的或其他能够使人形成瘾癖的毒品、麻醉药品和精神药品进行鉴定,如对阿片、海洛因、甲基苯丙胺(冰毒)、吗啡、大麻、可卡因等进行鉴定。

7. 易制毒化学品鉴定

易制毒化学品鉴定(identification of precursor chemical)是指法医鉴定人对国家规定管制的可用于制造毒品的前体、原料和化学助剂等物质进行鉴定。

易制毒化学品是指国家规定管制的可用于制造麻醉药品和精神药品的原料和配剂,既广泛应用于工农业生产和群众日常生活,流入非法渠道又可用于制造毒品。

2005 年国务院颁布了第 445 号国务院令,公布《易制毒化学品管理条例》,列管了 3 类 23 个品种,第一类是可以用于制毒的主要原料,第二类、第三类是可以用于制毒的化学配剂。2008 年经国务院批准,羟亚胺被列入第一类易制毒化学品。根据 2012 年 8 月 29 日公安部、商务部、卫生部、海关总署、国家安全监管总局联合印发的《关于管制邻氯苯基环戊酮的公告》,从 2012 年 9 月 15 日起,邻氯苯基环戊酮被列入第一类易制毒化学品。

随后国家于 2014、2017 年又进行了增补,共列管了 3 类 32 种物料;2021 年 5 月,国务院同意将 α-苯乙酰乙酸甲酯等 6 种物质列入《易制毒化学品的分类和品种目录》。

第一类易制毒化学品包括 1-苯基-2-丙酮、3,4-亚甲基二氧苯基-2-丙酮、胡椒醛、黄樟素、黄樟油、异黄樟素、麻黄素等。

8. 杀虫剂鉴定

杀虫剂鉴定(pesticide identification)是指法医鉴定人对用于防治农业害虫和城市卫生害虫的药品是否发生人体损害进行鉴定。

9. 金属毒物鉴定

金属毒物鉴定(identification of metal toxin)是指法医鉴定人对引起人体急性中毒的金属单质及其化合物进行鉴定。

这类毒物毒性的强弱,首先取决于所含金属元素的类型,其次是毒物自身的分子结构或化合状态。通常无机物比有机物毒性大;易溶盐类毒物比难溶盐类毒物毒性大;气态毒物比液态及固态毒物毒性大。

10.水溶性无机毒物鉴定

水溶性无机毒物鉴定(identification of watersoluble inorganic toxin)是指法医鉴定人对人体误服或意外服用水溶性无机毒物进行鉴定。水溶性无机毒物分为两大类:亚硝酸盐等无机盐类和强酸、强碱等腐蚀性物质。

11.腐蚀性毒物

腐蚀性毒物(corrosive toxin)是指与身体接触后能迅速与局部组织或器官发生化学作用和或物理作用,引起局部组织器官损伤和全身反应,甚至死亡的一类毒物。

中毒途径主要是局部皮肤黏膜的直接接触,因毒物种类、浓度、剂量和接触时间的不同,以致局部组织红肿、水泡、溃烂,有的治愈后可遗留瘢痕或功能障碍,严重者可出现休克,甚至死亡。这类毒物有硫酸、盐酸、硝酸、苯酚、氢氧化钠、氨及氢氧化氨等。

12.毁坏性毒物

毁坏性毒物(destructive toxin)中毒是指服用毁坏性毒物形成的机体损害现象。这类毒物进入机体后往往影响细胞的正常代谢或导致组织细胞死亡,造成肝、心、肾等器官损害。毁坏性毒物中毒除见于服毒自杀外,投毒他杀的案件也时有发生。

毁坏性毒物包括砷及其化合物、汞及化合物两种,前者最常引起中毒的是信石(三氧化砷),后者以升汞(氯化汞)毒性最大。能引起生物体器质性损害的毒物有砷、汞、钡、铅、铬、镁和其他重金属盐类等。

13.功能障碍性毒物

功能障碍性毒物(dysfunctional toxin)是指进入机体后主要导致机体正常生理功能紊乱的毒物。这类毒物主要干扰中枢神经系统与心、肺的生理功能。常见的有氰化物、一氧化碳、亚硝酸盐类,以及巴比妥类催眠药、非巴比妥类催眠药、生物碱类、乙醇、卤水、异烟肼等。中毒可见于自杀、他杀和意外事故。中毒表现因毒物不同而异,如阿托品、可卡因、甲醇、催眠药、苯丙胺、氰化物、亚硝酸盐和一氧化碳等的中毒表现均不同。

14.农药

农药(pesticide)是指农业上用于防治病虫害及调节植物生长的化学药剂,广泛用于农业、林业和牧业生产、环境和家庭卫生除害防疫、工业品防霉与防蛀等。

农药品种很多,按用途主要分为杀虫剂、杀螨剂、杀鼠剂、杀线虫剂、杀软体动物剂、杀菌剂、除草剂、植物生长调节剂等;按原料来源可分为矿物源农药(无机农药)、生物源农药(天然有机物、微生物、抗生素等)及化学合成农药;按化学结构分,主要有有机氯、有机磷、有机氮、有机硫、氨基甲酸酯、拟除虫菊酯、酰胺类化合物、脲类化合物、醚类化合物、酚类化合物、苯氧羧酸类、脒类、三唑类、杂环类、苯甲酸类、有机金属化合物类等,它们都是有机合成农药;根据加工剂型可分为粉剂、可湿性粉剂、乳剂、乳油、乳膏、糊剂、胶体剂、熏蒸剂、熏烟剂、烟雾剂、颗粒剂、微粒剂及油剂等。如有机磷、有机氮、百菌清、百草枯、溴甲烷等;杀鼠剂,如磷化锌、敌鼠强、杀鼠灵等。

15. 有毒植物和动物

有毒植物和动物(toxic plant and animal)是指含有对人体有害的、有毒的植物和动物。植物自身的化学成分复杂,其中有很多是有毒的物质,不慎接触,可能会引起很多疾病甚至死亡,如乌头、钩吻、曼陀罗、夹竹桃等;有毒动物有毒蛇、河豚、蟾蜍、毒蜂等。

16. 细菌及霉菌毒素

细菌毒素(bacteriotoxin)是指细菌在代谢过程中产生的内、外毒素及侵袭性酶,它们与细菌的致病性密切相关。细菌毒素可以分为 2 种:释放到菌体外的毒素称为菌体外毒素(exotoxin);含在菌体内的,在菌体破坏后而放出的毒素称为菌体内毒素(endotoxin)。但是在菌体外毒素中,也有通过菌体的破坏而放出体外的,所以这种区分法并不是很严密。菌体外毒素大多是蛋白质,其中有的起着酶的作用。如白喉棒状杆菌、破伤风梭菌、肉毒杆菌等的毒素均为菌体外毒素。

霉菌毒素(mycotoxin)是指霉菌在其污染的食品中产生的有毒代谢产物,它们可通过饲料或食品进入人和动物体内,引起人和动物的急性或慢性毒性,损害机体的肝、肾、神经、造血组织及皮肤组织等。

霉菌毒素可在农作物大田收获时形成;在不适宜的贮存条件下,霉菌毒素也可继续在收获后的农作物上形成。较高的湿度通常有利于饲料中霉菌的生长和霉菌毒素的产生。高温和干旱环境下的农作物很容易遭受霉菌孢子的侵害,一旦条件允许,霉菌孢子可产生霉菌毒素,如黄曲霉毒素、赭曲霉毒素等。

17. 酒后驾驶与醉酒驾驶

酒后驾驶(drink driving)是指人体每百毫升血液中酒精(乙醇)含量大于 20 mg,在这种状态下驾驶机动车的交通违法行为。

醉酒驾驶(drunk driving)是指人体每百毫升血液中酒精含量大于或等于80 mg,因饮酒而完全丧失或部分丧失个人意志,在这种状态下驾驶机动车的交通违法行为。

四、法医物证鉴定委托事项范围中的术语和定义

1. 个体识别

个体识别(individual identification)是指通过对生物学检材的遗传标记检验,判断前后两次或多次出现的生物学检材是否属于同一个体的认识过程。

人体细胞内的DNA包含一个人所有的遗传信息,与生俱有,并终生保持不变。这种遗传信息蕴含在人体的毛发、骨骼、血液、唾液等所有人体组织或器官中。人类的基因组在个体上显示出极大的多样性,对每个个体的DNA进行鉴定,可以达到对个体的直接确认。

2. 亲子鉴定

亲子鉴定(paternity test)是指运用生物学、遗传学及有关学科的理论和技术,根据遗传性状在子代和亲代之间的遗传规律,判断被控的父母和子女之间是否为亲生关系的鉴定。

3. 性别鉴定

性别鉴定(gender identification)是指利用医学、生物学和遗传学的理论及聚合酶链反应(polymerase chain reaction,PCR)技术、荧光定量分析技术等,经过多重离心分离染色体,检测血液样品中是否存在Y染色体,以确定胎儿性别。胎儿性别鉴定简称性别鉴定。

性别鉴定通常在胎儿出生前通过抽取孕妇血液12 mL,检测分析游离于母体中的胎儿染色体鉴定胎儿性别。

2016年3月,国家卫生和计划生育委员会会同国家工商行政管理总局、国家食品药品监督管理总局起草了《禁止非医学需要的胎儿性别鉴定和选择性别人工终止妊娠的规定》,禁止任何单位、个人组织介绍或者实施非医学需要的胎儿性别鉴定和选择性别人工终止妊娠。

4. 种族和种属鉴定

种族鉴定(race identification)是指鉴定人根据种族历史进化的遗传学特征进行种族认定。

种族是指人类在某一区域内,历史上所形成的、在体质上具有某些共同遗传性状(包括肤色、眼色、发色和发型、身高、面型、头型、鼻型、血型、遗传性疾

病等)的人群。可以根据颅骨的形态差异、骨盆和股骨的形态差异,结合牙齿的人种差异,进行种族鉴定。

种属鉴定(specie identification)是指具有专门知识和专门检验手段的鉴定人,依据反映形象或客体特征对与案件有关的客体的种属或先后出现的客体的种类是否相同等问题所做出的检验和判断。

5.亲缘关系鉴定

亲缘关系鉴定(identification of kinship)就是依据遗传学的基本原理,采用现代化的 DNA 分型检测技术来综合评判争议个体之间是否存在亲生、隔代或其他血缘关系。

五、法医精神病鉴定委托事项中的术语和定义

1.法医精神病学

法医精神病学(forensic psychiatry)是研究与法律相关的精神病和精神卫生问题的一门学科。它研究精神病的目的是确定违法或犯罪行为是否在精神正常状态下所为,被告人是否负(或负多少)法律责任;确定涉及双方法律行为时,当事人有无行为能力,有无指定监护人的必要。对原告人、证人、检举人和自首人,当司法机关怀疑其有精神不正常时,也需做出关于精神状态的结论,以确定其陈述的真实性。所以无论在刑事案件或民事案件,只要涉及精神状态和行为问题,都需要进行司法精神病学鉴定。

2.刑事责任能力

刑事责任能力(criminal liability capacity)是指行为人构成犯罪并承担刑事责任所必需的,行为人具备的刑法意义上辨认和控制自己行为的能力。被鉴定人实施危害行为时,经鉴定患有精神病,由于严重的精神活动障碍,被鉴定人不能辨认或者不能控制自己行为的,为无刑事责任能力。被鉴定人实施危害行为时,经鉴定属于下列情况之一的,为具有刑事责任能力:①具有精神病的既往史,但实施危害行为时并无精神异常;②实施危害行为时处于精神病的间歇期,精神症状已经完全消失。

3.刑事受审能力

刑事受审能力(criminal trial ability)是指刑事被告人参加庭审,接受审判的能力。具体是指刑事被告人理解自己在诉讼中所处的地位和自己行为在诉讼中的意义,能够行使诉讼权利,并能与辩护人合作为自己进行辩护的能力。它可分为有受审能力、无受审能力和部分受审能力。部分受审能力是指被告

人在某种治疗措施或其他科学措施下具有的受审能力。

4. 刑事服刑能力

刑事服刑能力(ability to serve a sentence)是指患有精神病的被鉴定人在服刑、劳动教养或者被裁决受治安处罚中,经司法精神病鉴定,判断其是否具有辨认能力或控制能力。

经鉴定患有精神病,由于严重的精神活动障碍,被鉴定人无辨认能力或控制能力,为无服刑、无受劳动教养能力或者无受处罚能力。

精神病患者在不能辨认或者不能控制自己行为的时候造成危害结果,经法定程序鉴定确认的,不负刑事责任,但是应当责令他的家属或者监护人严加看管和医疗;在必要的时候,由政府强制医疗。

间歇性的精神病患者在精神正常的时候犯罪,应当负刑事责任。尚未完全丧失辨认或者控制自己行为能力的精神病患者犯罪,应当负刑事责任,但是可以从轻或者减轻处罚。

5. 民事行为能力

民事行为能力(civil capacity)是指能够以自己的行为依法行使权利和承担义务,从而使法律关系发生、变更或消灭的资格。自然人的行为能力分3种情况:有行为能力、限制行为能力、无行为能力。

6. 精神损伤程度鉴定

精神损伤程度鉴定(identification of the degree of mental injury)是以其精神障碍出现与所遭受伤害之间存在的因果联系作为鉴定的基础和前提,鉴定损伤程度时对有关因素进行综合考虑,而不是片面强调某一方面的发现。

7. 智力障碍

智力障碍(intellectual disorder)是指智力明显落后于同龄正常儿童智力水平(智商低于平均值的2个标准差),也就是智力商数(简称智商)小于70的人,同时伴有适应能力缺陷。按病理及进展的不同,智力障碍分为进行性智力障碍和非进行性智力障碍。

六、与法庭控辩活动相关的术语和定义

1. 质证

质证(question the witness)是指当事人、诉讼代理人及第三人在法庭的主持下,对当事人及第三人提出的证据就其真实性、合法性、关联性及证明力的有无、大小予以说明和质辩的活动或过程。

广义的质证通常指在诉讼或仲裁活动中,一方当事人及其代理人对另一方出示的证据的合法性、与本案争议事实的关联性、真实性,是否有证明力,是否可以作为本案认定案件事实的根据,进行的说明、评价、质疑、辩驳、对质、辩论及用其他方法表明证据效力的活动及过程。

狭义的质证仅指诉讼活动中,在证据交换程序中或在法庭审理过程中的法庭调查阶段进行的前述活动。

2. 采信

采信(accept as true)是指法官在诉讼过程中,对当事人所举出的和法院自行收集的证据材料,经过双方当事人质证、辩论后,通过分析判断,认定该证据是否具备证明案件事实的证明效力的活动。

第二节 规范法医鉴定委托事项的原则

法医鉴定委托事项是指案件争议中涉及的问题,通过当事人的举证无法达到高度盖然性证明标准,需要对其进行鉴别、判断并提供鉴定意见的争议项目。

法院在确定法医鉴定委托事项时,应当根据当事人的申请,结合双方争议事项,依照《中华人民共和国民事诉讼法》及相关司法解释的规定,决定是否启动鉴定并合理确定鉴定事项。法院启动法医鉴定、确定委托事项应当遵循以下原则。

一、必要性原则

因争议事实涉及专门性问题,通过当事人的举证对争议事实无法达到高度盖然性证明标准,当事人申请鉴定的,人民法院可以准许;争议事实虽涉及专门性问题,但通过当事人的举证法院可以认定的,不予鉴定。

二、关联性原则

法院应当根据查明待证事实的需要确定法医鉴定委托事项,委托事项应当与待证事实具有充分关联性,能够为查明待证事实提供依据。

三、可行性原则

可行性是指法院委托鉴定的事项应当属于能够通过司法鉴定得出鉴定意见的事项。

四、鉴定范围最小化原则

法院在委托鉴定前应通过其他手段排除无争议项,只对有争议项进行鉴定。对于争议事项应先根据诉辩意见及当事人举证质证情况来确定争议项,再对争议项进行鉴定。但争议事实范围不能确定,或者双方当事人请求对全部事实进行鉴定的情况除外。

目前法院对鉴定范围的确定原则还没有一个全国性的统一规范,在司法实践中基本还是由原告、被告双方商议司法鉴定委托事项为主,由法院直接确认鉴定范围的示例相对较少。鉴定本身是有成本的,要谨慎申请和确定法医鉴定委托事项与范围。

五、采用书面形式委托

凡需进行司法鉴定的,一律采用书面形式委托,出具法医鉴定委托书(函),说明鉴定目的和要求,并提供案情及详细的鉴定材料等。委托人或委托单位应按规定交纳鉴定费、特殊检查费、照相费、材料费及必要的专家会诊费。

法院立案部门认为应在立案前鉴定的,由立案庭根据当事人的申请,办理委托鉴定手续。

六、委托审核受理

法院立案部门或司法鉴定机构接到要求法医鉴定的申请或委托书(函)后,由专人对诉讼当事人或委托单位提出的法医鉴定委托事项和提供的鉴定材料进行审查,并在1周内做出是否受理鉴定的决定;对不予受理的,应向当事人或委托单位说明理由。

第三节 法医鉴定的委托机构(人)和法医鉴定委托事项的作用

法医鉴定人要了解法医鉴定的常见的委托机构(人),并掌握必要的沟通能力;法医鉴定委托事项对司法实践中案件的处理起到重要的作用。

一、法医鉴定的委托机构(人)

法医鉴定由司法机关(公安局、检察院、人民法院)、仲裁机构委托,必要时也可以接受法人单位、社会团体等委托。

司法鉴定机构依法接受司法机关、仲裁机构的司法鉴定委托,在当事人负有举证责任的情况下,司法鉴定机构可以接受当事人的司法鉴定委托。

委托人委托鉴定的,应当向司法鉴定机构提供真实、完整、充分的鉴定材料,并对鉴定材料的真实性、合法性负责。

司法鉴定机构应当核对并记录鉴定材料的名称、种类、数量、性状、保存状况、收到时间等。

诉讼当事人对鉴定材料有异议的,应当向委托人提出。鉴定材料包括生物检材和非生物检材、比对样本材料及其他与鉴定事项有关的鉴定资料。

二、法医鉴定委托事项的作用

(1)法医鉴定委托事项的正确表述,可以明确鉴定的诉求和目的,确保鉴定机构和鉴定人鉴定工作准确。法医鉴定是运用医学、生物学、人类学、物理、化学等方面的知识,对与人身有关的活体、尸体及生物物证等进行的检验鉴定工作,从而取得死亡原因、伤害程度、凶器种类、血型分析、事实确认等结论性意见。

(2)法医鉴定委托事项鉴定的结论是《中华人民共和国刑事诉讼法》《中华人民共和国民事诉讼法》和《中华人民共和国行政诉讼法》三大诉讼法的重要证据种类,由于其与人身密切相关,决定了法医鉴定在诉讼和非诉讼活动中具有十分重要的意义。它是查明案件事实、分清案件性质的重要根据,同时又是鉴别案件内其他证据是否真实的重要手段。

(3)法医鉴定委托事项鉴定的结论(意见)质量,在一定程度上影响着司法公正与否。正如同国家的法制制度分为司法权、立法权、行政权一样,相应地法医鉴定也正在逐步走向司法鉴定、立法鉴定、行政鉴定三大领域。

三、法医鉴定委托鉴定完成时间

司法机关开具委托书之后,在 7 个工作日内给予审核决定是否受理,决定受理后,在签订鉴定协议后 30 个工作日内给予鉴定结果。

第四节 法医鉴定委托书(函)的内容

法医鉴定委托书(函)是由委托机构(人)委托相关鉴定机构进行鉴定事项的委托书面文书。

法医鉴定委托书(函)的内容主要包括一般信息(委托人、承办人、联系地址、联系电话)、委托鉴定机构的信息、委托鉴定事项、鉴定属性、鉴定用途、基本案情介绍、鉴定材料等内容。

一、一般信息

1. 委托人

委托人可以是单位或法人,一般由公安局、检察院或人民法院委托,如××律师事务所、××公安局技术处或××人民法院。

2. 承办人

承办人是指本案具体的委托人,如张××。

3. 联系地址

联系地址可以写××省、××市、××区、××路、××号。

4. 联系电话

填写委托人或承办人的办公电话或手机号码。

二、委托鉴定机构的信息

1. 鉴定机构的名称

填写鉴定机构的全称,如××司法鉴定中心。

2. 许可证号

填写颁发单位颁发的许可证号码。

3. 委托鉴定机构的地址

如××市××区××路××号。

4. 委托鉴定机构的联系人

如李××。

5. 联系人的办公电话或手机号码

如186×××××45。

三、委托鉴定事项

法医鉴定委托事项表述时要写明"××委托单位委托××鉴定机构对被鉴定人××因为××××,现办案需要鉴定××××"。

示例:××市人民法院委托××××司法鉴定中心对被鉴定人××因交通事故损伤,现办案需要鉴定护理依赖程度。

委托鉴定的具体要求或诉求涉及法医临床学、法医病理学、法医毒理学、法医物证学、法医精神病学等方面的专业技术,填写委托事项前要与委托鉴定机构沟通。

四、鉴定属性

根据案件鉴定是初始鉴定还是再次鉴定的不同,鉴定可以分为初次鉴定、补充鉴定、重新鉴定。

五、鉴定用途

根据案件鉴定在司法实践中的需求不同,鉴定用途分为:诉讼、办案;民事调解;其他,如责任划分。

六、基本案情介绍

基本案情介绍包括案情发生的时间、地点、原因、过程,被鉴定人受到人身损伤的部位、致伤物的种类,以及现在的状况或诊疗情况。

七、鉴定材料

1. 活体检查

活体检查包括对被鉴定人的人身创伤、骨折、精神状况等进行检查。

2. 被鉴定人的全部涉案病历材料

涉案病历材料包括门/急诊病历、住院病历(含入/出院记录、手术记录、临床检验报告单、临时及长期医嘱单)、诊断证明书等。

3. 被鉴定人的全部涉案影像学资料

涉案影像学资料包括计算机体层摄影(CT)片、磁共振成像(MRI)片、数字 X 射线摄影(DR)片等。

4. 物证检材

物证检材包括血液、尿液、胃内容物、脑脊液等。

5. 器官、组织病理诊断

器官、组织病理诊断需要肝、肾、脑组织等。

6. 尸体检查

尸体检查包括检查尸体表面、对尸体进行局部解剖、对尸体进行系统解剖等。

7. 其他鉴定材料

(1)委托移送函、鉴定申请书、起诉状、委托鉴定笔录、对鉴定材料的质证笔录、委托鉴定材料移送表。

(2)该项鉴定所需的其他材料。

八、送达方式

法医鉴定委托书(函)的送达方式包括:委托方自取;邮寄,需要委托方填写邮寄地址、接收人姓名、联系电话或手机号码;其他方式(说明)。

九、约定事项

1. 关于鉴定材料的约定

(1)所有纸质鉴定材料是否需要退还?

(2)鉴定材料是否需完整、无损坏地退还委托人?

(3)因鉴定需要,鉴定材料可能会损坏、耗尽,导致无法完整退还。

(4)对保管和使用鉴定材料的特殊要求。

2. 关于剩余鉴定材料(影像学摄影片)的约定

(1)委托人/被鉴定人于鉴定意见书出具后 1 个月内自行取回剩余鉴定材料。未按时取回的,鉴定机构有权自行处理。

（2）鉴定机构自行处理。如发生处理费,按有关收费标准或协商收取××元处理费。

（3）其他方式。

3.鉴定时限

（1）××年××月××日之前完成鉴定,提交司法鉴定意见书。

（2）从委托书（函）生效之日起 30 个工作日内完成鉴定,疑难案件 45 ~ 60 个工作日完成鉴定,提交司法鉴定意见书。

注:鉴定过程中补充或者重新提取鉴定材料所需的时间,不计入鉴定时限。

4.鉴定人回避

需要说明要回避的鉴定人姓名及回避事由。

5.委托人保证

委托人就同一委托事项未同时委托其他司法鉴定机构,保证提供真实、完整、充分、符合鉴定要求的鉴定材料,并提供与案件有关的案情。因委托人或当事人不实陈述产生的不良后果,司法鉴定机构和司法鉴定人概不负责。司法鉴定机构有权撤销该鉴定。

6.其他

经双方协商一致,鉴定过程中可变更委托书（函）内容。

十、鉴定风险提示

（1）鉴定意见为专家的专业意见,是否被采信取决于办案机关的审查和判断,鉴定人和鉴定机构无权干涉。

（2）由于受鉴定材料或者其他因素限制,并非所有鉴定材料都能得出明确的鉴定意见。

（3）鉴定活动遵循依法独立、客观、公正的原则,只对鉴定材料案件事实负责,不会考虑是否有利于任何一方当事人。

（4）其他详见《司法鉴定告知书》。

十一、委托人和司法鉴定机构签名或盖章

（1）委托人或承办人签名或盖章,填写委托日期。

（2）司法鉴定机构负责人签名或盖章,并填写日期。

十二、编号与预计费用及收取方式

(1)编号:按照鉴定机构汉语拼音缩写+公历年+序号进行编号。

(2)预计费用及收取方式:如预收 500 元,收取方式为银行转账。

（邵同先　刘惠勇　石　杰　姜珊珊）

第二章　法医临床鉴定委托事项

法医临床鉴定委托事项在法医鉴定中最常见,涉及人体损伤程度鉴定的委托,误工期、护理期、营养期评定的委托,护理依赖程度鉴定的委托,人身保险伤残鉴定的委托,人体损害(损伤)与疾病关系鉴定的委托,道路交通事故受伤人员伤残程度鉴定的委托,劳动能力鉴定的委托,活体年龄鉴定的委托,性功能鉴定的委托,医疗纠纷鉴定的委托,诈病(伤)及造作病(伤)鉴定的委托,致伤物和致伤方式推断的委托,合理医疗费鉴定的委托,医疗终结时间鉴定的委托,医疗费鉴定的委托,后续治疗费鉴定的委托,伤残辅助器具费鉴定的委托,人体损伤致残程度分级,鉴定的委托等。法医临床鉴定结果对诉讼、责任划分、民事调解起到了关键作用。

第一节　人体损伤程度鉴定委托事项

人体损伤是指身体结构完整性遭受破坏,或者功能(包括生理功能、心理功能)出现差异或者丧失。

根据《人体损伤程度鉴定标准》(2013 年 8 月 30 日,由最高人民法院、最高人民检察院、公安部、国家安全部、司法部发布),人体损伤程度分为重伤、轻伤、轻微伤 3 类。损伤程度包括损伤当时原发性病变,与损伤有直接联系的并发症,以及损伤引起的后遗症。鉴定时,应根据人体损伤当时的伤情及其损伤的后果或者结局,全面分析,综合鉴定。

一、人体损伤程度鉴定委托事项的表述

人体损伤程度鉴定委托事项表述时,要求写明被鉴定人姓名、损伤的起因、做损伤程度鉴定。

示例:××法院委托××司法鉴定中心对被鉴定人××因交通事故造成的人体损害进行损伤程度鉴定。

二、人体损伤程度鉴定委托事项示例

【示例1】损伤程度鉴定。

1. 损伤程度鉴定委托事项的表述

××法院委托××司法鉴定中心对被鉴定人李××因交通事故致颞骨茎突骨折进行损伤程度鉴定。

2. 基本案情

被鉴定人李××,男,50岁。2021年8月25日晚10时许,在公司因个人问题与他人发生冲突,于站立位被他人打击头顶及右颞颌关节,伤后感头晕、颈部疼痛,吞咽时有异物感。到××人民医院进行头颅三维CT扫描,结果显示颞骨茎突骨折。

【示例2】损伤程度重新鉴定。

1. 损伤程度重新鉴定委托事项的表述

因当事人双方对××市公安局损伤程度鉴定结果存在争议,××县××派出所现委托××司法鉴定中心就宋××的损伤程度重新鉴定。

2. 基本案情

2019年10月8日,因邻里土地纠纷,被鉴定人宋××被他人打伤,致腰部受伤,并在××市人民医院行经皮穿刺椎体成形术治疗,伤后腰部活动障碍。××市公安局损伤程度鉴定为第1~2胸椎椎体骨折、第3腰椎椎体左侧横突骨折均属于轻伤二级范畴。

三、人体损伤程度鉴定的依据

1.《人体损伤程度鉴定标准》

该标准规定了伤情鉴定的原则、方法、内容及等级划分。

2.《公安机关办理伤害案件规定》

公安部印发的《公安机关办理伤害案件规定》第十八条规定:"公安机关受理伤害案件后,应当在24小时内开具伤情鉴定委托书,告知被害人到指定的鉴定机构进行伤情鉴定。"

《公安机关办理伤害案件规定》第十九条规定:"根据国家有关部门颁布的人身伤情鉴定标准和被害人当时的伤情及医院诊断证明,具备即时进行伤情鉴定条件的,公安机关的鉴定机构应当在受委托之时起24小时内提出鉴定意见,并在3日内出具鉴定文书。对伤情比较复杂,不具备即时进行鉴定条件的,应当在受委托之日起7日内提出鉴定意见并出具鉴定文书。对影响组织、器官功能或者伤情复杂,一时难以进行鉴定的,待伤情稳定后及时提出鉴定意见,并出具鉴定文书。”

四、人体损伤程度的划分

根据《人体损伤程度鉴定标准》,人体损伤按损伤程度的不同分为轻微伤、轻伤和重伤3类。

1. 轻微伤

轻微伤是指各种致伤因素所致的原发性损伤,造成组织器官结构轻微损害或者轻微功能障碍。

2. 轻伤

轻伤是指使人肢体或者容貌损害,听觉、视觉或者其他器官功能部分障碍或者其他对于人身健康有中度伤害的损伤,包括轻伤一级和轻伤二级。一般来说,造成组织、器官结构的一定程度的损害或者部分功能障碍,尚未构成重伤又不属轻微伤的损伤就是轻伤。

3. 重伤

重伤一般是指使人肢体残废、毁人容貌、丧失听觉、丧失视觉、丧失其他器官功能或者其他对于人身健康有重大伤害的损伤,包括重伤一级和重伤二级。

五、人体损伤程度鉴定的司法作用

(1)人体损伤程度鉴定是损害赔偿的重要依据。

(2)在刑事案件中,人体损伤程度鉴定是判定侵权人是否承担刑事责任或行政责任的一种有效证据。只要伤情鉴定的级别达到轻伤以上级别,就涉嫌刑事犯罪,将依法追究其刑事责任。在处理刑事案件时,伤情鉴定的存在能够正确地查明案件基本事实,同时为定罪量刑提供了科学的依据。查明此类故意伤害案件的基本事实,一般需要对受害人的伤情做人体损伤程度鉴定。

(3)一般来说,轻微伤是行政案件,只对行为人进行治安处罚。轻伤可以双方达成赔偿谅解协议,调解处理,也可以追究刑事责任。重伤一般都会追究刑事责任。

第二节 误工期、护理期、营养期评定委托事项

误工期、护理期、营养期评定（简称三期评定）是指法医鉴定人应用法医临床知识对误工期、护理期、营养期做出判定并给出具体的鉴定意见。三期评定适用于人身伤害、道路交通事故、工伤事故、医疗损害等人身损害赔偿中受伤人员的误工期、护理期和营养期评定。

一、误工期、护理期、营养期评定委托事项的表述

××法院委托××司法鉴定中心对被鉴定人××因工伤事故造成的损伤在治疗期间的误工期、护理期、营养期进行评定。

二、误工期、护理期、营养期评定委托事项示例

【示例1】误工期、护理期、营养期评定。

1. 误工期、护理期、营养期评定委托事项的表述

××保险公司委托××司法鉴定公司对被鉴定人李××交通事故损伤后的误工期、护理期、营养期进行评定。

2. 基本案情

被鉴定人李××于2021年5月16日因交通事故致：右股骨粗隆间、股骨干、右胫骨平台及胫骨干、右腓骨近端多处骨折；第11～12胸椎椎体骨折；右眶骨骨折；骨筋膜隔室综合征。其右下肢多发骨折伤后3年余，因骨不连多次手术，最后一次骨不连术后复查示股骨骨折断端骨痂形成。

根据中华人民共和国公共安全行业标准《人身损害误工期、护理期、营养期评定规范》（GA/T 1193—2014）的评定原则和10.2.9b"股骨粗隆间骨折手术治疗"、10.2.10b"股骨干骨折手术治疗"、10.2.14c"胫腓骨双骨折"之条款规定，结合其术后3年余因右下肢骨不连而再次行内固定治疗，以及尚有第11～12胸椎椎体骨折、右眶骨骨折等损伤临床实际，综合鉴定误工期为3年6个月，护理期为20个月，营养期为20个月。

【示例2】伤后数年误工期、护理期、营养期评定。

1. 误工期、护理期、营养期评定委托事项的表述

××法院委托××司法鉴定中心对被鉴定人高××交通事故损伤后的误工期、

护理期、营养期进行评定。

2. 基本案情

被鉴定人高××于2017年9月3日因交通事故致:左股骨干骨折,左胫骨近端骨折,右股骨干骨折,左髌骨骨折。伤后数年,因左股骨干骨折发生骨不连、骨髓炎而多次手术,并行左下肢截骨延长术及其对接端清理术,至2021年11月28日后数月复查,示右下肢骨折愈合。根据中华人民共和国公共安全行业标准《人身损害误工期、护理期、营养期评定规范》(GA/T 1193—2014)的评定原则和10.2.10b"股骨干骨折手术治疗"、10.2.14a"胫骨骨折"、10.2.12a"髌骨骨折非手术治疗"之条款规定,结合其术后4年余因左股骨骨折发生骨不连、骨髓炎等难以避免的并发症而多次手术,并行左下肢截骨延长术及其对接端清理术等临床实际,综合鉴定误工期为4年6个月,护理期为2年6个月,营养期为2年6个月。

三、误工期、护理期、营养期评定的依据

误工期、护理期、营养期评定依据中华人民共和国公共安全行业标准《人身损害误工期、护理期、营养期评定规范》(GA/T 1193—2014)。司法鉴定机构进行三期评定后,鉴定意见需明确误工期、护理期、营养期的具体时间,如误工期××天、护理期××天、营养期××天。

误工期(或损害休息期)是指人体损伤后经过诊断、治疗达到临床医学的一般原则所承认的治愈(即临床症状和体征消失)或体征固定所需要的时间。

护理期是指人体损伤后,在医疗或者功能康复期间生活自理困难,全部或部分需要他人帮助的时间。

营养期是指人体损伤后,需要补充必要的营养物质,以提高治疗质量或者加速损伤康复的时间。

四、误工期、护理期、营养期评定的申请和作用

1. 误工期、护理期、营养期评定的申请

申请误工期、护理期、营养期评定,一般是在伤情比较稳定的情况下提出。受害人在申请伤残鉴定时,应当同时提出申请误工期、护理期、营养期的司法鉴定,这样既可以节省时间也可以节省费用。误工期、护理期、营养期必须同时评定,不得分开再进行。达不到伤残等级,也可以有误工期、护理期、营养期评定。没有伤残不等于不需要误工、护理、营养的时间。

2.误工期、护理期、营养期评定的作用

误工期、护理期、营养期评定结论可以作为受害人提出误工费、护理费和营养费的损失赔偿的依据。因此误工期、护理期、营养期评定是交通事故损害赔偿时所参照的赔偿标准之一。在法律实务中，如果侵害人对医生的病假单提出异议，法院通常会要求进行误工期、护理期、营养期评定来确定最后的赔偿标准。

误工期、护理期、营养期评定是在交通事故中，涉及人身伤害时，由法医对伤者的误工期、护理期、营养期做出评定，并作为赔偿的标准。

3.误工期、护理期、营养期评定的注意事项

误工期、护理期、营养期评定是根据病历、出院小结等医疗资料做出的，所以在医疗期间一定注意收集保管好这些材料，同时受害人也应提醒医生在这些医疗资料上如实填写具体的病情。

误工期、护理期、营养期评定的费用由申请人先垫付，最后由责任方承担（或按责任比例承担）。误工期、护理期、营养期评定多用于交通事故伤残鉴定方面。

第三节　护理依赖程度鉴定委托事项

护理依赖是指躯体残疾者和精神障碍者需经他人护理、帮助以维系日常生活。

护理依赖程度鉴定是指法医鉴定人对人身损害躯体伤残者和精神障碍者，日常生活是否需要护理依赖及其程度的鉴定。护理依赖程度可为终身的，不同于一般意义上的住院护理期。护理依赖的程度分为3级：一级为完全护理依赖；二级为大部分护理依赖；三级为部分护理依赖。

一、护理依赖程度鉴定委托事项的表述

××法院（或单位）委托××司法鉴定中心对被鉴定人××因工伤事故造成损伤的护理依赖程度进行鉴定。

二、护理依赖程度鉴定委托事项示例

【示例】护理依赖程度鉴定。

1. 护理依赖程度鉴定委托事项的表述

××法院(或单位)委托××司法鉴定中心对被鉴定人刘××因工伤事故造成损伤的护理依赖程度进行鉴定。

2. 基本案情

2020年11月6日,刘××驾驶一辆重型货车从××镇往××镇方向行驶,车辆行驶至××镇××路××综合市场路口处,与右方由李××驾驶的无牌证三轮摩托车发生碰撞,致刘××受伤住院及两车不同程度损坏的交通事故。交警部门现场勘查后,认定刘××、李××负同等责任。经司法鉴定机构鉴定,刘××伤残程度为Ⅰ级伤残,其护理期及护理依赖程度鉴定为终身完全护理依赖,合并症后续治疗费为20万~24万元。

三、护理依赖程度鉴定的依据

护理依赖程度鉴定依据中华人民共和国公共安全行业标准《人身损害护理依赖程度评定》(GA/T 800—2008),该标准适用于因人为伤害、交通事故、意外伤害等因素所造成的人身伤残、精神障碍护理依赖程度的评定。

四、护理依赖程度的分级

1. 依据《人身损害护理依赖程度评定》(GA/T 800—2008)

司法鉴定部门依据该标准对被鉴定人的护理依赖程度做出评定。护理依赖程度分为3级:护理程度一级,即完全护理依赖;护理依赖程度二级,即大部分护理依赖;护理依赖程度三级,即部分护理依赖。

2. 依据《劳动能力鉴定　职工工伤与职业病致残等级》(GB/T 16180—2014)

医疗依赖判定分级:①特殊医疗依赖是指工伤致残后必须终身接受特殊药物、特殊医疗设备或装置进行治疗;②一般医疗依赖是指工伤致残后仍需接受长期或终身药物治疗。

生活自理障碍的判定主要包括下列5项。①进食:完全不能自主进食,需依赖他人帮助。②翻身:不能自主翻身。③大、小便:不能自主行动,排大、小便需要他人帮助。④穿衣、洗漱:不能自己穿衣、洗漱,完全依赖他人帮助。⑤自主行动:不能自主走动。

护理依赖的程度分为3级。①完全生活自理障碍:生活完全不能自理,上述5项均需护理。②大部分生活自理障碍:大部分生活不能自理,上述5项中3项或4项需要护理。③部分生活自理障碍:部分生活不能自理,上述5项中

1 项或 2 项需要护理。

五、护理依赖程度鉴定的司法作用

护理依赖程度鉴定关系着维护赔偿权利人与赔偿义务人之间的利益平衡。

《人身损害赔偿的司法解释》规定："受害人定残后的护理,应当根据其护理依赖程度并结合配制残疾辅助器具的情况确定护理级别。"护理级别是确定护理费数额的另一个重要因素。而护理级别又是由受害人的护理依赖程度和配置残疾辅助器具情况决定的。

第四节　人身保险伤残鉴定委托事项

人身保险伤残鉴定是指根据《人身保险伤残评定标准》(行业标准),法医鉴定人对参加人身保险人员所受人体损害,从其功能和残疾方面进行分类和分级鉴定。

一、人身保险伤残鉴定委托事项的表述

××法院(或单位)委托××司法鉴定中心对被鉴定人××因交通事故造成的损伤,进行人身保险伤残程度鉴定。

二、人身保险伤残鉴定委托事项示例

【示例】人身保险伤残鉴定。

1. 人身保险伤残鉴定委托事项的表述

××保险公司委托××司法鉴定中心对被鉴定人钱××因工作中发生意外事故造成的损伤,进行人身保险伤残程度鉴定。

2. 基本案情

钱××在××建筑公司工作,2020 年 6 月 10 日在建筑工地工作时受伤。人身保险标准鉴定其为十级伤残,人身损害标准鉴定其为十级伤残,工伤标准鉴定其为九级伤残。钱××申请工伤认定,认定结果为××建筑公司为工伤责任单位。后来的行政诉讼一审、二审、重审判决××劳务公司为工伤责任单位,仲裁裁定部分赔偿。后钱××又以人身损害纠纷去法院起诉,法院判决部分赔偿。

因此,钱××获得意外险、工伤、人身损害 3 种方式的部分赔偿。

三、人身保险伤残鉴定的依据

人身保险伤残鉴定依据 2013 年 6 月 8 日中国保险行业协会、中国法医学会联合发布的《人身保险伤残评定标准》。该标准对功能和残疾进行了分类和分级,将人身保险伤残程度划分为一至十级,最重为第一级,最轻为第十级。与人身保险伤残程度等级相对应的保险金给付比例分为十档,伤残程度第一级对应的保险金给付比例为 100%,伤残程度第十级对应的保险金给付比例为 10%,每级相差 10%。

四、人身保险伤残鉴定的司法作用

(1)人身保险伤残鉴定适用于意外险产品或包括意外责任的保险产品中的伤残保障,用于鉴定由意外伤害因素引起的伤残程度。

(2)在一般的人身损害中,进行伤残鉴定可以确定伤者伤残等级,并以此参照主张相应的赔偿,如被扶养人生活费、伤残赔偿金等。

(3)伤残鉴定一般委托司法鉴定机构鉴定,鉴定意见有专业的参考价值。有了伤残鉴定意见,在诉讼过程中,法院就有了真实且明确的参考值,在数额的裁决上有确定性。

(4)做伤残等级鉴定,是为了计算残疾赔偿金、残疾辅助器具费、被抚养人生活费和精神损失费等费用。

(5)伤残等级鉴定是计算受害人遭受人身损害,因就医治疗支出的各项费用及因误工减少的收入(包括医疗费、误工费、护理费、交通费、住宿费、住院伙食补助费、必要的营养费)的依据。

第五节　人体损害(损伤)与疾病关系鉴定委托事项

人身损害(损伤)与疾病关系鉴定结果,按照因果关系类型和损害在疾病中的原因力大小,分为完全作用、主要作用、同等作用、次要作用、轻微作用和没有作用 6 种类型。

一、人身损害（损伤）与疾病关系鉴定委托事项的表述

××保险公司委托××司法鉴定中心对被鉴定人××因交通事故造成的损伤和××原有的疾病对机体的作用进行原因力大小的鉴定。

二、人身损害（损伤）与疾病关系的鉴定委托事项示例

【示例1】事故原因为疾病，与并存的损伤无关。

1. 人身损害（损伤）与疾病关系鉴定委托事项的表述

××法院委托××司法鉴定中心对李××在涉案××事件中所受损伤和李××原有伤、病在损伤后果中的作用力大小进行鉴定。

2. 基本案情

被保险人李××，女，55岁，投保××人寿险公司《人身意外伤害保险》，身故保额50万元。李××在××超市购物时，由于人多拥挤不慎从电梯滚下，当场昏迷。××超市工作人员将李××急送附近医院拍颅脑CT等相关检查，发现李××脑血管破裂出血，最终经治无效死亡。医院开具居民死亡医学证明书，死亡原因：脑血管畸形脑出血猝死。保险公司认定李××系先天性脑血管畸形脑血管破裂出血导致死亡，与并存的损伤无关，所以拒赔处理。

点评：被保险人已经存在严重疾病或病变，可以对保险事故性质进行解释，但同时又存在着轻微外伤，两者间无因果关系，也不存在一方加剧另一方的关系。这种情况下自身疾病为原因，与损伤无关。结论：事故原因为疾病，与并存的损伤无关。

【示例2】事故原因为损伤，与并存的疾病无关。

1. 人身损害（损伤）与疾病关系鉴定委托事项的表述

××法院委托××司法鉴定中心对袁××在××事件中所受损伤和袁××原有伤、病在损伤后果中的作用力大小进行鉴定。

2. 基本案情

被保险人袁××，男，48岁，××环卫公司清洁工，投保××寿险公司《人身意外伤害保险》，身故保额10万元。袁××在清洁××居民小区时，告知李××不要随意丢弃废物，不料遭到对方殴打，其右腹部被多次踢到，当场昏迷。小区居民呼叫"120"后，袁××被送至附近医院救治，但最终因肝破裂、腹腔大出血（约3 000 mL），导致失血性休克死亡。经袁××家属同意，法医对袁××进行尸体解剖，发现心脏（左心室）明显增大、心肌肥厚、陈旧性心肌前壁梗死。综合分析，

认定袁××心脏病变与肝破裂无因果关系,其系肝破裂损伤导致的失血性休克而死亡。袁××家属获得10万元身故保险赔偿金。

点评:致死性损伤必须同时具备2个条件,一是损伤直接作用且事实明确,二是疾病与损伤间无因果关系。结论:事故原因为损伤,与并存的疾病无关。

【示例3】疾病为主要原因,损伤为直接原因。

1. 人身损害(损伤)与疾病关系鉴定委托事项的表述

××法院委托××司法鉴定中心对何××在晨练中所受损伤和何××原有伤、病在损伤后果中的作用力大小进行鉴定。

2. 基本案情

被保险人何××,女,50岁,投保××寿险公司《人身意外伤害保险》,身故保额16万元。何××早晨锻炼身体踢毽子时,由于高血压突然晕厥摔倒在地,其他人将其送往附近医院救治,经检查诊断有颅骨骨折及硬脑膜外大血肿,数天后死亡,尸体解剖证实硬脑膜外大血肿引起枕骨大孔疝。居民死亡医学证明书结论:高血压眩晕(主要原因)致摔倒后头部受伤,引起硬脑膜外大血肿而致枕骨大孔疝(直接原因)死亡。综合分析,认定何××系最初的高血压导致的最终死亡,并非意外损伤因素使然,所以保险公司以拒赔处理。

点评:这类案件中自身疾病是根本性的原因,损伤是由疾病引起的,虽然损伤是导致保险事故的直接原因,但损伤与疾病之间有明显的因果关系。结论:疾病为主要原因,损伤为直接原因。

【示例4】损伤为主要原因,疾病为直接原因。

1. 人身损害(损伤)与疾病关系鉴定委托事项的表述

为××案件的需要,××法院委托××司法鉴定中心对王××在晨练中所受损伤和王××原有伤、病在损伤后果中的作用力大小进行鉴定。

2. 基本案情

被保险人王××,男,46岁,其工作单位投保××寿险公司《团体人身意外伤害保险》,每人身故保额38万元。2019年5月12日,王××在旅游中发生意外,从高处坠落,造成左股骨开放性粉碎性骨折。数天后王××获救,被安排至××市××医院进行救治。因其开放性骨折较严重及长时间搬动导致继发性骨髓炎、败血症、脂肪栓塞,王××最终医治无效,于7月死亡。综合分析,认定王××系由最初的意外骨折所导致的最终死亡,保险公司遂赔付王××家人身故保险赔偿金38万元。

点评:此类案件必须同时满足 2 个条件。一是疾病必定是发生在损伤之后,而且是该损伤的并(继)发症;二是这种并(继)发症必定是目前一般医疗条件下或当地医疗条件下难以避免的。结论:损伤为主要原因,疾病为直接原因。

【示例 5】疾病为主要原因,损伤为诱因。

1. 人身损害(损伤)与疾病关系鉴定委托事项的表述

为××案件的需要,××法院委托××司法鉴定中心对巴××在旅游中所受损伤和巴××原有伤、病在损伤后果中的作用力大小进行鉴定。

2. 基本案情

被保险人巴××,女,58 岁,投保××寿险公司《旅游人身意外伤害保险》,身故保额 18 万元。巴××随旅游团参加云南 10 日游,到达目的地后,因高原反应造成肺水肿、脑水肿,当时便死亡。经调查核实,巴××1 年前曾确诊患肺心病,综合分析,认定巴××最初的肺心病系导致其死亡的主要原因,遂给予拒赔处理。

点评:疾病与损伤并存,两者在发生上无因果关系,但损伤诱发疾病发作,则疾病为主要原因,损伤为诱因。

【示例 6】损伤为主要原因,疾病为诱因。

1. 人身损害(损伤)与疾病关系鉴定委托事项的表述

为××案件的需要,××法院委托××司法鉴定中心对闫××因交通事故引起损伤和闫××原有伤、病在损伤后果中的作用力大小进行鉴定。

2. 基本案情

被保险人闫××,男,51 岁,投保××寿险公司《人身意外伤害保险》,身故保额 20 万元。闫××因严重贫血需住院治疗,在赴医院途中横穿马路时,被一闯红灯的出租车撞倒,造成全身多处软组织挫伤、创伤性休克及挤压综合征,在医院经多日抢救,医治无效死亡。经治医生介绍,由于闫××外伤损伤较严重,并且其身体素质较差(严重贫血),故机体耐受性不佳,死亡主要原因为车祸外伤。综合分析,认定闫××系由明确的外伤损伤致死,保险公司遂赔付身故保险赔偿金 20 万元。

点评:对于许多损伤明确的严重外伤,要特别留意有无损伤致死的可能,因为有时即使存在明确的疾病,但外伤剧烈时亦应将外伤作为主要原因。结论:损伤为主要原因,疾病为诱因。

三、人身损害(损伤)与疾病的关系鉴定的依据

人身损害(损伤)与疾病关系鉴定依据中华人民共和国司法行政行业标准《人身损害与疾病因果关系判定指南》(SF/T 0095—2021)。

四、人身损害(损伤)与疾病的因果关系的划分

人身损害时,损害与疾病的因果关系类型按照损害在疾病中的原因力大小,分为完全作用、主要作用、同等作用、次要作用、轻微作用和没有作用6种类型。

1. 完全作用(完全原因)

外界各种损害因素直接作用于人体健康的组织和器官,致组织和器官解剖学结构的连续性、完整性破坏,和/或出现功能障碍,现存的后果/疾病完全由损害因素造成。

2. 主要作用(主要原因)

外界各种损害因素直接作用于人体基本健康的组织和器官,致组织和器官解剖学结构的连续性、完整性破坏,和/或出现功能障碍,现存的后果/疾病主要由损害因素造成。

3. 同等作用(同等原因)

既有损害,又有疾病。损害与疾病因素两者独立存在均不能造成目前的后果,两者互为条件,相互影响,损害与疾病共同作用导致现存后果,且所起的作用基本相当。

4. 次要作用(次要原因)

既有损害,又有疾病。疾病在前,是主要原因;损害在后,为次要原因。即损害在原有器质性病变的基础上,使已存在疾病的病情加重。

5. 轻微作用(轻微原因)

既有损害,又有疾病。疾病在前,是主要原因;损害在后,为轻微原因。即损害在原有器质性病变的基础上,使已存在疾病的病情显现。

6. 没有作用(没有因果关系)

外界各种损害因素作用于人体患病组织和器官,没有造成组织和器官解剖学结构连续性、完整性破坏及功能障碍,不良后果完全系自身疾病所造成,与损害因素之间不存在因果关系。

五、人身损害(损伤)与疾病关系鉴定的司法作用

人身损害(损伤)与疾病关系鉴定是刑事诉讼案件中定罪量刑、民事诉讼案件中损害赔偿重要的评价证据之一。

六、判定损伤与疾病及其他的因果关系的一般原则

(1)在人身伤害的医学鉴定中,有时被鉴定人可能在受伤前已患有某种疾病而在受伤后显示或加重了临床症状;或受伤前表面上是健康的或不自觉有病,在受伤后诱发疾病;也可在受伤后发生与损伤有直接联系的全身性损伤病。此时,鉴定人需解决损伤与疾病的因果关系。

(2)判定损伤与疾病及其他的因果关系,一定要从客观实际出发,深入客观事物中调查研究,以确定损伤与疾病的关系;探索从损伤到疾病的发生、发展,其时间间隔的规律性和病理变化的连续性。损伤性(后)疾病,损伤在前,疾病在后,损伤为原因,疾病为结果,损伤与疾病之间存在直接因果关系。对多人造成的多发性或复合性损伤,须确定某人、某次、某部位的损伤对疾病发生、发展是主要的。损伤时潜在疾病,疾病在前,损伤在后,疾病为基础,损伤为诱因,或无关,在损伤期间(损伤变化或者发展所经历的过程)显示或是加重潜在疾病。总之,应具体情况具体分析,坚持实事求是的原则。

七、损伤与疾病的因果关系

1. 损伤与疾病之间不存在因果关系。

2. 损伤与疾病之间存在因果关系

因果关系分为直接因果关系和间接因果关系,以及很难区分究竟是直接因果关系,还是间接因果关系的"临界型"因果关系。

(1)直接因果关系:是指外界各种致伤因素直接作用于人体健康组织、器官,致组织、器官解剖学结构的连续性、完整性破坏,并出现功能障碍及与损伤有直接联系的并发症和后遗症,即损伤性(后)疾病。

(2)间接因果关系:是指外界各种致伤因素作用于人体患病组织、器官,在正常情况下不至于引起组织、器官解剖学结构连续性、完整性破坏及功能障碍,而在有器质性病变的基础上,使业已存在的器质性病变显示、加重。在间接因果关系中,损伤基本表现形式为:①诱因,即损伤促发潜在性病变显示;②辅因,即损伤只在疾病过程中起辅助作用;③损伤后又介入了第三人的行

为,或者介入行为人本身的行为,或者介入了自然因素、医源性因素等造成了进一步损害。

(3)"临界型"因果关系:是指外界各种致伤因素作用于人体患病组织、器官,引起组织、器官解剖学结构连续性、完整性破坏及功能障碍,损伤与疾病两者兼而有之,作用基本相等,独自存在则不可能造成后果。

在不同类型的伤病关系中,外伤参与程度等级划分采用百分比,依据损伤与疾病因果关系类型,划分为 0、12.5%、25%、50%、75%、100%。

八、损伤与疾病并存的外伤参与程度判定

(1)既有外伤又有疾病,若后果完全由疾病造成,即损伤与疾病之间不存在因果关系,外伤参与程度为 0。

(2)既有外伤又有疾病,若外伤为辅助因素,即损伤与疾病系间接因果关系(辅因形式),外伤参与程度为 12.5%。

(3)既有外伤又有疾病,若外伤为诱发因素,即损伤与疾病系间接因果关系(诱因形式),外伤参与程度为 25%。

(4)既有外伤又有疾病,若疾病与外伤两者各自存在不可能造成后果,为两者兼而有之,作用基本相等,损伤与疾病之间存在"临界型"因果关系,外伤参与程度为 50%。

第六节　道路交通事故受伤人员伤残程度鉴定委托事项

《人体损伤致残程度分级》适用于道路交通事故受伤人员的伤残程度鉴定。伤残等级共 10 级:一级伤残、二级伤残、三级伤残、四级伤残、五级伤残、六级伤残、七级伤残、八级伤残、九级伤残、十级伤残。

一、道路交通事故受伤人员伤残程度鉴定委托事项的表述

××法院委托××司法鉴定中心对××在交通事故中损伤的伤残程度进行鉴定。

二、道路交通事故受伤人员伤残程度鉴定委托事项示例

【示例】道路交通事故受伤人员伤残鉴定。

1. 道路交通事故受伤人员伤残鉴定委托事项的表述

××法院委托××司法鉴定中心对高××在交通事故中损伤的伤残程度进行鉴定。

2. 基本案情

伤者高××,男,19××年4月××日出生。2016年3月18日16:25,在××市乡村无名路岔路口处,被鉴定人高××驾驶二轮电动车与李××驾驶的×××号小轿车发生碰撞,被鉴定人头颅和胸部受伤,被送往××市人民医院治疗。

三、道路交通事故受伤人员伤残程度鉴定的依据

道路交通事故受伤人员伤残程度鉴定依据《人体损伤致残程度分级》,该标准属于国家强制实施的标准和技术规范。

四、道路交通事故受伤人员伤残程度鉴定的结果

人体损伤致残程度划分为10个等级,从一级(人体致残率100%)到十级(人体致残率10%),每级致残率相差10%。一级人体损伤致残程度最严重,依次逐渐降低,十级最轻。

五、道路交通事故受伤人员伤残程度鉴定的司法作用

1. 对交通事故伤残等级和误工时间进行鉴定

交通事故伤残鉴定能确定伤残的等级和误工时间。在实践中,没有伤残级别的受害人的误工时间是以医疗机构出具的证明为依据,在医院未出证明或者受害人认为医院的证明不符合自己的实际情况,可以委托鉴定机构对误工时间进行鉴定。误工费的数额则直接受误工时间鉴定结果的影响。

2. 对护理级别进行鉴定

需要对护理级别进行鉴定的情况一般是受害人出院后仍不能自理,或者是伤残级别出来后确定需要依赖别人协助才能生活。护理级别直接影响护理费的数额,而出院后的护理费一般依据护理级别进行计算。护理分为4个级别,分别是一、二、三、四级护理,与伤残级别一样,级别数字越低,赔偿的数额越高。

3. 对赔偿项目进行鉴定

伤残级别的鉴定是计算残疾赔偿金、被扶养人生活费、精神抚慰金等赔偿项

目的重要依据,一般在委托鉴定机构做出鉴定结论后,才能准确地计算赔偿款。损害程度从轻到重对应的伤残级别是十级到一级。鉴定出来的伤残级别直接影响受害人的残疾赔偿金、被扶养人生活费等赔偿项目的具体金额。

4. 可进行后续治疗费的鉴定

后续治疗费主要是指受害人出现需要后续治疗或者康复的治疗费用,可以在进行级别鉴定时一并提出委托鉴定。

后续治疗费的索赔依据一般有 3 种:医疗证明、鉴定结论、后续治疗实际发生的费用。所以,为了减轻受害人的负担,可在实际费用发生前申请鉴定,一次性索要赔偿。

5. 可对误工时间进行鉴定

这里的误工时间仅指受害人,不包括受害人的近亲属。需要对误工时间进行鉴定的情况是,受害人受伤后接受治疗至痊愈所需要的休养时间究竟要多久,一般针对没有伤残级别的受害人,有伤残级别的受害人按法律规定误工费计算至确定残疾级别日前 1 天。在实践中,没有伤残级别的受害人的误工时间是以医疗机构出具的证明为依据,在医疗机构未出证明或者受害人认为医疗机构的证明不符合自己的实际情况,可以委托鉴定机构对误工时间进行鉴定。误工费的数额直接受误工时间鉴定结果的影响。

第七节　劳动能力鉴定委托事项

《工伤保险条例》规定:劳动能力鉴定是指劳动功能障碍程度和生活自理障碍程度的等级鉴定,是工伤职工享受工伤保险待遇的依据。工伤职工经治疗伤情相对稳定,认为自己的劳动能力和生活自理能力因工伤受到影响的,都可申请劳动能力鉴定。

劳动能力鉴定也是确定其劳动能力丧失的程度。劳动能力的丧失可分为两种:一是部分丧失劳动能力;二是完全丧失劳动能力。

一、劳动能力鉴定委托事项的表述

××法院委托××司法鉴定中心对被鉴定人××在工作中发生人体损伤导致的劳动能力情况进行鉴定。

二、劳动能力鉴定委托事项示例

【示例】劳动能力鉴定。

1. 劳动能力鉴定委托事项的表述

××法院委托××司法鉴定中心对被鉴定人王××在工作中发生人体损伤导致的劳动能力情况进行鉴定。

2. 基本案情

被鉴定人王××,男,某工厂职工,在干活时腿部被物料砸伤,被诊断为骨折。单位为王××申报了工伤,并拿到了工伤认定决定书。经过近半年的治疗,王××的伤情基本稳定,但是觉得腿部的伤情影响了劳动能力,遂申请劳动能力鉴定。

三、劳动能力鉴定的依据

劳动能力鉴定的依据包括《劳动能力鉴定　职工工伤与职业病致残等级》(GB/T 16180—2014)、《职工非因工伤残或因病丧失劳动能力程度鉴定标准(试行)》(劳社部发〔2002〕8 号)、《军人残疾等级鉴定标准》(民发〔2011〕218 号)、《工伤保险条例》及 2010 年 12 月 20 日《国务院关于修改〈工伤保险条例〉的决定》。

四、劳动能力丧失的划分

1. 部分丧失劳动能力

部分丧失劳动能力是指这种人虽然因伤、病导致身体衰弱、器官功能障碍或肢体残废,但仍能从事一些轻微或力所能及的工作。

2. 完全丧失劳动能力

完全丧失劳动能力是指这种人因伤、病已经不能从事任何强度的工作,甚至连日常生活都需要他人照顾。

3.《工伤保险条例》第二十二条规定

劳动能力鉴定是指劳动功能障碍程度和生活自理障碍程度的等级鉴定。劳动功能障碍分为十个伤残等级,最重的为一级,最轻的为十级。生活自理障碍分为三个等级:生活完全不能自理、生活大部分不能自理和生活部分不能自理。

五、劳动能力鉴定的司法作用

1. 可以用于工伤伤残等级的鉴定。

2. 可以用于因病办理病退的鉴定。

3. 可以用于下列委托鉴定。

(1)非法用工、童工及聘用退休人员发生工伤。

(2)用人单位、工会组织委托超过工伤认定时限的。

(3)因公负伤职工旧伤复发有争议的因果关系确认。

(4)因公负伤与疾病界限不明的因果关系确认。

(5)外省市劳动能力鉴定委员会委托进行劳动能力鉴定的。

(6)法院、劳动仲裁、信访等部门委托按工伤鉴定标准鉴定处理的。

六、劳动能力鉴定的申请

(1)工伤职工在申请劳动能力鉴定前,应向社会保险行政部门申请工伤认定,以便及时获得工伤保险待遇。

(2)劳动能力鉴定可以由工伤职工本人申请,也可以由用人单位、工伤职工近亲属申请。应及时进行工伤医疗者,等工伤伤情相对稳定之后再申请劳动能力鉴定,否则会影响鉴定等级的准确评估。

(3)申请人需要携带相关材料到设区的市级劳动能力鉴定委员会申请劳动能力鉴定。为了鉴定结论更准确,现场鉴定时工伤职工要携带本人身份证原件和本次工伤医疗机构出具的病例资料原件(供医学鉴定专家现场鉴别,结束后当场返还)。

(4)确实行动不便、无法参加现场鉴定的,劳动能力鉴定委员会会组织专家上门服务或视频鉴定。根据《工伤保险条例》的规定,工伤职工进行劳动能力鉴定的费用由工伤保险基金支付。

(5)一般情况下,劳动能力鉴定委员会在受理鉴定申请之日起 60 日内做出鉴定结论,鉴定结论出具后将第一时间通知到位。如果伤情复杂,做出鉴定结论的时限可能会根据相关规定延长,但延长的时限不超过 30 日。

(6)拿到劳动能力鉴定结论后,工伤职工就可以向社会保险经办机构申请工伤保险待遇。

第八节　活体年龄鉴定委托事项

活体年龄鉴定是指法医鉴定人根据人体的骨龄、牙龄等医学知识,对争议对象的年龄提出法医学鉴定意见。

活体年龄鉴定的意见可以成为刑事或民事案件中确定被鉴定人真实年龄的重要依据。此类鉴定通常要求被鉴定人到本所法医影像学实验室接受影像学摄片、检查,或按要求提供影像学检查结果。

一、活体年龄鉴定委托事项的表述

××法院因办案需要,现委托××司法鉴定中心对被鉴定人××的活体年龄进行鉴定。

二、活体年龄鉴定委托事项示例

【示例1】户籍记载年龄与亲属所述年龄不符的活体年龄鉴定。

1. 活体年龄鉴定委托事项的表述

××法院委托××司法鉴定中心对被鉴定人郝××的活体年龄进行鉴定。

2. 基本案情

被鉴定人郝××,户籍记载出生日期为1989年1月22日,家属称其实际出生日期为1995年9月15日,根据要求于2014年5月24日对郝××进行年龄鉴定。

法医学检查一般情况发育正常,身高177 cm,体重77 kg,喉结发育。牙齿检查及全景X射线检查恒牙牙列,第三磨牙萌出、牙根发育完成(钙化9级),提示≥18周岁。

【示例2】涉案犯罪人的活体年龄鉴定。

1. 对被鉴定人进行骨龄鉴定委托事项的表述

××法院委托××司法鉴定中心对被鉴定人李××的活体年龄进行鉴定。

2. 基本案情

被鉴定人李××,男,涉嫌抢劫、强奸,为求轻判,家属谎报年龄,称其16岁,尚未成年。为求真相,××法院决定对被告人李××进行骨龄鉴定。法医活体年龄鉴定结果结合被告人原籍公安机关出具的户籍证明,××法院最终认定,该男

子作案时已满 18 周岁。据此判决男子李××犯抢劫罪和强奸罪,判处有期徒刑
3 年 6 个月,罚金 6000 元。

【示例 3】疑犯的活体年龄鉴定。

1. 对被鉴定人进行骨龄鉴定委托事项的表述

××法院委托××司法鉴定中心对被鉴定人吴××的活体年龄进行鉴定。

2. 基本案情

2010 年 12 月 6 日,吴××用暴力抢走 20 岁的翟女士 1 部手机,并欲进行强
奸。因遭反抗,强奸未遂。××检察院对吴××以抢劫、强奸两项罪名提起公诉,
且认定吴××身份是未成年人。

该案被××法院受理后,承办法官仔细翻阅卷宗发现,吴××的年龄证据上
存在疑点:吴××的父亲、叔父、婶婶及其父亲的两个同村朋友,以及吴××所在
社区出具的证明均证实吴××出生于 1993 年 5 月 6 日;而吴××的原籍公安机关
出具的户籍证明却证实吴××出生于 1991 年 4 月 1 日。针对上述情况,法官进
行了详细核实,但几方说法的证明力不强,且又再无相关证据。

法庭最后决定为吴××进行骨龄鉴定。经鉴定,吴××现在骨龄已大于18 周
岁,与其原籍公安机关出具的户籍证明上的出生日期能够相互印证。而依照
其父亲及亲属的证明,吴××现在仍系未成年人,与骨龄鉴定结论相矛盾。

最终,法庭通过对在案证据的综合判断,认为现有证据不足以推翻原籍公
安机关出具的户籍证明,进而认定吴××出生于 1991 年 4 月 1 日,其作案时已
经成年。鉴于此,公诉机关也当庭变更了诉讼请求,认定吴××作案时已经
成年。

鉴于吴××所犯强奸罪系未遂,当庭自愿认罪,又系初犯,积极赔偿被害人
经济损失,××法院做出上述判决。宣判后,吴××表示服判,不上诉。

案件宣判后,法官对吴××的父亲进行了批评教育,并向其释明了认定
吴××年龄的依据。最终吴××的父亲对谎报年龄表示悔过,对法庭的判决亦表
示认可。

三、骨龄鉴定的法律依据

根据最高人民检察院 2000 年 2 月 21 日《关于"骨龄鉴定"能否作为确定
刑事责任年龄证据使用的批复》:"犯罪嫌疑人不讲真实姓名、住址,年龄不明
的,可以委托进行骨龄鉴定或其他科学鉴定,经审查,鉴定结论能够准确确定
犯罪嫌疑人实施犯罪行为时的年龄的,可以作为判断犯罪嫌疑人年龄的证据

使用。如果鉴定结论不能准确确定犯罪嫌疑人实施犯罪行为时的年龄,而且鉴定结论又表明犯罪嫌疑人年龄在刑法规定的应负刑事责任年龄上下的,应当依法慎重处理。"

2010 年 7 月 1 日起施行的《关于办理死刑案件审查判断证据若干问题的规定》第四十条规定:"审查被告人实施犯罪时是否已满十八周岁,一般应当以户籍证明为依据;对户籍证明有异议,并有经查证属实的出生证明文件、无利害关系人的证言等证据证明被告人不满十八周岁的,应认定被告人不满十八周岁;没有户籍证明及出生证明文件的,应当根据人口普查登记、无利害关系人的证言等证据综合进行判断,必要时,可以进行骨龄鉴定,并将结果作为判断被告人年龄的参考。"

骨龄鉴定结论是可以作为证据使用的。不过骨龄鉴定结论作为证据使用并非"当然采用",而要综合多方面因素考虑。

四、活体年龄鉴定的方法

目前活体年龄鉴定较普遍的方法仍然是骨龄鉴定方法,即利用骨骼发育程度与生活年龄之间的关系推断活体年龄,依据骨化中心出现及骨骺闭合的时间顺序来推断活体年龄。司法部司法鉴定科学技术研究所对骨发育情况进行了系统的调查,并在对全身多部位骨化中心及骨骺闭合程度分级的基础上,建立了"骨龄鉴定图谱"与教学模型推导法推断骨龄的方法。根据被鉴定人的骨龄、牙龄,对被鉴定人的年龄提出法医学活体年龄的意见。

五、活体年龄鉴定的作用

受各地公、检、法、司等机关或其他社会组织、个人的委托,参照目前国内外骨龄、牙龄等方面的研究成果,对争议对象的年龄提出法医学鉴定意见。该鉴定意见可以成为刑事或民事案件中确定被鉴定人真实年龄的重要依据。

此类鉴定通常要求被鉴定人到指定医院的法医影像学实验室接受标准影像学 DR 摄片、检查,或按要求提供标准影像学 DR 检查结果。

六、活体年龄鉴定的原则

1. 综合原则
在联合多种方法和标准进行检测、鉴定但仍存在各处骨骼发育不平衡的所谓"骨龄分离现象",因此建议主要依据机体多部位关节骨龄,同时结合牙龄、身高、体重、第二性征等情况检测,最后综合出实际年龄的鉴定意见。

2. 均值原则

因骨龄仅是统计学正常参考值,必然与个体实际年龄之间存在误差,不可能获得绝对准确的特定个体年龄推断结论,而我们又必须在法律时效内对被鉴定人进行年龄鉴定。建议以现行骨龄可信性年龄范围上限值和下限值的均值为推断实际年龄的参考值,即使不能保证结论的绝对科学准确性,至少可确保司法鉴定的公平公正性。

3. 就低原则

基于骨龄与实际年龄间的误差不可避免,为尽可能减少错鉴,特别是避免造成难以挽回的司法错判结果,建议在综合骨龄均值接近或骨龄范围包含14、16、18周岁3个"责任能力"量刑的"法定年龄"时,从尊重和保护人权角度,建议"两害相权取其轻"地选择下限值或做出低于"法定年龄"结论,即使后来证明错判,因"低限年龄"比"高限年龄"的司法审判量刑相对较轻,亦可有补判加刑之机会,反之若判重了,特别是大于等于18周岁"负完全刑事责任"的"死刑",则可造成无可挽回的后果。

4. 及时原则

鉴于骨骼随生活时间而继续不可逆性生长发育,一般明显可见性骨龄变化时限为2~3个月,加之诸多不可控的先天和后天影响因素,因此,骨龄鉴定仅为拍摄骨骼X射线片当时所反映的一般正常骨骼发育情况的"及时性年龄鉴定"。这就要求发案后及时鉴定嫌疑人骨龄,不能超过1个月。

第九节　性功能鉴定委托事项

性功能鉴定是指法医鉴定人对被鉴定人的性功能问题进行鉴别和判断并提供鉴定意见或结论。

一、性功能鉴定委托事项的表述

××法院委托××司法鉴定中心对被鉴定人××因与××发生殴斗是否造成性功能障碍进行司法鉴定。

二、性功能鉴定委托事项示例

【示例1】交通事故造成阴茎损伤,对性功能障碍进行司法鉴定。

1. 性功能鉴定的鉴定委托事项的表述

××法院委托××司法鉴定中心对被鉴定人程××因交通事故造成阴茎损伤,是否造成性功能障碍进行司法鉴定。

2. 基本案情

2020年9月1日,程××在××路路段被肇事者张××驾驶的轿车撞伤。受害人程××经医院诊断为"右胫腓骨骨折,第2腰椎椎体压缩性骨折,头皮下血肿,脑震荡,阴茎撕裂伤"。事后,交警在勘察事故现场后得出结论,这起交通事故是肇事司机张××操作不当引发的,肇事者对事故负全部责任。

出院后的程××感觉无法勃起,家庭出现了不和谐的"音符"。程××找到了律师事务所,咨询了相关律师后,律师建议程××先进行性功能鉴定,再索要赔偿。程××的伤情经过××司法鉴定所鉴定为:车祸导致阴茎缩短,畸形,瘢痕组织形成,勃起功能障碍,符合九级伤残之标准。2021年初,程××与肇事者就交通事故赔偿达成了和解协议。

可是程××的妻子陈××认为,自己作为已婚妇女,与丈夫过正常性生活是应有的权利,此权利属于健康权的范畴,肇事司机张××的交通肇事行为导致其丈夫丧失性功能,因此她也相应地丧失了自己应有的性权利,这是张××过错行为的直接后果。况且,性权利对已婚妇女的重要性是无须证明的。

2021年10月,××法院参照程××的司法鉴定报告,判决肇事方赔偿程××健康损失费4万元。

【示例2】对性功能障碍进行司法鉴定。

1. 性功能鉴定的鉴定委托事项的表述

××法院委托××司法鉴定中心对被鉴定人席××因交通事故造成阴茎损伤,是否造成性功能障碍进行司法鉴定。

2. 基本案情

2018年3月4日晚上9时许,贺××驾驶一辆制动和灯光不符合要求的重型货车,沿××公路由北向南行驶,途经××桥附近时,贺××没有降低速度以保持安全速度。这时,正好46岁的席××饮酒后骑两轮电动车过马路,他未下车通行,而是骑车斜向通过公路。结果,货车撞上了电动车后侧,席××和他的电动车立即飞了出去。

席××立即被送到××市医院抢救,经查席××为"创伤性休克、骨盆骨折、腹部闭合性损伤、全身多处皮肤挫裂伤、肋骨骨折、右下肢瘫痪、粘连性肠梗阻"。一直到2019年2月8日,席××才出院回家,一共花去超过22万元的医疗费。但是,他只能坐在轮椅里,还要等候尿道修复手术和骨盆钢板取出术等后续治疗。2019年3月15日,席××向法院申请伤残等级鉴定,席××"右下肢瘫痪伤残等级为五级,左侧肋骨伤残等级为十级,膈肌破裂修补伤残为十级",席××失去了劳动能力。同时席××因为生殖器官受到损伤,影响了性功能。席××又向法院申请伤残等级鉴定。经过××司法鉴定所鉴定,席××"阴茎勃起功能完全丧失构成四级伤残"。拿到性功能鉴定意见书,席××获赔55万元。

三、性功能鉴定的依据

依据《人体损伤致残程度分级》,将阴茎勃起功能后遗症按照受损严重程度,分为5个等级,分别对应四级、六级、八级、九级、十级残疾。

根据《人体损伤程度鉴定标准》,"器质性阴茎勃起障碍(重度)"为重伤二级,"器质性阴茎勃起障碍(中度)"为轻伤一级,"器质性阴茎勃起障碍(轻度)"为轻伤二级(故意伤害致他人器质性阴茎勃起障碍轻度以上则入刑)。

四、性功能鉴定的司法作用

凡是工伤、车祸、手术等伤害事件引起的性功能损害都可以通过司法程序申请鉴定。另外,也有离婚、强奸事件可以通过鉴定证明申请者是否有性能力。

第十节 医疗纠纷鉴定委托事项

医疗纠纷鉴定一般是指人民法院在受理医疗损害赔偿民事诉讼案件中,依职权或应医患任何一方当事人的请求,委托具有法定鉴定资质的司法鉴定机构对患方所诉医疗损害结果与医方过错有无因果关系等专门性问题进行分析、判断并提供鉴定结论。医疗纠纷司法鉴定的目的,是为医疗损害赔偿民事诉讼中遇到的专门性问题提供技术服务,为调解和处理医疗纠纷提供科学依据。

一、医疗纠纷鉴定委托事项的表述

××法院委托××司法鉴定中心对被鉴定人××与××医院在医疗过程中发生纠纷申请进行责任划分鉴定。

二、医疗纠纷鉴定委托事项示例

【示例 1】医院不能证明医疗产品合法来源,应承担全部责任。

1. 医疗纠纷鉴定委托事项的表述

××法院委托××司法鉴定中心对被鉴定人王××与××医院在医疗过程中发生纠纷申请进行责任划分鉴定。

2. 基本案情

2017 年 6 月 25 日,王××因右前臂受伤入住××医院行"右尺、桡骨骨折切开复位内固定术",后摄片检查显示王××右尺、桡骨中段骨折内固定手术后骨不连,钢丝嵌入骨折端及钢板、螺丝钉断裂,在 2018 年 3 月 2 日行"切开内固定,病灶清除+骨折复位植骨内固定",2018 年 3 月 14 日王××出院,出院诊断为"术后骨不连,内固定断裂"。王××认为医院植入的钢板、螺丝钉质量不合格,故起诉要求××医院承担二次手术的相关费用。

法院认为:医院理应使用合格的医疗器械救助患者,钢板内固定断裂的原因众多,但不能排除可能因钢板质量不合格所致,医院在本案审理中未能提供所涉内固定为合格产品的相关证据及明确的生产厂家,对内固定的质量是否系合格产品又不申请鉴定,故依法推定医院使用的医疗器械为不合格产品。王××要求医院承担二次手术的医疗费应当支持。

【示例 2】产妇为限制行为能力人,医院负有额外注意义务。

1. 医疗纠纷鉴定委托事项的表述

××法院委托××司法鉴定中心对被鉴定人鲍××与××医院在医疗过程中发生纠纷申请进行责任划分的鉴定。

2. 基本案情

鲍××是智障产妇,在入院时胎儿大小与骨盆径线均无异常。在分娩过程中,由于鲍××婆婆坚持顺产,鲍××成功分娩一男孩,但鲍××多次被诊断认定为产后肛门撕裂伤、阴道直肠瘘的十级伤残。经××医学会鉴定,医方的诊疗行为存在过错且与患者的损害后果有一定的因果关系,其原因力大小为同等因素。

法院认为:医方对智障产妇可能带来的接产困难缺乏应有的思想准备和

措施保障,导致胎头娩出过程中,无法有效保护会阴。医患沟通不到位,在会阴发生严重裂伤后未与患方沟通,亦存在过错。根据鉴定人对患者的现场体检所见,推断医方缝合时对肛提肌的缝合欠妥,与会阴伤口术后裂开有一定因果关系。医方在会阴伤口缝合的时机和麻醉方法的选择上存在过错。根据鉴定所确定的过错和同等原因力因素,认定医院对鲍××的合理损失承担50%的赔偿责任。

【示例3】术后引流管遗留患者体内长达2年,虽与患者损害无因果关系但医院仍需担责。

1. **医疗纠纷鉴定委托事项的表述**

××法院委托××司法鉴定中心对被鉴定人杨××与××医院在医疗过程中发生纠纷申请进行责任划分的鉴定。

2. **基本案情**

2013年杨××因左乳腺癌曾在××医院治疗并手术,2015年肿瘤复发至××附属医院进行左胸壁肿瘤切除术,术中取出××医院遗留患者体内的约5 cm的引流残端,虽经××医学会鉴定医院术后引流管残留皮下存在过错,对患者心理精神产生一定损害,引流管残留的原因力大小为直接因素,但其肿瘤复发与引流管残留并无因果关系。

法院认为:根据××医学会的医疗损害鉴定书,××医院由于手术后引流管残留皮下,存在过错,对患者心理精神产生了一定损害,引流管残留原因力大小为直接因素,但其左胸壁肿瘤再次复发与引流管残留无因果关系。故医院应赔偿杨××相应的精神抚慰金,承担杨××左胸内引流管取出的相关费用,而杨××治疗肿瘤复发的相关费用应由其自身承担。后该案双方在二审中达成调解协议。

【示例4】医患纠纷经人民调解委员会达成调解,不得随意撤销。

1. **医疗纠纷鉴定委托事项的表述**

××法院委托××司法鉴定中心对被鉴定人付××与××医院在医疗过程中发生纠纷申请进行责任划分的鉴定。

2. **基本案情**

付××因突发疾病送至××医院急诊科,后因病情持续恶化在院死亡。该案纠纷经××市医患纠纷人民调解委员会主持调解,付××家属与医院达成《人民调解协议书》,双方签字盖章,医院也已履行完毕。后付××家属以医院在诊治过程中存在重大过错为由,认为《人民调解协议书》显失公平,请求撤销该调解协议。

法院认为:在××市医患纠纷人民调解委员会主持调解下,双方经过平等协商,自愿达成的《人民调解协议书》,系双方的真实意思表示,协议内容并不违反法律、法规的强制性规定和社会公共利益,属于合法有效的协议,对双方当事人均具有法律约束力,双方当事人应当按照约定履行自己的义务。付××家属主张该协议书显失公平,未提供相应的证据证实,依法不予采信。故驳回付××家属的诉讼请求。

【示例5】院方未能提供与患方一起封存的病历资料致使不能鉴定,推定医方存在过错。

1. 医疗纠纷鉴定委托事项的表述

××法院委托××司法鉴定中心对被鉴定人李××与××医院在医疗过程中发生纠纷申请进行责任划分的鉴定。

2. 基本案情

李××因生产到××医院就诊,后剖宫产娩出一男婴,男婴出生后重度窒息。后李××及其家属与该医院院长共同对李××住院期间的病历等资料进行封存。在本案审理中,李××要求将双方封存的病历作为鉴定依据,后因院方提供的病历等并非封存的病历,且病历资料不全,××市医学会认为不宜鉴定被退回。

法院认为:医院在为患者诊治过程中应当按照规定填写并妥善保管住院志、医嘱单、检验报告、手术及麻醉记录、病理资料、护理记录、医疗费等病历资料,但当患者要求提供封存的住院病历时,医院未能提供封存前形成的医嘱单、检验报告等完整的病历资料,致使不能鉴定。××市医学会不能鉴定的原因与医院行为有关,依法医院应当对患者的合理损失承担全部赔偿责任。

【示例6】救护车半路发生故障致使患者未能及时转院而死亡,医院应当承担一定赔偿责任。

1. 医疗纠纷鉴定委托事项的表述

××法院委托××司法鉴定中心对被鉴定人王××与××医院在医疗过程中发生纠纷申请进行责任划分的鉴定。

2. 基本案情

王××到××医院治疗后被该院送达病危通知书且被告知到上一级医院就诊,患者家属同意后该医院遂派出救护车,送医途中车辆发生故障,患者也发生危险,随车医生施行了抢救措施,但在第二辆救护车赶至时患者已无生命体征。

法院认为:在转院过程中,车辆发生故障,无法保证患者平安到达上一级医院接受治疗,存在过错。转院途中患者情况发生变化,经抢救未能挽回生命,是双方均不能左右的事实,医生对其抢救行为未能提供随车录像,导致无法确定医生采取哪些抢救措施及患者死亡的具体时间,但医院的延时行为不是造成死亡的直接原因,故应承担次要赔偿责任。

【示例7】对医院提供的病历真实性存疑且缺少部分诊疗单据导致无法鉴定,医院承担全部赔偿责任。

1. 医疗纠纷鉴定委托事项的表述

××法院委托××司法鉴定中心对被鉴定人吉××与××医院在医疗过程中发生纠纷申请进行责任划分的鉴定。

2. 基本案情

吉××因盆腔包块到××医院就诊后实施了右侧卵巢切除术,术后做了B超检查,但未出检查单,后因不适复诊,该院医生认为一切正常而未做处理,后至其他医院被诊断右肾无功能,行"右侧肾切除",后因××市医学会认为病历的真实性无法确定,且缺少术前、术后B超单,退回鉴定申请。

法院认为:患者吉××已入住医院,作为医疗机构,手术前后的必要检查是其自己应尽的义务,对于术后已做了B超检查而不出检查单,导致患者怀疑整个病历的真实性,致使鉴定无法进行,存在过错,应当承担侵权责任。医院认为右侧肾积水、萎缩可能为术后粘连梗阻,是造成损害的原因,否认手术中存在差错,但没有提供证据证明,故不予采信,认定医院对患者的全部损失承担赔偿责任。

【示例8】助理职业医师使用超出授权范围药物造成患者死亡,被认定为医疗事故罪。

1. 医疗纠纷鉴定委托事项的表述

××法院委托××司法鉴定中心对被鉴定人陈××与××医院在医疗过程中发生纠纷申请进行责任划分的鉴定。

2. 基本案情

陈××因咳嗽、发热,其家属请村卫生室医生刘××到家中诊治,后刘××使用自带的药物配置了4瓶静脉注射液,对陈××进行静脉滴注后不久便离去,陈××家属在更换至第三瓶注射液后不久,陈××出现抽搐、口吐白沫的症状,经抢救无效死亡。尸检认为静脉滴注头孢噻肟钠,导致过敏性休克死亡。另查明,刘××系助理职业医师。经医疗事故鉴定:刘××在未做诊断的情况下联合使用了限制级抗菌药物,且在乡镇从事一般职业活动的助理执业医师无权使用该类药物,违反了卫生行政部门《抗菌药物临床应用管理办法》;且在输液不久后便自行离开,亦违反了诊疗常规。后刘××被判处医疗事故罪。事后,刘××与死者家属达成调解协议并履行完毕。

法院认为:刘××的行为系履行职务行为,其事发后支付给死者的赔偿款视为替卫生室代为支付。鉴于刘××的行为已构成犯罪,并被依法判处刑罚,根据相关规定,其对受害人的赔偿数额应以犯罪行为直接造成的物质损失为依据,将死亡赔偿金不纳入赔付的范围。故判决所获赔偿数额与刘××已赔数额进行相应抵扣。

【示例9】医务人员交接班时未将重症患者情况对接,存在医疗过失。

1. 医疗纠纷鉴定委托事项的表述

××法院委托××司法鉴定中心对被鉴定人马××与××医院在医疗过程中发生纠纷申请进行责任划分的鉴定。

2. 基本案情

马××因患有脑梗死、脑萎缩到××卫生院治疗,医生赵××诊断后告知家属马××病情严重,建议转至上一级医院,但在家属要求赵××继续治疗的情况下,赵××为马××输液治疗,输液结束后马××留在观察室,未回家。赵××下班时与接替夜班的医生尤××交接,未告知马××情况,马××病发经抢救无效死亡。

法院认为:医院作为医疗机构负有特定的注意义务,医务人员对患者的生命与健康利益应具有高度责任心,在医疗过程中,应保持足够的审慎,以预见医疗行为结果和避免损害后果的发生。而医务人员在交接班过程中,交班医生未将重症患者的相关情况与接班医生交接,未尽到应有的合理注意义务,存在医疗过错,承担次要责任。

【示例10】为儿童洗胃却未进行必要监护且放任由护士监护,医院应承担一定赔偿责任。

1. 医疗纠纷鉴定委托事项的表述

××法院委托××司法鉴定中心对被鉴定人卞××与××医院在医疗过程中发生纠纷申请进行责任划分的鉴定。

2. 基本案情

卞××系2岁儿童,因其父母认为其可能误食硝苯地平药片而将其送至医院,后医务人员对卞××进行洗胃,在洗胃过程中卞××出现心跳、呼吸停止,经抢救无效死亡。经××市医学会鉴定,院方存在以下过错:未做血压、心电图等常规检查;对患儿的病情未能引起足够重视,医患沟通不到位,未出具病危通知书;洗胃时未行心电监护;未开通静脉通道,以便加快毒物排泄;医方在患儿洗胃后离开现场直至病情危急才返回等。

法院认为:作为医院的医疗人员,应加强医疗责任心及风险防范意识,规范医疗行为,避免医疗纠纷的发生。虽然死者未进行尸检,具体死亡原因并不清楚,但医院应就其诊疗过错承担次要赔偿责任。

三、医疗纠纷鉴定的依据

依据《医疗纠纷预防和处理条例》第二十二条,发生医疗纠纷的,医患双方可以通过下列途径解决:①双方自愿协商;②申请人民调解;③申请行政调解;④向人民法院提起诉讼;⑤法律、法规规定的其他途径。

依据《医疗纠纷预防和处理条例》第二十八条,发生重大医疗纠纷的,医疗机构应当按照规定向所在地县级以上地方人民政府卫生主管部门报告。卫生主管部门接到报告后,应当及时了解掌握情况,引导医患双方通过合法途径解决纠纷。

四、医疗纠纷鉴定的基本原则

1. 坚持鉴定人专业判断的原则

法官是代表法而有权威,鉴定人则是具备专门知识而有权威。司法鉴定人在司法鉴定实践中,应深刻领悟《司法鉴定程序通则》的精神,以鉴定人高度责任感,坚持以医学的技术手段而非法律的推定原则作为医疗过失鉴定的主要技术支撑,做出专业的司法鉴定意见,使得医疗纠纷鉴定意见经得起法庭质证,成为真正意义上的证据之王。同时要摆正医疗过失司法鉴定行为独特的法律地位,严格以司法鉴定人自身的专业权限规范自己,避免越权行事,诸如涉及案件定性等问题,无须鉴定人节外生枝。

2. 坚持以医方是否尽到注意义务作为判断医疗过失的客观标准的原则

(1)涉及司法鉴定的医方注意义务:医疗过失的司法鉴定,在评判医疗行为是否存在过失时的法定客观标准是什么呢? 答案是目前没有国家标准,也没有一个业内统一的文件规定。那么对于医疗纠纷如此复杂的技术问题,鉴定人及鉴定机构出具分析意见书,可能会更多地受到鉴定人个人的认识取向的影响,甚至不排除故意出具失之偏颇之意见,从而导致鉴定结果千差万别,出现不正确、不客观的现象。既然没有统一法定的评判标准,鉴定人理应遵循国内该行业及相关学界普遍推行、认同的经验和理论。当前,越来越多的法律、法规针对一些行业从业人员的行为提出了法定注意义务的要求,相当多的行业内部也有自己的行为规则要求。因此产生了过失推定规则,即行为人的行为只要违反了法定注意义务及行业内部行为规则的要求,就被认为是具有过失的。因此,一般来讲,医方是否履行其应尽的注意义务是认定医疗过失行为的客观标准。

(2)注意义务分类:注意义务包括一般注意义务和特殊注意义务两类。

一般注意义务,也称善意注意义务或保护义务,是指医务人员在医疗服务过程中对患者的生命与健康利益的高度责任心,对患者的人格尊重,对医疗服务工作的敬业、忠诚和技能的追求上的精益求精。

特殊注意义务,是指在具体的医疗服务过程中,医务人员对医疗行为所具有的危险性加以注意的具体要求。医务人员对于患者具有提供医疗服务的义务,并且对于患者所发生的疾病及治疗所引起生命健康上的危险性,具有预见和防止的义务,也即高度危险注意的义务。具体包括是否违反"告知义务"、是否获得"知情同意"、是否违反"转医义务"等。

3. 坚持"审查诊疗、护理行为是否符合医疗规范"的原则

(1)硬标准:通常我们把卫生行政部门、司法审判机关等出台的有关司法鉴定的法律法规、部门规章、诊疗护理规范及教科书、权威医学文献报道的成熟的理论作为首要的、原则性的标准,把它们看作硬性标准。

(2)软标准:审查医疗机构"是否达到与其资质相应的医疗水准",审查案件相关医生诊疗行为与其资质是否相适应。当然,不能用专科医院医师的水平来要求普通医院的医师,也不能用高级别医院的医疗水平来要求低级别医院的医生。

审查"诊疗行为与医院等级是否相适应"。此时,注意不能用专科医院的水平来要求普通医院,也不能用高级别医院的医疗水平来要求低级别医院。

4. 坚持"医疗紧急处置的宽泛原则"

在医疗实践中,医生经常会遇到时间和机会都非常紧迫的情况,不允许医生做过多思考和犹豫,这时候做出的医疗行为在医疗常规和合理性等方面应该适当放宽指征。也即法律上所讲的紧急避险原则,就是以牺牲较小的利益为代价,来换取更大的利益。

5. 坚持"并发症的三元处理原则"

(1)有过失处理:医生在诊疗之前必须对某些可能发生的损害有所认识,

并且能采取积极的措施尽量防止此损害的后果的发生。应当预见的并发症而没有预见,未尽告知义务的,或者已预见的并发症而未采取积极的治疗措施的则属于医疗过失行为,应承担相应责任。

(2)可能过失处理:疾病的并发症具有相对可避免性(国外有学者甚至将并发症归入"可防范的医疗风险")。随着现代医疗技术手段的不断发展、更新,有些在过去看来是不可避免的并发症,如今出现的概率显著下降,而并发症的发生主要是医生自身技术水平的限制或责任心较差等因素造成,则可能被判定为医疗过失。这种情况下,并发症不是必然的免责事由。当然,并发症的发生具有不确定性,一旦认定为并发症,不宜鉴定完全责任。

(3)免责处理:经医方举证是"完全不可避免的"并发症,也就是说,在同行业、同等资质机构内技术水平相当的医生处置该类疾病,基本均会有如此并发症发生,尽管医方对并发症的发生已充分预见并对并发症的防范采取了及时、妥当的救治,仍发生的不良后果,可成为免责情形。

6.医疗意外的免责与归责原则

(1)免责原则:在判断医疗意外是否属于免责事由时,应审查医院人员是否充分履行预见危险发生的义务,包括医务人员在实施医疗服务行为之前,是否对求医者身体健康状况进行了相应的检查,特别是对求医者既往有无过敏史的了解及特殊疾病状况进行全面询问、了解和记载。

(2)归责原则:医务人员实施的医疗行为是否符合医学诊疗常规要求。如果患者或求医者的病情根本没有必要施行手术、麻醉、输液治疗等,而医疗服务提供者由于个人的目的及误诊误治的因素实施治疗行为导致医疗意外,那么,这种医疗意外必须承担相应责任,而不属于免责对象。

相比一般的医疗鉴定,显然司法鉴定更具有权威性,而它的权威性的体现是司法机关会把鉴定结果当成裁判的依据。

五、医疗纠纷鉴定的司法作用

在医疗纠纷进行司法鉴定以后,或许有的一方并不认同司法鉴定结果,而会继续选择别的途径来解决医疗纠纷,但是医疗纠纷鉴定结果有它本身的法律效力。

医疗纠纷鉴定结果的法律效力表现在,自行鉴定没有争议的情况下,可以作为医疗纠纷处理的依据。行政鉴定是行政机关处理医疗纠纷的依据,如果没有争议,经法院审查合法,也可以作为诉讼案件定案依据。司法鉴定除具有一般鉴定的属性外,还具有司法权威性,在对鉴定结论存在争议的情况下,司法鉴定作为司法活动往往行使最终决定权。司法鉴定通常还作为法官认证的工具,实践中通常以司法鉴定结论作为裁判的依据。

第十一节　诈病(伤)及造作病(伤)鉴定委托事项

诈病(伤)是指身体健康的人为了达到某种目的,假装或伪装患有某种疾病,可见于伤害案件、意外事件的受害人或行为人。广义的诈病还包括夸大病情,常表现为轻伤装重伤,小病装大病,伤病者希望通过夸大病情达到某种目的。常具有如下特点:目的明确,症状相似,病情特殊,表现混乱,病史牵强附会,身体检查合作。诈病表现的形式多种多样,一般包括伪装头痛、伪聋、伪盲、伪装瘫痪、伪装精神病、伪装抽搐、伪装失语等。

造作病(伤)是指为了达到某种目的,自己或授意他人对自己身体造成伤害,或故意夸大、改变原有伤情。造作伤的特点:具有显而易见的症状和体征、多在其本人手容易达到的区域、在某种特殊部位造成损伤以表明是在特定情况下受伤、自伤者一般不会愿意冒生命危险或变成残疾。

一、诈病(伤)及造作病(伤)鉴定委托事项的表述

××法院委托××司法鉴定中心对被鉴定人××的损伤是否存在诈病(伤)及造作病(伤)进行鉴定。

二、诈病(伤)及造作病(伤)鉴定委托事项示例

【示例1】诈病(伤)及造作病(伤)鉴定。

1. 诈病(伤)及造作病(伤)鉴定委托事项的表述

××法院委托××司法鉴定中心对被鉴定人兰××的损伤是否诈病(伤)及造作病(伤)进行鉴定。

2. 基本案情

2019年10月23日兰××与他人发生争执后被击伤左下肢,致其左股骨粗隆下粉碎性骨折。15个月后要求鉴定,但检查不配合。检验发现左大腿上段外侧有一纵行手术瘢痕,左下肢呈外旋位,左髋关节屈曲、外展功能轻度受限,左膝关节屈曲轻度受限,左下肢与右下肢比较短缩2.5 cm。复查X射线片,见

骨折对位、对线好,髋关节正常。住院期间多次违反医嘱,极不配合治疗,不遵守医嘱,自行其是,对医生的多次解释不予理睬。得知鉴定结论为轻伤后,兰××不服鉴定结论,不断到处上访,并不愿重新鉴定。

【示例2】诈病(伤)及造作病(伤)鉴定。

1. 诈病(伤)及造作病(伤)鉴定委托事项的表述

××法院委托××司法鉴定中心对被鉴定人陈××的损伤是否诈病(伤)及造作病(伤)进行鉴定。

2. 基本案情

2018年5月6日,陈××与他人发生纠纷时被刀砍伤面部,3个月后要求鉴定,并出示住院病历。病历记载:患者左面部被刀砍伤10分钟后就诊;T 36.8 ℃,P 80次/分,R 20次/分,BP 128/90 mmHg(1 mmHg≈0.133 kPa)。面部创口长6 cm,活动性出血。X射线片示:面颅骨无骨折。颅脑CT示:颅内未见明显异常。医生给予清创缝合、止血、补液等处理。诊断:面部刀砍伤,失血性休克。体格检查:T 36.8 ℃,P 80次/分,R 20次/分,BP 128/90 mmHg。左颧弓部有一横行瘢痕,长5 cm,其余未见异常。

【示例3】诈病(伤)及造作病(伤)鉴定。

1. 诈病(伤)及造作病(伤)鉴定委托事项表述

××法院委托××司法鉴定中心对被鉴定人洪××的损伤是否诈病(伤)及造作病(伤)进行鉴定。

2. 基本案情

2016年10月3日,洪××因生意与人发生争执;半年后,提供医院病历,称受伤造成癫痫,要求法医鉴定。病历记载其住院期间癫痫大发作两次,诊断为外伤性癫痫。阅其伤后头颅CT未发现明显异常,体格检查未发现明显伤痕,体表无碰撞痕迹,舌无咬伤。

【示例4】诈病(伤)及造作病(伤)鉴定。

1. 诈病(伤)及造作病(伤)鉴定委托事项表述

××法院委托××司法鉴定中心对被鉴定人兰××的损伤是否诈病(伤)及造作病(伤)进行鉴定。

2. 基本案情

2020年7月6日,兰××因纠纷与人打架,致左膝部骨折,4个月后要求鉴定。病历记载:患者左膝受伤后肿痛1小时。X射线片示:左胫骨平台骨折,无移位。给予石膏固定等治疗。诊断:左胫骨平台骨折。体格检查:拄杖跛行,左下肢未见明显伤痕,拒绝活动,拒绝触诊。

三、诈病(伤)及造作病(伤)鉴定的方法

诈病(伤)及造作病(伤)鉴定常见的方法如下。

根据伤病的具体情况选择相应的临床医学诊断方法,如视觉、听觉脑干诱发电位,CT、MRI、正电子发射体层摄影(PET)等,对被检查者的陈述和症状进行审查,保证鉴定的客观、公正。

采用法医临床学的理论与技术,对诈称(夸大)损伤、诈称(夸大)疾病及人为造成的身体损伤进行鉴定。

但应注意的是,在法医学鉴定中被检者出于各自的动机,有可能夸大病情或伤情,也有可能隐匿病情或伤情,所以,要以客观检查为主,探讨各种症状,对被检者的陈述和症状进行审查,才能保证鉴定的客观、公正。

根据诈病(伤)及造作病(伤)的特点,做以下检查,综合分析,得出结论。①审查资料。②了解案情或病情。③体表检查及体格检查。④实验室检查。⑤现场检查或现场重建。

四、诈病(伤)及造作病(伤)的特点

1. 诈病(伤)

诈病(伤)是一种比较常见,可发生在任何年龄(婴幼儿除外)、任何阶层,乃至古今中外都有的社会现象。诈病(伤)者都是为了达到某种目的而作为,如为了追究对方的刑事责任或获得较高的经济赔偿,为了逃避惩罚或保外就医,为了推托或逃避责任,甚至有的是为了骗取药物(如哌替啶、吗啡等),他们多用不容易检查出来的病进行伪装,如伪装头痛、盲、聋、精神病、关节功能障碍等,所选择的病症与其本人的知识和给其提供帮助的人的知识有关。

由于诈病(伤)者多半不懂医学或听说过一些,不知道某种疾病应有的主要症状、体征及其内在联系,通常是在陈述症状时越讲越严重,一次比一次详细,以致所述症状前后矛盾。伪装的症状与损伤都或多或少有一点联系,一般以损伤为基础。检查不合作,甚至拒绝检查,并对检查人的一言一行特别敏感。

诈病(伤)者的表现:一是身体无病的人伪装患病;二是患者虽然有某种疾病,却故意夸大疾病的症状和体征,将较轻的病情装成重病,或者轻伤装成重伤;三是身体内无伤,伪装成有伤。

2. 造作病(伤)

造作病(伤)是指出于某种目的和企图,自己或授意他人对自己身体造成伤害,或故意夸大、改变原有伤情。多是以逃避某种义务或困境,骗取信任和荣誉,诬告和陷害他人为目的。造作伤与普通损伤相比有其独有特点。一是损伤部位多位于自己手能够达到的部位,但授意他人所致的损伤可在身体的任何部位。损伤程度一般较轻,没有危险,不伤及生命重要器官。也有因不了解人体解剖结构,伤及重要器官或致重伤的。二是损伤的分布多比较集中,轻重程度大致相同。如锐器损伤一般排列整齐、方向一致,深浅较均匀,仔细观察可见试切痕。三是受伤者往往编造一套自己受伤的经过,但如反复询问,则叙述前后矛盾,不合逻辑。

对造作病(伤)的鉴定首先要了解案情,向被检者反复询问受伤经过,仔细分析其陈述,及时勘验现场,注意现场情况与被检者的陈述是否一致,同时对损伤进行全面检查。必要时,还可以让被检者在现场演示受伤当时的情况,以便及时发现问题。

第十二节　致伤物和致伤方式推断委托事项

致伤物和致伤方式推断是指根据人体损伤特征推断致伤物和致伤方式的过程。致伤物(致伤工具)的推断一般从两方面来进行:首先要根据损伤的种类(如擦伤、挫伤、咬伤、骨折等)区分该损伤系钝器伤、锐器伤或火器伤;然后再根据损伤的形态(如形状、大小等)来推测致伤物的形状、大小、质量、长度、厚度及有无棱边、棱角或其他特征。致伤方式分为直接暴力及间接暴力。

一、致伤物和致伤方式鉴定委托事项的表述

××法院委托××司法鉴定中心对被鉴定人××损伤的致伤物和致伤方式进行推断。

二、致伤物和致伤方式鉴定委托事项示例

【示例】致伤物和致伤方式鉴定。

1. 致伤物和致伤方式鉴定委托事项的表述

××法院委托××司法鉴定中心对被鉴定人周××脾破裂的致伤物和致伤方

式进行鉴定。

2. 基本案情

2018年9月2日11:30,被鉴定人周××在××市××大街××店被丈夫用拳头打伤。伤后在××市人民医院住院治疗。受××市公安局城镇分局××警务区委托,××司法鉴定中心对周××脾破裂的致伤物及损伤程度进行法医学鉴定。

致伤物和致伤方式推断:被鉴定人周××伤后左上腹部疼痛不适,疼痛呈持续性。腹部稍隆起,腹肌偏紧,轻压痛、反跳痛,以左上腹为甚。经临床影像学检查诊断为脾破裂、腹腔积血。术中探查证实脾门及膈面各见一个破裂口,长约3 cm,出血;腹腔积血约2 000 mL。××司法鉴定中心检验左胸下部侧方见软组织青紫斑。结合案情分析,本例损伤符合较强的钝性暴力作用的损伤特点。

三、致伤物和致伤方式推断的依据

致伤物和致伤方式推断的依据包括《致伤物推断鉴定方法》(SJB-P-9—2009)、《法医学尸表检验》(GA/T 149—1996)、《法医学尸体解剖》(GA/T 147—1996)、《法医病理学检材的提取、固定、包装及送检方法》(GA/T 148—1996),以及对尸体进行法医学尸体解剖并对可疑致伤物进行推断或认定。

四、致伤物和致伤方式推断的方法

通常所说的致伤物是指引起机械性损伤的器物。致伤物推断和认定,是根据损伤形态的特征,结合现场,对致伤物的类型、大小、质量、作用面形状等进行分析推断的过程。

首先根据损伤的种类(如擦伤、挫伤、咬伤、骨折等)区分该损伤系钝器伤、锐器伤或火器伤。再根据损伤的形态(如形状、大小等)来推测致伤物的形状、大小、重量、长度、厚度及有无棱边、棱角或其他特征。

其次根据损伤的类型、伤痕的形态特征,推测相应的致伤物,并进而认定某一物体是否为造成该损伤的致伤物。由于同一凶器可以造成不同形态的损伤,而不同的凶器又可造成形态类似的损伤,所以推断致伤物时应结合多方面的情况综合分析。首先应从损伤形态推测出致伤物种类,根据创口形态,创缘、创壁和创底是否平整及有无组织间桥,骨折的情况,创周有无烟晕及火药颗粒等特点,区分该损伤的致伤物是钝器、锐器还是火器。

最后根据表皮剥脱、皮下出血、创、骨折等损伤的形态特点,推测致伤物的形状、大小、长度、厚度、棱边、棱角或其他特征,推断属哪一种致伤物。有条件的往往还要进一步认定致伤凶器。常用的方法有损伤特征与嫌疑致伤物特征对比、创内异物检查、致伤物上脱落粉尘痕迹检查、致伤物上附着物检查等。认定致伤物和致伤方式对侦破案件有重要意义,但一般不容易实现。

五、致伤物和致伤方式推断的司法作用

致伤物推断不仅能为侦查提供线索,有助于判断死亡方式,还可为审判机关提供科学依据。特别是对于多个犯罪嫌疑人、多种致伤物、多处损伤等案件,可以通过致伤物的推断重建事件经过、判断案件性质,从而区分当事人的责任大小,为案件的定性、判刑和民事赔偿等提供依据。

第十三节　合理医疗费鉴定委托事项

合理医疗费在保险公司中定义为符合通常惯例且医学必需的医疗费。不属于合理医疗费的有:陪床费、空调费、垃圾处理费;营养补充类、免疫功能调节类、美容及减肥类、预防类及中草药类的特定药品的费用;试验性、研究性医疗项目的费用;与被保险人的诊断及治疗无关的费用。

一、合理医疗费鉴定委托事项的表述

××法院委托××司法鉴定中心对被鉴定人××住院期间合理医疗费进行鉴定。

二、合理医疗费鉴定委托事项示例

(一)超标准支付

【示例1】医疗机构在患者的1次住院期间支付康复项目费用次数超出医保规定的支付限定次数。

　1. 合理医疗费鉴定委托事项的表述

××法院委托××司法鉴定中心对被鉴定人李××住院期间合理医疗费进行鉴定。

　2. 基本案情

患者李××,阿尔茨海默病,住院期间使用医保基金支付了4次记忆广度检

查费用,其中1次属于超标准支付。

根据××市医保的相关规定:有明确记忆障碍患者,记忆广度检查费用1次住院期间医保支付不超过3次。

合理收费:医院应结合临床实际情况,最多支付3次记忆广度检查费用。

【示例2】超标准支付。

1.合理医疗费鉴定委托事项的表述

××法院委托××司法鉴定中心对被鉴定人纪××住院期间合理医疗费进行鉴定。

2.基本案情

患者纪××,截瘫(肌力2级以下),1次住院期间使用医保基金支付了4次人体残伤测定费用,其中的3次属于超标准支付。

根据××市医保的相关规定:有明确损伤致残的患者,1个疾病过程支付人体残伤测定费用不超过1次。

合理收费:医院应支付1次人体残伤测定费用。

【示例3】超标准支付。

1.合理医疗费鉴定委托事项的表述

××法院委托××司法鉴定中心对被鉴定人贾××住院期间合理医疗费进行鉴定。

2.基本案情

患者贾××,脑出血后遗症,住院60天,每日进行偏瘫肢体综合训练2次和运动疗法1次,医保基金同时支付偏瘫肢体综合训练费用和运动疗法费用,同时支付2个项目为超标准支付。

根据国家医保相关部门的规定:偏瘫、截瘫肢体综合训练1个疾病过程支付不超过3个月。与运动疗法同时使用时只支付其中1项。

合理收费:医院应根据患者临床实际情况选择1个项目支付。

(二)超时间支付

医疗机构在患者1个疾病过程中支付康复项目费用的天数超出医保规定的支付限定的天数。

【示例1】超时间支付。

1.合理医疗费鉴定委托事项的表述

××法院委托××司法鉴定中心对被鉴定人贾××住院期间合理医疗费进行鉴定。

2. 基本案情

患者贾××,手部掌指骨骨折切开复位内固定术术后进行康复,医保基金支付了 100 天的手功能训练费用,其中 10 天属于超时间支付。

根据××市医保相关规定:有明确的手功能障碍的患者,1 个疾病过程手功能训练费用支付不超过 90 天。

合理收费:医院应根据临床实际情况,最多支付 90 天手功能训练费用。

【示例 2】超时间支付。

1. 合理医疗费鉴定委托事项的表述

××法院委托××司法鉴定中心对被鉴定人哈××住院期间合理医疗费进行鉴定。

2. 基本案情

患者哈××,重症肌无力,在医院进行了 190 天的等速肌力训练治疗,每日 1 次,医保基金支付 180 天等速肌力训练费用,其中 10 天属于超时间支付。

根据××市医保相关规定:有明确运动障碍的患者,包括床边徒手及仪器设备训练,1 个疾病过程支付不超过 180 天,每日不超过 1 次。

合理收费:医院应根据临床实际情况,最多支付 180 天等速肌力训练费用。

(三)物理治疗常见违规

【示例 1】串换收费,医疗机构开展物理治疗时,实际使用的仪器与收费项目不一致。

1. 合理医疗费鉴定委托事项的表述

××法院委托××司法鉴定中心对被鉴定人商××住院期间合理医疗费进行鉴定。

2. 基本案情

医疗机构使用特定电磁波谱疗法(TDP)理疗灯为患者商××开展治疗,收取磁热疗法的费用。此行为属于串换收费。

合理收费:应收取红外线治疗费用。

【示例 2】串换收费。

1. 合理医疗费鉴定委托事项的表述

××法院委托××司法鉴定中心对被鉴定人何××住院期间合理医疗费进行鉴定。

2. 基本案情

医疗机构在患者何××住院期间使用冰袋降温,收取了冷疗的费用。此行为属于串换收费。

冷疗应使用专门仪器治疗,根据《××省医疗服务项目价格》规定,使用冰袋冷敷属于一般物理降温。

合理收费:应收取一般物理降温费用。

【示例3】串换收费。

1.合理医疗费鉴定委托事项的表述

××法院委托××司法鉴定中心对被鉴定人郎××住院期间合理医疗费进行鉴定。

2.基本案情

医疗机构使用紫外线消毒灯在病房进行消毒时,收取空气负离子治疗费用。此行为属于串换收费。

病房紫外线消毒属于医疗机构基础护理服务项目,不应再单独收取费用。

(四)超标准收费

医疗机构在进行物理治疗时,收费的项目计价单位与规定不符。

【示例1】超标准收费。

1.合理医疗费鉴定委托事项的表述

××法院委托××司法鉴定中心对被鉴定人赖××住院期间合理医疗费进行鉴定。

2.基本案情

患者赖××住院期间使用了中频脉冲电治疗,医疗机构按照"每个电极片"收取费用。

《××省医疗服务项目价格》规定:中频脉冲电治疗应按照"每对电极"费用,此行为属于超标准收费。

合理收费:中频脉冲电治疗按照"每对电极"收取费用。

【示例2】超标准收费。

1.合理医疗费鉴定委托事项的表述

××法院委托××司法鉴定中心对被鉴定人马××住院期间合理医疗费进行鉴定。

2.基本案情

医疗机构在患者马××住院期间对其进行了电子生物反馈疗法,实际按照治疗部位收费,此行为属于超标准收费。

《××省医疗服务项目价格》规定:电子生物反馈疗法计价单位为"次"。

合理收费:电子生物反馈疗法按照"次"收取费用。

【**示例3**】超标准收费。

1. 合理医疗费鉴定委托事项的表述

××法院委托××司法鉴定中心对被鉴定人蔡××住院期间合理医疗费进行鉴定。

2. 基本案情

医疗机构为患者蔡××开展气压治疗时,将治疗部位分解为小部位进行收费(如将下肢分解为腿部、脚部2个部位收取费用)。此行为属于超标准收费。

合理收费:经查看,腿部与脚部治疗在一次治疗中可同步进行,应按照实际治疗操作,收取1个部位费用。

(五)不合理收费

医疗机构在患者的1次住院期间支付康复项目费用,医疗机构在患者住院期间开展1项物理治疗,但收取2项费用。

【**示例1**】不合理收费。

1. 合理医疗费鉴定委托事项的表述

××法院委托××司法鉴定中心对被鉴定人吉××住院期间合理医疗费进行鉴定。

2. 基本案情

医疗机构在患者吉××住院期间对其进行了中频脉冲电治疗,收取了中频脉冲电治疗和中医定向透药2项费用。此行为属于不合理收费。

经查看,该仪器仅具备中频脉冲电治疗功能,无中医定向透药功效。

合理收费:收取中频脉冲电治疗的费用。

【**示例2**】不合理收费。

1. 合理医疗费鉴定委托事项的表述

××法院委托××司法鉴定中心对被鉴定人张××住院期间合理医疗费进行鉴定。

2. 基本案情

医疗机构在患者张××住院期间对其进行了中药封包治疗,同时收取了中药封包治疗和中药特殊调配的费用。

《××省医疗服务项目价格》规定:中药封包治疗含药物调配。此行为属于不合理收费。

合理收费:收取中药封包治疗的费用。

（六）麻醉常见违规

【示例1】超标准收费,收取全身麻醉费用的同时收取特殊方法气管插管术费用,特殊方法气管插管术收取了全费。

1. 合理医疗费鉴定委托事项的表述

××法院委托××司法鉴定中心对被鉴定人郎××住院期间合理医疗费进行鉴定。

2. 基本案情

医院为患者郎××在全身麻醉下进行手术,同时收取逆行法、纤维喉镜、气管镜置管费用。

《××省医疗服务项目价格》规定:全身麻醉同时行特殊气管插管术,特殊气管插管术按照70%收费。特殊方法气管插管术包含经鼻腔、经口盲探气管插管术和逆行法、纤维喉镜、气管镜置管。

合理收费:应收取全身麻醉费用,并加收逆行法、纤维喉镜、气管镜置管70%费用。

【示例2】非危急患者收取危急患者全身麻醉。

1. 合理医疗费鉴定委托事项的表述

××法院委托××司法鉴定中心对被鉴定人贾××住院期间合理医疗费进行鉴定。

2. 基本案情

医院择期对患者贾××实行颅骨修补术,收取术中危急患者全身麻醉费用。

根据临床诊疗规范,患者病情平稳情况下,手术室收取危急患者全身麻醉费用不合理。

合理收费:收取全身麻醉费用。

（七）重复收费

【示例1】全身麻醉费用重复收取气管插管术费用。

1. 合理医疗费鉴定委托事项的表述

××法院委托××司法鉴定中心对被鉴定人黄××住院期间合理医疗费进行鉴定。

2. 基本案情

医院为患者黄××在全身麻醉下进行手术,同时收取全身麻醉费用和气管插管术费用,气管插管术费用属于重复收费。

《××省医疗服务项目价格》规定：全身麻醉含普通气管插管；包括吸入、静脉或吸入静脉复合及靶控输入。

合理收费：收取全身麻醉费用。

【示例2】椎管内麻醉费用重复收取麻醉监护下镇静术费用。

1. 合理医疗费鉴定委托事项的表述

××法院委托××司法鉴定中心对被鉴定人黄××住院期间合理医疗费进行鉴定。

2. 基本案情

医院为患者黄××在椎管内麻醉下进行手术，同时收取椎管内麻醉费用和麻醉监护下镇静术费用，麻醉监护下镇静术费用属于重复收费。

《××省医疗服务项目价格》规定：麻醉监护下镇静术费不得与其他麻醉费用同时收取。

合理收费：收取椎管内麻醉费用。

【示例3】麻醉中监测费用重复收取动态血压监测费用或持续有创性血压监测费用。

1. 合理医疗费鉴定委托事项的表述

××法院委托××司法鉴定中心对被鉴定人李××住院期间合理医疗费进行鉴定。

2. 基本案情

医院为患者李××在全身麻醉下进行手术，收取麻醉中监测费用，同时收取持续有创性血压监测费用。

《××省医疗服务项目价格》规定：麻醉中监测含心电图、脉搏氧饱和度、无创血压、有创血压等。

合理收费：收取麻醉中监测费用。

三、不合理医疗费的常见情况

"合理医疗费"要求符合通常惯例且医学必需，此外，保险合同条款还明确排除一些特定的医疗费，下面这些不属于"合理医疗费"。

（1）陪床费、空调费、垃圾处理费等。

（2）医保范围外的特定药品费用，主要为营养补充类、免疫功能调节类、美容及减肥类、预防类及中草药类费用。

（3）器官移植中的供体费用，包括供体寻找、获取及从供体切除、储藏、运送等发生的相关费用。

（4）试验性、研究性医疗项目的费用。

（5）与被保险人的诊断及治疗无关的费用：比如没有诊断糖尿病但使用降血糖药，男性患者开具妇科药等。

四、合理医疗费鉴定的依据

合理医疗费鉴定主要接受各地公、检、法、司等机关或其他社会组织的委托，参照医学和法医学科学原理、相关卫生法规、临床诊疗常规和其他相关规范，对人体损伤后治疗产生医疗费是否为治疗所受损伤的费用合理性和必要性提出法医学鉴定意见。

医疗费是指受害人在遭受人身伤害之后接受医学上的检查、治疗与康复训练所必须支出的费用。医疗费不仅包括过去的医疗费（如治疗费、医药费），也包括将来的医疗费（如康复费、整容费及其他后续治疗费）。对医疗费一般从以下几个方面进行审查。

（1）审查医疗费是否为治疗所受损伤的费用。与损伤无关的医疗费如治疗另外本身固有的疾病，不属于赔偿范围。

（2）审查医疗费的数额，按照一审法庭辩论终结前实际发生的数额确定。器官功能恢复训练所必要的康复费、适当的整容费及其他后续治疗费用，赔偿权利人可以待实际发生后另行起诉。但根据医疗证明或者鉴定结论确定必然发生的费用，可以与已经发生的医疗费一并予以赔偿。

1.《最高人民法院关于审理人身损害赔偿案件适用法律若干问题的解释》第十九条

医疗费根据医疗机构出具的医药费、住院费等收款凭证，结合病历和诊断证明等相关证据确定。赔偿义务人对治疗的必要性和合理性有异议的，应当承担相应的举证责任。

2.《中华人民共和国民事诉讼法》第七十二条

人民法院对专门性问题认为需要鉴定的，应当交由法定鉴定部门；没有法定鉴定部门的，由人民法院指定的鉴定部门鉴定。

3.《最高人民法院关于审理人身损害赔偿案件适用法律若干问题的解释》第十七条

受害人遭受人身损害，因就医治疗支出的各项费用及因误工减少的收入，包括医疗费、误工费、护理费、交通费、住宿费、住院伙食补助费、必要的营养费,赔偿义务人应当予以赔偿。

受害人因伤致残的,其因增加生活上需要所支出的必要费用及因丧失劳动能力导致的收入损失,包括残疾赔偿金、残疾辅助器具费、被扶养人生活费,以及因康复护理、继续治疗实际发生的必要的康复费、护理费、后续治疗费,赔偿义务人也应当予以赔偿。

受害人死亡的,赔偿义务人除应当根据抢救治疗情况赔偿本条第一款规定的相关费用外,还应当赔偿丧葬费、被扶养人生活费、死亡补偿费及受害人亲属办理丧葬事宜支出的交通费、住宿费和误工损失等其他合理费用。

4.《医疗事故处理条例》第五十条

医疗事故赔偿,按照下列项目和标准计算。

(1)医疗费:按照医疗事故对患者造成的人身损害进行治疗所发生的医疗费用计算,凭据支付,但不包括原发病医疗费用。结案后确实需要继续治疗的,按照基本医疗费用支付。

(2)误工费:患者有固定收入的,按照本人因误工减少的固定收入计算,对收入高于医疗事故发生地上一年度职工年平均工资3倍以上的,按照3倍计算;无固定收入的,按照医疗事故发生地上一年度职工年平均工资计算。

(3)住院伙食补助费:按照医疗事故发生地国家机关一般工作人员的出差伙食补助标准计算。

…………

在人身损害赔偿案件中,医疗费赔偿问题涉及赔偿义务人、受害方及医疗机构三方的切身利益,医疗费合理性问题较易产生争议,但法医临床学鉴定中的医疗费合理性鉴定目前并无统一的标准和规范。

第十四节　医疗终结时间鉴定委托事项

医疗终结时间是指医疗机构或医生对患者或伤残者诊断治疗全过程结束的时间,包括病情检查、确诊、药物治疗、手术治疗等医疗措施结束的时间。职工因病或因工伤残医疗终结,必须由指定的医疗机构认定。医疗终结是确认职工是否病情痊愈或者伤残的依据。

出院一般情况下可认为是医疗终结,医生认为患者病情稳定,已不需要进行继续治疗,可以出院回家休养,这时患者出院时即治疗终结。当然也有例外,如果出现骨折,为了复位做手术在体内植入了钢板或钢针,医院要求患者先出院,待几个月愈合后,再行手术取出体内钢板或钢针,这样第二次手术出院后才能说是治疗终结。如果患者出院后因原病情的反复又入院治疗,这种情况应当视为治疗没有终结。

一、医疗终结时间鉴定委托事项的表述

××法院委托××司法鉴定中心对被鉴定人××的医疗终结时间进行鉴定。

二、医疗终结时间鉴定委托事项示例

【示例】医疗终结时间的鉴定。

1. 医疗终结时间鉴定委托事项的表述

××法院委托××司法鉴定中心对被鉴定人王××的医疗终结时间进行鉴定。

2. 基本案情

劳动者王××于2019年3月1日入职,与公司签订了为期2年的劳动合同。自2019年12月16日起,王××一直患病休病假。2020年2月1日,公司向王××发出《终止劳动合同通知书》,以双方劳动合同期满为由终止双方的劳动合同。王××认为自己尚在医疗期内,公司终止劳动合同违反法律规定,遂申请仲裁,要求××公司继续履行劳动合同。

仲裁委审理后认为,按照王××的累计工作年限和在××公司的工作年限,王××的医疗期应为6个月,××公司终止劳动合同时,王××尚在规定的医疗期内,故裁决××公司继续履行劳动合同。

3. 本案点评

《中华人民共和国劳动合同法》第四十五条规定,劳动合同期满,有本法第四十二条规定情形之一的,劳动合同应当续延至相应的情形消失时终止;第四十二条规定,劳动者患病或者非因工负伤,在规定的医疗期内的,用人单位不得以劳动合同期满为由,终止双方劳动合同。本案中,王×× 2019年12月16日开始休病假,根据其实际工作年限和在××公司的工作年限,其可享受6个月医疗期,因此,2020年3月1日劳动合同期满时,王××尚在医疗期内,公司不能终止双方劳动合同,应该将合同期限延长至医疗期结束。因此公司终止劳动合同的行为属于违法终止,劳动仲裁委依法做出了撤销公司与王××终止劳动合同的决定,恢复双方劳动关系,双方继续履行劳动合同。

医疗期是指企业职工因患病或非因工负伤停止工作治病休息不得解除劳动合同的时限,当员工不存在严重违纪、失职等过错行为时,用人单位不得在

该期限内终止或解除劳动合同。根据《企业职工患病或非因工负伤医疗期的规定》第三条的规定,企业职工因患病或非因工负伤,需要停止工作医疗时,根据本人实际参加工作年限和在本单位工作年限,给予 3 ~ 24 个月的医疗期。同时根据《中华人民共和国劳动合同法》第四十二条、四十五条的规定,当劳动合同期满,劳动者因病处于法定医疗期内的,用人单位不能终止劳动合同,而是自然续延(不是续签)至医疗期满为止。只有劳动者没有《中华人民共和国劳动合同法》第四十二条规定的情形,劳动合同才可以因期满而自然终止。如果出现劳动合同应当续延而单位单方面违法终止,劳动者可以要求单位继续履行合同,或者要求单位支付违法解除终止劳动合同的赔偿金。

三、医疗终结时间鉴定的依据

(1)根据《工伤保险条例》的规定,劳动能力鉴定委员会负责工伤医疗终结期和停工留薪期确认的工作。

用人单位、工伤职工或者其近亲属应当在职工医疗终结期满 30 日内向本统筹地区劳动能力鉴定委员会提出申请,并提供工伤认定决定和职工工伤医疗的有关资料。医疗终结期需延长的,由劳动能力鉴定委员会批准。

医疗终结期按国家和省有关规定执行。劳动能力鉴定委员会负责工伤医疗终结期和停工留薪期确认、劳动能力障碍程度和生活自理障碍程度鉴定工作。职工因工伤需要暂停工作接受工伤医疗的,在停工留薪期内,原工资福利待遇不变,由所在单位按月支付。停工留薪期按照医疗终结期规定,由劳动能力鉴定委员会确认,最长不超过 24 个月。即工伤职工伤情相对稳定,不再需要治疗为医疗终结期,如有争议的,用人单位、工伤职工或者其直系亲属向本统筹地区劳动能力鉴定委员会提出申请,由劳动能力鉴定委员会负责工伤医疗终结期鉴定工作。

(2)根据《道路交通事故受伤人员治疗终结时间》(GA/T 1088—2013)的规定,进行道路交通事故受伤人员治疗终结时间的认定。

第十五节　医疗费鉴定委托事项

医疗费是指受害人在遭受人身伤害之后接受医学上的检查、治疗与康复训练所必须支出的费用。医疗费不仅包括过去的医疗费(如治疗费、医药费),也包括将来的医疗费(如康复费、整容费及其他后续治疗费)。

一、医疗费鉴定委托事项的表述

××法院委托××司法鉴定中心对被鉴定人××的医疗费进行鉴定。

二、医疗费鉴定委托事项示例

【示例】医疗费审查的鉴定。

1. 医疗费审查鉴定委托事项的表述。

××法院委托××司法鉴定中心对被鉴定人李××的医疗费进行鉴定。

2. 基本案情

××司法鉴定中心接到一起医疗费鉴定的委托。2020 年 11 月 15 日,张××驾驶重型自卸货车,由南向西转弯行驶至××区时,与由西向东直行被鉴定人李××驾驶的小型客车相撞,造成李××受伤住院。现受××保险股份有限公司××支公司委托,对李××治疗期间的非医保费用进行审核鉴定。

××司法鉴定中心根据所提供的医药发票及住院患者费用清单,按照××省××市医保文件规定进行法医学文证审核鉴定:依据《××省城镇职工基本医疗保险和工伤保险药品目录》《国家基本医疗保险诊疗项目范围》的规定,逐项审核所送被鉴定人李××治疗期间的医药发票及用药费用清单。

经过反复核实和计算,××司法鉴定中心给出李××治疗期间花费的医疗费,其中 35 953.5 元属自费非医保范畴。

三、医疗费鉴定的方法

对医疗费一般从以下几个方面进行审查。

(1)审查医疗费是否为治疗所受损伤的费用。与损伤无关的医疗费,如治疗另外本身固有的疾病,不属于赔偿范围。

(2)审查医疗费的数额,按照一审法庭辩论终结前实际发生的数额确定。

(3)器官功能恢复训练所必要的康复费、适当的整容费及其他后续治疗费用,赔偿权利人可以等待实际发生后另行起诉。

(4)根据医疗证明或者鉴定结论确定必然发生的费用,可以与已经发生的医疗费一并予以赔偿。

(5)医疗费的确认是否有正规医疗机构出具的医药费、住院费等收款凭证相印证。

(6)对具体医疗费进行审查,是否存在无必要支出。例如,当事人在已就诊医院以外的医药机构所购买的药品必须确有必要,且应经就诊医院批准;对于住院费,应当仅限于损伤严重确有必要住院进行检查治疗的情况。

四、医疗费鉴定的原则

1. 医疗费支出是否合理。

2. 医疗费支出是否有凭证。

3. 医疗费支出是否有必要。

4. 不合理收费

不合理收费是指定点医疗机构违反医疗服务价格政策,或违反药品、耗材价格政策等收取费用的行为,通常分为分解收费、超标准收费、自立项目收费、重复收费、虚增费用。

(1)分解收费:是指将医保目录内的一个收费项目分解为两个及以上不同项目进行收费。如××医院开展手术项目,不按照"××根治术"收费,而分解为"××切除术"+"××切除术"收费。直至检查当日共分解费用4.5万元。检查组发现此问题后,对于分解收费项目按照《医疗服务协议》违规条款进行处理。

(2)超标准收费:是指违反定价等规定,超出标准的收费行为。如"特殊疾病护理"的收费内涵指"气性坏疽、破伤风、艾滋病等特殊传染病的护理;含严格消毒隔离及一级护理内容"。××医疗机构某科室住院患者在无上述传染病诊断的情况下,被收取了"特殊疾病护理"的费用,涉及金额约500元。

(3)自立项目收费:是指非营利性医疗机构自设项目收费。如××医院违规收取"备皮更衣"费用。在××地医疗服务价格(××价费〔2005〕269号)文件设立的收费目录中无"备皮更衣"条目,当事人却擅自在自身收费系统设立"备皮更衣"收费项目,该项目违规收取2元/次,共涉及129次,涉及违规金额2 578元。

(4)重复收费:是指违反医疗服务项目目录和基本医疗操作规范,在同一治疗过程中,对同种或同类收费项目进行多次收费。如参保患者住院期间医嘱中开具血浆D-二聚体测定、β-钠尿肽前体测定、肌钙蛋白测定各2次,检查报告单也各2次,但收费清单显示3个项目相应收了57、58、41次,共多收费用11 037元,占住院总费用的28.76%。又如参保患者住院63天,总费用38 195元,其中葡萄糖测定(干化学法)收费454次,但医嘱中仅有144次,重复收费310次。

(5)虚增费用:如参保患者病历中记录的医保范围内的药品、诊疗项目、检查项目、医用耗材、医疗服务设施等费用与患者实际治疗发生的费用不相符。

五、医疗费鉴定的步骤

第一步：审查医疗费是否为治疗所受损伤的费用，与损伤无关的医疗费如治疗另外本身固有的疾病，不属于赔偿范围。

第二步：审查医疗费的数额，按照一审法庭辩论终结前实际发生的数额确定。器官功能恢复训练所必要的康复费、适当的整容费及其他后续治疗费用，赔偿权利人可以待实际发生后另行起诉。但根据医疗证明或者鉴定结论确定必然发生的费用，可以与已经发生的医疗费一并予以赔偿。

第三步：对医疗费的具体费用进行审查，具体项目如下。①医疗费除了特殊情况外，应确有必要，需要经当地医治医院同意，未经同意而擅自另找医院治疗的费用，一般不应赔偿。②医疗费必须是治疗外伤或损害所引起的疾病的开支。③当事人在经治医院以外的医疗、药品单位购买的药品，必须确有必要，还应经经治医院批准。④对住院费的赔偿应明确，住院只限于伤重或需住院确定伤情和手术治疗的情况，对于可以在门诊治愈的伤情应严格掌握。⑤检查诊断费和辅助检查费审查的重点是重复检查、高额检查和后续治疗费。

第十六节　后续治疗费鉴定委托事项

后续治疗费是指受害人因伤致残，因其增加生活上所需支出的必要费用及因丧失劳动能力导致的收入损失，包括残疾赔偿金、残疾辅助器具费、被扶养人生活费，以及因康复护理、继续治疗实际发生的必要的康复费、护理费、后续治疗费。

一、后续治疗费鉴定委托事项的表述

××法院委托××司法鉴定中心对被鉴定人××的后续治疗费进行鉴定。

二、后续治疗费鉴定委托事项示例

【示例1】机动车交通事故后续治疗费鉴定。

1. 后续治疗费鉴定委托事项的表述

××法院委托××司法鉴定中心对被鉴定人孟××的后续治疗费进行鉴定。

2. 基本案情

2016 年 3 月，李××驾驶小型轿车，沿××大道自北向南行驶至××家园西门处，遇孟××（1970 年生）自东向西步行横过马路，李××避让不及，驾驶车辆撞伤孟××。经××县公安局交通警察大队认定：李××负全部责任，孟××无责任。

孟××因交通事故受伤致右股骨下段骨折，现遗留右膝关节被动活动功能丧失达 25% 以上（未达 50%），鉴定为十级伤残；误工期鉴定为 300 日、护理期鉴定为 120 日、营养期鉴定为 120 日；右股骨及右侧胫腓骨下段需拆除，后续治疗费为 24 000 元（不包括麻醉意外及手术并发症），或以实际就诊发票为准。

点评：本案的后续治疗费指对损伤经治疗后体征固定而遗留功能障碍确需再次治疗的或伤情尚未恢复需二次治疗所需要的费用。

【示例 2】后续治疗费超出原判决确定的数额。

1. 医疗费审查鉴定委托事项的表述

××法院委托××司法鉴定中心对被鉴定人张××机动车交通事故后续治疗费进行鉴定。

2. 基本案情

2018 年 4 月 24 日 15 时，被告李××驾驶轿车在超越原告张××驾驶的摩托车时，与其相撞，致原告张××头部受伤。经交通事故认定，被告李××负事故的主要责任，原告张××负次要责任。张××针对各项损失提起诉讼，经鉴定，张××二次手术费用为 38 000 元，法院对医药费、二次手术费、误工费、护理费、伤残赔偿金等费用进行了判决。2018 年 9 月 26 日张××住院做了颅骨修补手术，花费医疗费 60 617.7 元。张××再次提起诉讼，要求李××赔偿超出鉴定费用的医疗费、护理费、住院伙食补助费等各项损失共计 8 万元。

判决结果，被告李××赔偿原告张××医疗费、住院伙食补助费、护理费、交通费、住宿费、病历复印费共计 18 835.58 元。

三、后续治疗费鉴定的依据

后续治疗费鉴定可以依据《最高人民法院关于审理人身损害赔偿案件适用法律若干问题的解释》。

第六条第二款规定："医疗费的赔偿数额，按照一审法庭辩论终结前实际发生的数额确定。器官功能恢复训练所必要的康复费、适当的整容费以及其他后续治疗费，赔偿权利人可以待实际发生后另行起诉。但根据医疗证明或者鉴定结论确定必然发生的费用,可以与已经发生的医疗费一并予以赔偿。"

第二条规定:"赔偿权利人起诉部分共同侵权人的,人民法院应当追加其他共同侵权人作为共同被告。赔偿权利人在诉讼中放弃对部分共同侵权人的诉讼请求的,其他共同侵权人对被放弃诉讼请求的被告应当承担的赔偿份额不承担连带责任。责任范围难以确定的,推定各共同侵权人承担同等责任。人民法院应当将放弃诉讼请求的法律后果告知赔偿权利人,并将放弃诉讼请求的情况在法律文书中叙明。"

四、后续治疗费鉴定的参考标准

1.医疗费

按照医院对当事人的交通事故创伤治疗所必需的费用计算,凭据支付。结案后确需继续治疗的,按照治疗必需的费用给付。

2.误工费

当事人有固定收入的,按照本人因误工减少的固定收入计算,对收入高于交通事故发生地平均生活费 3 倍以上的,按照 3 倍计算;无固定收入的,按照交通事故发生地国营同行业的平均收入计算。

3.住院伙食补助费

按照交通事故发生地国家机关工作人员的出差伙食补助标准计算。

4.护理费

伤者住院期间,护理人员有收入的,按照误工费的规定计算;无收入的,按照交通事故发生地平均生活费计算。

5.残疾者生活补助费

根据伤残等级,按照交通事故发生地平均生活费计算。自定残之月起,赔偿 20 年,但 50 周岁以上的,年龄每增加 1 岁减少 1 年,最低不少于 10 年;70 周岁以上的按 5 年计算。

6.残疾用具费

因残疾需要配制补偿功能的器具的,凭医院证明按照普及型器具的费用计算。

五、确定后续治疗费的规定

(1)后续治疗费应是必然发生的费用。后续治疗费是指受害人受到损害后留有残疾,通过治疗,以减轻其残疾程度所发生的费用,应该认定为必然发生的费用;反之,通过治疗,不能减轻甚至扩大其残疾程度所发生的费用,则不应认定为必然发生的费用。

(2)已鉴定伤残等级者,原则上不给予可能减轻伤残等级的后续治疗费用。

(3)后续治疗费原则上按普通价格(暂定为市级三级甲等医院收费标准)和/或参照实际经治医院收费标准评估。

(4)后续治疗费必须经合法机构评估。

六、后续治疗费的赔偿方式

后续治疗费用主要有以下3种赔偿方式。

(1)一次性赔偿:即双方将今后可能发生的治疗费用协商确定一个数额,一次性赔偿,以后无论再发生多少医疗费,责任方再不负责。

(2)对今后可能发生的治疗费用,待实际发生后另行起诉,不在本次诉讼中解决。

(3)根据医疗证明或者鉴定结论确定必然发生的费用,可以与已经发生的医疗费一并予以赔偿。这部分费用法院判决时比较慎重,必须有医疗机构的明确证明,否则一般不予支持。

七、需要赔偿后续治疗费的情况

需要赔偿后续治疗费的情况有以下5种。

(1)受害人伤势尚未治愈,仍需继续治疗。

(2)受害人伤势虽然治愈,但需要二次手术,取出为治疗而植入体内的钢板、螺钉等固定物。

(3)受害人的伤势已无法根治,需要长期依赖某种药物或治疗手段。

(4)受害人虽然痊愈,但要进行恢复器官功能的训练,从而发生康复费。

(5)受害人伤势虽然痊愈,但需要进行整容,从而发生整容费。

八、后续治疗费鉴定需要提供的资料

交通事故后续治疗费用以治疗医院的诊断证明或鉴定中心证明为准。受害人因道路交通事故致残支出的各项合理费用(包括但不限于医疗费、误工费、护理费、交通费、住宿费、住院伙食补助费、必要的营养费,残疾赔偿金、残疾辅助器具费、被扶养人生活费,以及因康复护理、继续治疗实际发生的必要的康复费、护理费、后续治疗费和精神损害抚慰金),赔偿义务人应当予以赔偿。

后续治疗费包含因后续治疗确需的医疗费,以及所产生的必需的护理费、误工费、交通费和住宿费等费用。需要特别注意的是误工费的认定,如果因伤害导致残疾,对于已经按照伤残等级支付了残疾赔偿金的,不应再计算,只能赔偿确实需要同住陪护人的误工费,因为残疾赔偿金的性质是对受害人应当得到而没有的收入的补偿。

第十七节　伤残辅助器具费鉴定委托事项

残疾辅助器具费是指在受害人在人身伤害致残的情况下,为补偿其丧失的器官功能,辅助其实现生活自理或者从事生产劳动而购买、配备的生活自助器具(如假肢、轮椅等)支出的费用。

一、伤残辅助器具费鉴定委托事项的表述

××法院委托××司法鉴定中心对被鉴定人××因机动车交通事故残疾辅助器具费的鉴定。

二、伤残辅助器具费鉴定委托事项示例

【示例】残疾辅助器具费鉴定。

1. 申请残疾辅助器具费的鉴定委托事项的表述

××法院委托××司法鉴定中心对被鉴定人张××因机动车交通事故残疾辅助器具费的鉴定。

2. 基本案情

张××骑两轮电动车与陈××驾驶的小轿车发生碰撞,张××受伤。交警部门认定,陈××负全部责任,张××无责任。经鉴定,张××遗有右耳重度听觉障碍,构成交通事故九级伤残。为索赔相关损失,张××将××保险公司和陈××一起告上了法庭。法院判决××保险公司在交强险范围内,赔偿张××12万元余,在商业三者险范围内赔偿张×× 22万元余。

为改善右耳听力丧失带来的不便,张××花费25 900元从××公司购买了一

枚 Q70 型单耳助听器,置于右耳道内。××公司出具助听器更换年限及价格的证明。为此,张××再次将××保险公司和陈××告上法庭,请求两被告赔偿其因交通事故造成的残疾辅助器具费(助听器)25 900 元,助听器正常合理更换费207 200 元(按正常人均寿命 75 岁,每 6 年更换一次助听器,需更换 8 次,按每次 25 900 元计算),助听器电池耗损更换费 7 488 元(每周更换一次,每粒3 元,算至张××75 岁,共需更换 2 496 次),合计 214 688 元。

3. 本案点评

本案的争议焦点是张××主张的 6 年后的助听器合理更换费用是否应当支持。司法实践中,存在两种不同观点,第一种观点认为:残疾辅助器具费的性质应是"因增加生活上需要所支出的必要费用",属于受害人现有财产之积极的减少,与侵害行为具有相当因果关系,实质上是一种现有利益的损失,是"积极损害",故张××主张按人均寿命计算更换助听器的相应赔偿年限应予支持。第二种观点认为:因助听器属于电子产品,6 年后的发展状况及市场价格等难以预计,且 6 年后张××的助听器是否必须更换也不确定,故张××应待该部分费用实际发生后再行主张。

《最高人民法院关于审理人身损害赔偿案件适用法律若干问题的解释》第十三条规定:"残疾辅助器具费按照普通适用器具的合理费用标准计算。伤情有特殊需要的,可以参照辅助器具配制机构的意见确定相应的合理费用标准。辅助器具的更换周期和赔偿期限参照配制机构的意见确定。"故第二种观点比较合理。

在司法实践中,残疾辅助器具费的确定应综合考虑以下几个方面。①残疾辅助器具应当按照"普通适用"原则进行配置,即在确保具备正常"辅助"功能前提下,尽量选用普通型、大众型残疾辅助器具,不得人为扩大损失。②特殊情形下,残疾辅助器具的费用标准、更换周期和赔偿期限,可以参照专业配置机构的意见确定。③残疾辅助器具费系赔偿义务人对受害人实际损失的赔偿,应适用损失"填平原则"。

本案中,张××自行从××公司购置 Q70 助听器,符合"普通适用"原则,应予支持。但××公司系助听设备的销售商,并非专业的配制机构,其出具更换周期的证明不具有参照性。因此,张××主张按照××公司出具的证明计算更换8 次助听器及相应电池的费用,依据不足。

依据我国的民事侵权赔偿理论,权利人损失多少,侵权人就赔偿多少。这种赔偿是以弥补权利人的损失为目的,所以也称为补偿性赔偿,其适用的赔偿原则是全部赔偿原则即"填平原则"。该原则在我国保险法理论中又被称为损失补偿原则,是指当被保险人因保险事故而遭受损失时,其从保险人处所能获得的赔偿只能以其实际损失为限。该原则主要适用于财产保险及其他补偿性保险合同。

具体到本案,6 年之后,张××的助听器是否需要更换及具体更换费用并不确定,且该损失也未实际发生,故不应予以支持。

三、伤残辅助器具费鉴定的依据

《最高人民法院关于审理人身损害赔偿案件适用法律若干问题解释》第十三条规定:"残疾辅助器具费按照普通适用器具的合理费用标准计算。伤情有特殊需要的,可以参照辅助器具配制机构的意见确定相应的合理费用标准。辅助器具的更换周期和赔偿期限参照配制机构的意见确定。"

"普通适用"是确定合理费用的标准时的一项指导原则。该原则的基本要求如下。一是"普通",即配制的辅助器具应排斥奢侈型、豪华型,不能一味追求高品质。二是"适用",适用又有两个测试标准:①确实能起到功能补偿作用;②符合"稳定性"和"安全性"的要求。

四、伤残辅助器具的功能

1. 代偿失去的功能

如截肢者装配假肢后,可以像健全人一样行走、骑车和负重劳动。

2. 补偿减弱的功能

如配戴助听器能够使具有残余听力的耳聋患者重新听到外界的声音。

3. 恢复和改善功能

如足下垂者配置足托矫形器能够有效地改善步态,偏瘫患者能够通过平行杠、助行器等康复训练器具的训练恢复其行走功能。

五、伤残辅助器具的作用

1. 自理生活的依靠

辅助器具涉及起居、洗漱、进食、行动、如厕、家务、交流等生活的各个层面,是发挥功能障碍者潜能、辅助自理生活的重要工具。

2. 全面康复的工具

辅助器具涉及医疗康复、教育康复、职业康复和社会康复的各个领域,是康复必不可少的工具。

3. 回归社会的桥梁

2001 年 5 月世界卫生组织(WHO)发布的《国际功能、残疾和健康分类》强调,个人因素和环境因素对残疾的发生和发展,以及对功能的恢复和重建都有密切关系,其中环境因素对残疾人康复和参与社会生活具有重要作用。如社会给截瘫者提供了轮椅,他们可以走出家门;当他们走出家门面对一个出行有坡道,上下楼梯有升降装置的无障碍环境,才能实现正常参与社会生活的愿望,因此辅助器具是构建无障碍环境的通道和桥梁。

六、伤残辅助器具的分类

1. 按国家标准规定分类

国家标准《残疾人辅助器具分类和术语》(GB/T 16432—2004/ISO 9999：2002),将残疾人辅助器具分类为 11 个主类、135 个次类和 741 个支类。11 个主类如下。

(1)用于个人医疗的辅助器具。

(2)技能训练辅助器具。

(3)矫形器和假肢。

(4)个人生活自理和防护辅助器具。

(5)个人移动辅助器具。

(6)家务辅助器具。

(7)家庭和其他场所使用的家具及其适配件。

(8)通讯、信息和讯号辅助器具。

(9)产品和物品管理辅助器具。

(10)用于环境改善的辅助器具和设备,工具和机器。

(11)休闲娱乐辅助器具。

2. 按使用人群分类

按使用人群分类,包括肢体残疾人辅助器具、听力残疾人辅助器具、言语残疾人辅助器具、视力残疾人辅助器具、精神残疾人辅助器具、智力残疾人辅助器具。

3. 按使用用途分类

按使用用途分类,包括移动类辅助器具、生活类辅助器具、信息类辅助器具、训练类辅助器具、教育类辅助器具、就业类辅助器具、娱乐类辅助器具。

第十八节　人体损伤致残程度分级鉴定委托事项

人体损伤致残程度分级委托事项是指对人体损伤致残程度分级提出进行鉴定的诉求。根据《人体损伤致残程度分级》的规定,人体损伤致残程度划分为 10 个等级,从一级(人体致残率 100%)到十级(人体致残率 10%),每级致残率相差 10%。

一、人体损伤致残程度分级鉴定委托事项的表述

××法院委托××司法鉴定中心对被鉴定人××人体损伤致残程度分级进行鉴定。

二、人体损伤致残程度分级鉴定委托事项示例

【示例】人体损伤致残程度分级鉴定。

1. 人体损伤致残程度分级鉴定的委托事项的表述

××法院委托××司法鉴定中心对被鉴定人楼××人体损伤致残程度分级进行鉴定。

2. 基本案情

根据楼××提供的交通事故认定书记载:楼××于 2019 年 10 月 9 日 9 时许,骑两轮电动车途经××国道 688 km+126 m 路段发生道路交通事故受伤,现委托进行人体损伤致残程度鉴定。

三、人体损伤致残程度分级的依据

依据 2016 年 4 月 18 日最高人民法院、最高人民检察院、公安部、国家安全部和司法部联合发布的《人体损伤致残程度分级》(于 2017 年 1 月 1 日起施行)对人体损伤致残程度进行鉴定。

司法鉴定机构和司法鉴定人进行人体损伤致残程度鉴定将统一适用《人体损伤致残程度分级》。人体损伤致残程度分级判断依据人体组织器官结构破坏、功能障碍及其对医疗、护理的依赖程度,适当考虑由残疾引起的社会交往和心理因素影响,综合判定致残程度等级。

《人体损伤致残程度分级》有两个重要改变:第一个是取消《道路交通事

故受伤人员伤残评定》(GB 18667—2002),自 2017 年 1 月 1 日后交通事故案件、故意伤害案件、雇员损害等所有人身损害致伤的鉴定标准统一适用《人体损伤致残程度分级》,工伤除外;第二个是《人体损伤致残程度分级》比过去的《道路交通事故受伤人员伤残评定》(GB 18667—2002)提高了伤残等级鉴定标准,以往可以构成十级伤残的,可能在新标准实施后不构成伤残等级了。

(刘惠勇　李向伟　姜珊珊　石　杰　马会民)

第三章 法医病理鉴定委托事项

　　法医病理鉴定委托事项主要包括确定死亡原因,区别自然死亡(病死或老死)还是非自然死亡(暴力死亡),在同时存在损伤与疾病时,要分析损伤、疾病与死亡的关系,对于存在几种致命性损伤,应确定主要死因,以便澄清谁应负主要致死责任;判定致死方式,即判定是他杀、自杀还是意外死亡,判定致死方式要比确定死亡原因复杂,常须结合现场勘验和案情调查进行全面分析,然后做出判断;推断死亡时间,是指人死后到尸体检验的时间,推定死亡时间有助于侦查范围的确定,主要根据尸体现象所见和对生物化学变化的检测,结合当时当地的气象条件进行综合判断;认定致死伤物体,主要是根据损伤的形态、大小、程度及其他性质如损伤内的附着物来推定,或对咬痕、扼痕、捆绑痕、注射针孔及各种工具打击痕迹等的性质、形成方式和方法来判断;鉴别生前伤与死后伤,即推断死者损伤是生前造成的还是死后形成的,以及生前损伤后经过的时间。在鉴定中,还可通过骨骼、牙、毛发的检验推定死者的性别、身高、年龄、血型。

第一节 死亡原因鉴定委托事项

　　死亡原因鉴定是指确认是暴力死还是非暴力死,做出导致死亡的具体疾病或暴力的结论。

一、死亡原因鉴定委托事项的表述

××法院委托××司法鉴定中心对被鉴定人××的死亡原因进行鉴定。

二、死亡原因鉴定委托事项示例

【示例1】死亡原因鉴定。

1. 猝死原因鉴定委托事项的表述

××市卫生健康委员会委托××司法鉴定中心对被鉴定人王××的死亡原因进行鉴定。

2. **基本案情**

2019 年 5 月 13 日,被鉴定人王××在工作时不慎被机器皮带绞伤左手,伤后入住××医院骨科。

诊断:左手中指创伤性断离;左手环指远指间关节脱位伴骨折;左手环指神经血管断离;屈伸指肌腱止点撕脱性离断。当日行"左手中指残端修整、'V'形皮瓣推进术、左手环指清创、关节复位内固定、伸指功能重建术、屈指功能重建术、指间关节侧副韧带修复术、肢体动静脉修复术、肢体动静脉切开取栓术、小动脉吻合术、神经吻合术"。5 月 15 日在病房换药室准备换药时,王××突然出现病情变化,经抢救无效于 5 月 17 日死亡。

为查明死因,2019 年 5 月 19 日,××市卫生健康委员会委托××司法鉴定中心对被鉴定人王××的死亡原因进行鉴定。解剖前××司法鉴定中心就相关注意事项向委托方及死者家属进行了告知。

【示例2】死亡原因论证和分析鉴定。

1. 死亡原因论证和分析鉴定委托事项的表述

××法院委托××司法鉴定中心对被鉴定人李××的死亡原因进行论证、分析。

2. **基本案情**

2014 年 5 月 3 日,李××与人打架致伤,经医治无效死亡。现委托人对死者李××的法医学尸体检验鉴定报告、李××死亡原因鉴定意见书存有异议,故委托我中心对上述事项进行法医学专业论证、分析。

三、死亡原因鉴定的技术依据

(1)《法医学尸表检验》(GA/T 149—1996)。

(2)《法医学尸体解剖》(GA/T 147—1996)。

(3)《法庭科学尸体检验照相规范》(GA/T 1198—2014)。

(4)《机械性损伤尸体检验》(GA/T 168—1997)。

(5)《机械性窒息尸体检验》(GA/T 150—1996)。

(6)《中毒尸体检验规范》(GA/T 167—1997)。

(7)《中毒案件检材包装、贮存、运送及送检规则》(GA/T 194—1998)。

（8）《猝死尸体的检验》（GA/T 170—1997）。

（9）《法医病理学检材的提取、固定、包装及送检方法》（GA/T 148—1996）。

（10）《法医学　死亡原因分类及其鉴定指南》（CA/T 1968—2021）。

第二节　死亡方式鉴定委托事项

死亡方式鉴定是指法医鉴定人对死者死亡付诸实现的方式做出判定，包括他杀、自杀或意外事故、灾害。

一、死亡方式鉴定委托事项的表述

××法院委托××司法鉴定中心对被鉴定人××的死亡方式进行鉴定。

二、死亡方式鉴定委托事项示例

【示例】死亡方式鉴定。

1. 死亡方式鉴定委托事项的表述

××法院委托××司法鉴定中心对被鉴定人王××的死亡方式和死亡原因进行鉴定。

2. 基本案情

王××，男，32岁，左侧胸痛，伴发热、乏力1周，于2014年6月11日在××医院就诊，诉胸痛与呼吸有关，体温38.5 ℃，胸部透视显示"左侧肋膈角消失"，当时考虑"上呼吸道感染，左侧胸膜炎？"医生给予普通抗炎、抗病毒治疗，未用抗结核药。7月25日王××又来复诊，诉病情无明显好转，并说这几天又去过其他两家医院检查，均考虑是"左侧胸膜炎"。因其打工的地方距离××医院近，故今日又来诊治，体温是38.2 ℃。××医院诊断为"左侧胸膜炎"，给予输注"雷米封"，口服"利福平""肝泰乐""维生素 B_6"等治疗。治疗后病情逐渐好转。8月1日体温为36.5 ℃，于是继续治疗。

8月7日上午8时左右王××到××医院输完异烟肼后无不适，于9时左右离院回工地，10时左右在工地附近的一个小饭店喝了1杯豆浆（约200 mL），吃了1根麻花，十几分钟后与工友一同回到工地，然后出现腹痛、呼吸困难等不适。工友急送王××返回××医院就诊，当时王××四肢湿冷、呼吸困难、脉搏细弱、颜面青紫,血压 80/50 mmHg。接诊医生考虑是休克而给予紧急抗休克治疗,但抢救 10 分钟后王××呼吸、心跳停止。接诊医生又同随后而来的××市医院急诊医务人员一起为王××行气管切开等抢救措施,1 个多小时后王××抢救无效死亡。

三、死亡方式鉴定的依据

死亡方式鉴定主要接受各地公、检、法、司等机关或机构的委托,按照中华人民共和国公共安全行业标准《法医学尸表检验》(GA/T 149—1996)、《法医学尸体解剖》(GA/T 147—1996)、《法医病理学检材的提取、固定、包装及送检方法》(GA/T 148—1996),以及本所技术规范《死亡原因与死亡方式鉴定方法》(SJB-P-6—2009),对尸体进行法医学病理解剖,并对死者的死亡原因及死亡方式做出法医学鉴定意见。

四、死亡方式鉴定的司法作用

死亡方式是指导致死亡的暴力是如何付诸实施的,分他杀、自杀和意外。有时通过法医病理学检验后可以确定死亡方式,有时则需要详细的案情调查、现场勘查及结合所掌握的材料综合分析判断,才能做出准确的结论。

在法医学鉴定中,判断死亡方式也是非常重要的。由于自杀、他杀和灾害案件中,机械性外力的作用及造成的损伤形态学特征均很相似,犯罪嫌疑人为逃避罪责,时常伪造一些假象,将他杀现场伪装为自杀和意外灾害现场,给侦察和审判带来一定的困难。因此,对判断自杀、他杀或意外事故,法医均应结合现场勘查和案情调查与侦察人员共同承担。自杀死现场多较僻静,无搏斗等破坏痕迹,致伤物多在现场,其上可留有死者指纹,有时可以找到遗书,在室内多反锁房门。

第三节　死亡时间推断委托事项

死亡时间推断是指法医鉴定人对人体死亡至尸体检验时所经历或间隔的时间进行推断。法医学上死亡时间又称为死亡经历时间,是指从死者死亡发生到法医进行尸体检验时所经过的时间,又称为死后经过时间,通常描述为死后多少天或多少小时。

一、死亡时间推断委托事项的表述

××法院委托××司法鉴定中心对被鉴定人××死亡时间进行推断。

二、死亡时间推断委托事项示例

【示例1】死亡时间推断。

1. 死亡时间推断委托事项的表述

××法院委托××司法鉴定中心对被鉴定人××死亡时间进行推断。

2. 基本案情

2019年5月3日,在××市一桥下的河道中发现一具女性尸体,20岁左右,尸体已经高度腐败呈"巨人观",上身着乳罩、长袖衬衣、毛背心,下身着三角内裤、厚牛仔裤,脚穿厚棉袜,腰背部绑一块水泥砖,重十多千克。法医推断死亡时间是10天左右,破案后证实实际死亡时间与推断的死亡时间基本一致。

【示例2】死亡时间推断。

1. 死亡时间推断委托事项的表述

××法院委托××司法鉴定中心对被鉴定人××死亡时间进行推断。

2. 基本案情

2018年3月30日下午6时许,在××市一广告牌后发现一块女性尸体的躯干部分,无四肢和头颅,年龄25岁左右,有明显的被动物啃噬的迹象,右侧肺脏已缺失,无明显腐败迹象。法医判断该尸块死后经历时间为2~3天,破案后证实时间为2月27日。

三、死亡时间推断的方法

可以从多个方面推断死亡时间,如从尸体现象推断死亡时间、从尸体胃肠道食物的状态推断死亡时间、从死后化学变化推断死亡时间等。

(一)从尸体现象推断死亡时间

当人死亡之后,尸体本身会呈现一定的现象,医学上将这些现象划分为早期尸体现象和晚期尸体现象。不同时期尸体现象可以用来推定死者死亡时间。最近又增加了一个判断死亡时间的新方法,叫作眼球化学法:人在死亡之后,尸体内红细胞会不断有规律地破裂,红细胞内的钾离子会不断地有规律地进入眼玻璃体液,据此人们完全可以准确判断死亡时间。因为这种方法不受外界温度的影响,所以测得的死亡时间比较精确。

1.根据早期尸体现象判断

(1)根据尸冷推断死亡时间:一般来说,春秋季成年尸体,尸体温度在室内每小时下降0.83 ℃。水中尸体每小时可下降3～4 ℃。夏季烈日下的尸体、死前发生肌肉痉挛或者激烈搏斗的尸体,死后一段时间内,尸温还能上升,即环境因素、衣着多少、尸体本身情况、死因都会影响判断。

以春秋季为例,尸体颜面、手足等裸露部分有冷却感,为死后1～2小时或以上,着衣部分皮肤有冷却感,为死后4～5小时。死后最初10小时,尸体直肠温度每小时平均下降1 ℃;10小时后,每小时平均下降0.5～1.0 ℃。肥胖尸体在死亡后最初10小时,尸温每小时平均下降0.75 ℃;消瘦尸体每小时平均下降1 ℃。夏季尸冷速率是春秋季的0.7倍,冬季是春秋季的1.4倍;暴露在冰雪天气的尸体,尸温在死后数小时即降至环境温度。

(2)根据尸斑推断死亡时间:见表3-1。

表3-1　根据尸斑推断死亡时间

尸体现象	死亡时间/时
尸斑呈局限性,界限清晰。在低体位出现,小斑点、淡紫色	0.5～1.0
逐渐向周围扩大,边界有点模糊,在尸体低下部位出现	2.0～3.0
手指轻压尸斑褪色。翻动尸体,原有尸斑消失,尸体低下部位出现新的尸斑,即尸斑转移	4.0～5.0
手指强压尸斑中度褪色。翻动尸体,原有尸斑不再完全消失,尸体低下部位出现新的尸斑	6.0～10.0
手指强压尸斑稍微褪色。翻动尸体,原有尸斑不消失,新的尸斑也不易形成,切开尸斑处皮肤,从血管断面缓慢流出血滴,并渗出浅黄色或红色液体	11.0～15.0
尸斑完全固定,手指按压不褪色。切开尸斑处皮肤,无血液流出,皮下组织呈紫红色	>24.0

(3)根据尸僵推断死亡时间:尸僵出现和缓解的时间、强度,与死者肌肉发育、年龄、死亡原因及其环境因素有关。尸僵通常在死后1～3小时出现,死后6～8小时波及全身,10～12小时发展到高峰,3～5天缓解消失。

(4)根据角膜、瞳孔推断死亡时间:见表3-2。

表 3-2　根据角膜、瞳孔推断死亡时间

角膜、瞳孔现象	死亡时间/时
湿润,瞳孔透明	1 ~ 2
湿润,瞳孔开始发白	3 ~ 4
开始干燥,瞳孔透明逐渐丧失	5 ~ 8
微混浊	9 ~ 11
混浊增强,瞳孔尚能透视	12 ~ 23
中度混浊到深度混浊	24 ~ 30
完全混浊,瞳孔不能看见	>30

（5）根据自溶现象推断死亡时间：人死后,组织细胞在自身释放的酶作用下分解溶化,形态、结构模糊甚至消失,出现脏器变软、黏膜易于脱落的现象,称为自溶。

眼结膜、口腔黏膜的自溶,在夏季死后 5 ~ 6 小时、春季约 10 小时、冬季约 24 小时就明显出现。

2. 根据晚期尸体现象推断

尸体蛋白质在腐败细菌的作用下分解液化,逐渐毁坏和消失。尸体腐败还产生具有恶臭的刺激性气体。影响尸体腐败的因素有温度、湿度、空气、尸体的自身因素。如地面尸体 1 周达到的程度在水中则要 2 周。表 3-3 为南方地区地面成年人尸体各种腐败现象开始的时间。

表 3-3　南方地区地面成年人尸体各种腐败现象开始的时间

尸体腐败现象	夏季	春秋季	冬季
腹部膨胀	4 ~ 5 小时	8 ~ 10 小时	2 ~ 3 天
腐败绿斑（尸绿）	约 12 小时	1 ~ 2 天	3 ~ 5 天
腐败血管网	1 ~ 2 天	2 ~ 3 天	5 ~ 7 天
腐败水气泡	1 ~ 2 天	3 ~ 5 天	一般不出现
腐败"巨人观"	2 ~ 3 天	3 ~ 7 天	15 ~ 30 天

（1）根据尸绿推断死亡时间：地面成年人尸体,腐败绿斑出现的时间,在南方夏季为死后 12 小时左右,春秋季为 1 ~ 2 天,冬季为 3 ~ 5 天。

（2）根据腐败血管网推断死亡时间：腐败血管网最先出现于躯干两侧、大腿内侧,其后可以逐渐扩展到全身。地面成年人尸体,腐败血管网开始出现的时间,在南方夏季为死后 1~2 天,春秋季为 2~3 天,冬季为 5~7 天。

(3)根据腐败水汽泡推断:腐败水汽泡往往在尸体腐败进展较快的条件下出现。南方地区腐败水气泡开始出现的时间,夏季为 1~2 天,春秋季为 3~5 天,冬季气温低,腐败进展较慢,一般不会出现腐败水汽泡。

(4)根据腐败"巨人观"推断:地面成年尸体在南方地区出现腐败"巨人观"的大概死后经过时间,夏季为 2~3 天,春秋季为 3~7 天,冬季为 15~30 天。

(5)根据尸体白骨化推断:尸体白骨化所需时间,因季节、环境、地区等条件不同而差异很大。夏季地面尸体,在蝇蛆和腐败作用下,大约死后 2 周即可白骨化。埋葬尸体白骨化,南方地区在 1 年以内,上海地区为 1.0~1.5 年,我国北方地区为 4~5 年。通常地面尸体,骨风化为 5~10 年,骨骼崩坏在 10~15 年甚至 15 年以上;埋藏在土中的尸体,骨风化为 10~15 年,骨骼崩坏在50 年以上。

3. 根据异常尸体现象推断

(1)根据干尸现象推断:成年人全身性干尸形成通常需要 2~3 个月。同时干尸的形成还受环境、尸体自身、温度、湿度的影响。

(2)根据尸蜡推断:皮下脂肪组织形成尸蜡通常需要 2~3 个月,深层脂肪组织则需要 4~5 个月,全身性尸蜡至少需要 1 年。

(二)从尸体胃肠道食物的状态推断死亡时间

根据尸体胃肠道食物的状态推断死亡时间见表3-4。

表3-4　根据尸体胃肠道食物的状态推断死亡时间

胃肠道食物的状态	死亡时间(餐后)
胃内充满未消化食物	即刻
胃内食物变软、外形完整	1 小时
胃内食物移向十二指肠	2~3 小时
胃、十二指肠内有消化食物残渣	4~5 小时
胃排空	5~6 小时

根据尸体胃肠道食物的状态推断死亡时间,与死者生前进餐食物的性质等有密切关系。如肉类或油腻食物,因其不易消化,其进入食管到死亡的经过时间应推迟 1~2 小时。

（三）从死后化学变化推断死亡时间

1. 根据眼球玻璃体钾离子浓度推断

人死后视网膜细胞自溶，原存在细胞之内的钾离子逐渐进入玻璃体。根据研究，玻璃体含钾量随死后经过时间的延长而规律性升高，每小时约为0.17 mEq/L。

2. 根据脑髓液成分变化推断

死后 10 小时内，脑髓液乳酸含量规律性升高，10 小时后升高速度减慢并失去规律性；死后 30 小时以内，非蛋白氮呈等差级增加，以后增加速度减慢；脑髓液中的钾，在死后 20 小时内呈现规律性增加，但 20 小时后变异很大，不宜用于死亡时间的推断。

3. 根据血液变化推断

正常血液中乳酸含量为 1 mEq/L，死后 1 小时内增加 2 倍，死后 12 ~ 24 小时可增加 50 ~ 70 倍。血液中钠含量死后每小时下降 0.9 mEq/L。

4. 根据组织学变化推断

某些器官如肝脏、心脏、骨骼肌等，在死后细胞的形态改变随时间延长有一定的规律性。如肝脏，死后 6 小时出现血管扩张溶血，12 小时出现血细胞渗出等。

（四）从其他方面推断死亡时间

1. 根据嗜尸昆虫生长发育状况推断

嗜尸昆虫侵袭尸体的过程分为侵入期、分解期、残余期。一般侵入期为 3 ~ 25 天，以蝇类为主；分解期为 42 天，以甲虫类为主；残余期昆虫明显减少，无蝇类出现。苍蝇在尸体上产卵后，经过 7 ~ 8 小时，蝇卵孵化成蛆，每天生长 0.24 ~ 0.30 cm，经 4 ~ 5 天达到 1.2 ~ 1.5 cm 时，蝇蛆成熟，在屋角、尸体或泥土里逐渐变成蛹，约经过 1 周化成蝇，蝇破壳飞出，在现场留下蛹壳。夏季尸体附近发现苍蝇的蛹壳，说明死者已经死亡 10 ~ 15 天。

蛹壳的颜色和破碎状况也可以用于死亡时间的判断。新鲜的蛹壳呈褐红色，10 天左右变成黑色，15 ~ 20 天呈灰黑色塌陷状，破碎成残渣约 1 个月以上。

2. 根据超生反应推断

超生反应种类很多，可用作推断死亡时间的超生反应如下。

（1）心跳停止后 4 小时左右，瞳孔对毒扁豆碱和阿托品仍有缩瞳和扩瞳反应等。死后,躯体的组织、器官对刺激还能发生一定反应。

(2)肌肉的超生反应:人死后2小时内,几乎所有肌肉受机械刺激后均可发生收缩反应,尤以肱二头肌为甚,并且不受环境气温的影响。死亡2小时后,则多半只能引起打击处肌肉收缩。死亡超过5小时,一般不再发生明显的肌肉收缩。

(3)死后皮下出血:在进行上述机械刺激试验过程中,被打击的部位可形成皮下出血斑。其出现率随死后时间的延长而迅速下降。

(4)将药物直接注入眼房内,则死后20小时,仍可是阳性反应。

(5)汗腺的超生反应:汗腺在肾上腺素、阿托品等药物作用下,死后30小时内,可有发汗反应。

3. 根据相关现场推断

(1)现场日历显示的日期、手表毁坏时显示的时间及死者随身携带的车船票、电影票的时间等。

(2)现场血迹和其他痕迹的新旧程度。血液由红色到褐色所需时间在阴暗凉爽处为2～3周,在散射光线照射处为5～7天,在阳光直射处为1～2天。

4. 根据其他方法推断

(1)根据膀胱内尿液的多少推断死亡时间:在夜间死亡的人,还可以根据膀胱内尿的充盈程度来推测死亡时间。按照常人的习惯,睡觉前要排尿,如果尸检时见膀胱内尿量甚少,则可能是睡后2～3小时内死亡;如果尿量甚多,则可能是半夜死亡。只是这种情况偶然性较大,所以只能作为参考,而不能仅凭此来判断死亡时间。

(2)死后皮下出血:在进行机械刺激后,被打击的部位可形成皮下出血斑,其出现率随死后时间的延长而迅速下降。

(3)根据尸体温度(尸温)推断死亡时间:以下为国内常用的方法,以春秋季为例(16～18 ℃)。

公式1:死后前10小时,直肠温度每小时平均下降1 ℃;肥胖者下降0.75 ℃。10小时后,每小时平均下降0.5～1.0 ℃。

公式2:死后经过时间=36.9 ℃-T ℃/0.889,T为每隔1小时测3次肛温的平均值。夏季为1.4倍,冬季为0.7倍。

(4)荧光反应:将骨锯断后把骨段置于紫外光下检验,不超过100年的骨骼:明显的蓝紫荧光。100年以上:荧光不完全,或荧光从周围逐渐向中心增加。100～150年:荧光完全消失。

(5)血清蛋白沉淀反应:用抗人血清蛋白沉淀素与人的骨粉浸出液(生理

盐水浸出 24 小时)行环状沉淀反应,骨粉的用量因遗骨的存留时间不同而异。入土 1 年,只需 1 g;入土 12 年,需 1.5 g。

(6)根据酶的测定推断死亡时间:生物体内存在多种酶,在活体组织,细胞对各类酶的作用均有其完善的屏障保护。死后,细胞屏障保护消失,细胞质内的各种酶释放。死后某些组织中酶活性与死后经过时间存在着一定的关系。目前尚处于研究阶段,可望用于推断死亡时间。如尸体心肌和骨骼肌酶活性改变有一定的规律。取死后鼠与人心肌,观察丁二酸脱氢酶、苹果酸脱氢酶、乳酸脱氢酶、葡萄糖-6-磷酸脱氢酶、α-甘油磷酸酯脱氢酶与辅酶Ⅰ等的活性变化。骨骼肌除观察上述酶活性外,还观察谷氨酸脱氢酶、乙醇脱氢酶及辅酶Ⅰ的活性。实验结果表明,上述这些酶的活性,随死亡时间的延长而呈规律性的改变。死后 6 小时,葡萄糖-6-磷酸脱氢酶活性明显下降,18 小时消失;死后 24～36 小时,α-甘油磷酸酯脱氢酶活性显著下降,48 小时仅有微弱活性;死后 6～12 小时,丁二酸脱氢酶与乳酸脱氢酶活性缓慢下降,48 小时下降明显;苹果酸脱氢酶及辅酶Ⅰ活性于死后 36 小时及 24 小时才明显下降。

(7)根据 DNA 检测推断死亡时间:存在于活细胞核内的 DNA 是一类具有显著生化稳定性的物质,在同一物种的不同组织的细胞核中,DNA 含量是恒定的。躯体死后,由于自溶作用,细胞形态、结构崩解。在脱氧核糖核酸酶的作用下,核染色质双螺旋结构的 DNA 崩解为小碎片。由于核膜破裂,DNA 碎片分散于细胞质中,最后染色质中残余蛋白被溶蛋白酶溶解,核便完全消失。故死后一段时间,细胞核 DNA 会发生分解、减少,直至消失。

(8)根据植物生长规律推断死亡时间:利用植物生长规律推断死亡时间可依据以下 3 个条件。

1)尸体周围折断的植物:植物折断、拔起后用来遮盖隐蔽尸体,被拔或折断后的植物就会停止生长,停顿于那一时间的生长期,保留其当时情况,如发芽程度、叶子大小等。

2)尸体下面被压的植物:被压的植物因无光照作用,颜色会变黄、变白,植物叶绿素的变化规律同样可以作为推断死后经过时间的依据。

3)树根的生长情况:树根的生长与树干一样,也有年轮。当挖土掩埋尸体时,如破坏了树根分生组织区域,该区域就不会再有木质细胞生成,留下永久的损伤,计算损伤后出现的年轮,即可推断掩埋时间。当根系生长穿入尸体时,则可计算穿透进入尸体的树根年轮。另外,根据树根生长的长度,也可推断掩埋时间。用树根生长情况推断死亡时间,往往只能推断死后最短时间,并且其精确度是以年为单位。

利用植物生长情况推断死亡时间时,要注意现场环境、土质、植被、朝向等因素。该方法对死后经过时间较久者较有重要意义。当然,在推断死亡时间时也应结合其他能提示死亡时间的因素综合分析,才能较准确地推断死亡时间。

四、死亡时间推断的司法作用

推断死者的死亡时间,是法医尸体检验和命案现场勘查的任务之一,对于判明罪犯作案时间、确定侦查范围、甄别重点嫌疑人等都有重要作用。

第四节 生前伤与死后伤鉴别委托事项

生前伤与死后伤鉴别是指法医鉴定人在尸体检验时,对生前损伤和死后损伤做出区分。生前伤是指因活体受暴力作用所造成的损伤。当暴力作用于生活机体时,损伤局部及全身皆可出现一定的防卫反应,称为生活反应。根据生活反应可确定受伤当时人还活着,有时还可借以推断损伤后存活的时间。法医病理学的任务就是寻找这些生活反应,以推断从暴力作用到死亡所经过的时间。死后伤是指人体死亡后受暴力作用所造成的损伤。死后伤一般无生活反应,据此可区分生前伤与死后伤。

一、生前伤与死后伤鉴别委托事项的表述

××法院委托××司法鉴定中心对被鉴定人××的损伤是生前伤还是死后伤进行鉴别。

二、生前伤与死后伤鉴别委托事项示例

【示例】生前伤与死后伤鉴别。

1. 生前伤与死后伤鉴别委托事项的表述

××法院委托××司法鉴定中心对被鉴定人××的损伤是生前伤还是死后伤进行鉴别。

2. 基本案情

2018 年 7 月 20 日晚上 7 时许,在××市郊区玉米地发现一具无名尸体,其背部、头部发现有伤痕,现因办案需要,现委托对该损伤属于生前伤还是死后

伤进行鉴别。

三、生前伤与死后伤鉴别的依据

《法医类司法鉴定执业分类规定》第四条规定:"法医病理鉴定是指鉴定人运用法医病理学的科学技术或者专门知识,对与法律问题有关的人身伤、残、病、死及死后变化等专门性问题进行鉴别和判断并提供鉴定意见的活动。法医病理鉴定包括死亡原因鉴定,死亡方式判断,死亡时间推断,损伤时间推断,致伤物推断,成伤机制分析,医疗损害鉴定以及与死亡原因相关的其他法医病理鉴定等。"

第六条规定:"器官组织法医病理学检验与诊断。通过对人体器官/组织进行大体检验和(或)显微组织病理学检验,依据法医病理学专业知识分析、判断,作出法医病理学诊断意见。"

四、生前伤与死后伤鉴别的方法

生前伤与死后伤鉴别主要依据损伤本身是否具有生活反应。有生活反应为生前伤,无生活反应为死后伤。

（一）生活反应的基本标准

1. 全身性的生活反应

生前伤,首先是出血明显,不论是内出血还是外出血,伤者出血部位有凝血块。内出血,体表呈贫血状态,解剖胸、腹腔可发现积血及凝血块。其次,解剖尸体时,若发现空气栓塞、脂肪栓塞及静脉内有泥沙、油垢等异物,都可以为判断生前伤提供依据。

2. 局部性的生活反应

生前伤,创口哆开较大,特别是横断肌纤维更是哆开明显。同时在着力受损部位,往往可见皮下组织出血斑或血肿。如果伤后未立即死亡,还可发生一系列的炎症反应,外观可见红、肿;死后解剖,组织切片镜检可见损伤部位血管扩张、血管周围水肿、白细胞浸润于血管周围等改变。

3. 现场血迹分布

生前伤的原始现场,可见喷溅状的血迹,尸体周围有较大面积的血泊,血泊中可见凝血块。死后伤或移尸伪造现场时无上述特征。

（二）生活反应的特征

生活反应是循环和呼吸功能存在时的反应,可分为全身生活反应和局部生活反应两大类。

1. 生活反应的全身特征

（1）出血量大，血液内或出血区有凝血块，受伤的尸体呈贫血状态。

（2）呼吸道内吸入血液，尤其在呼吸道深处，甚至出现凝血块。

（3）损伤出血区淋巴结的淋巴窦内有红细胞存在。

（4）肾损伤时于输尿管内或膀胱内有血液或凝血块及出现血尿。

（5）损伤伴有栓塞现象（空气栓塞、脂肪栓塞、血栓栓塞及其他异物栓塞）。

（6）尸体衣着及周围物体或人体上有喷溅血迹。

2. 生活反应的局部特征

（1）创口哆开明显，出血明显，创内可有凝血块。

（2）局部形成血痂或黄痂。

（3）皮下组织内出血，形成血肿，可有凝血块。组织学检查有纤维蛋白。

（4）损伤经过时间可有局部的炎症反应（红、肿、化脓等）、修复反应、组织细胞学改变。

（5）骨质损伤，经过时间短有局部出血，时间较长可在骨质血斑中出现含铁血黄素，再长可有骨痂形成和骨的再修复性改变。

（6）损伤局部组织中可发生生物化学改变。各种炎症介质、酶类的含量和性质可有变化。

（邵同先　刘惠勇　石　杰　李向伟　曹　霞）

第四章　法医毒物鉴定委托事项

法医毒物鉴定是指法医鉴定人运用法医毒物学的理论和方法,结合现代仪器分析技术,对体内外未知毒(药)物、毒品及代谢物进行定性、定量分析,并通过对毒物毒性、中毒机制、代谢功能的分析,结合中毒表现、尸检所见,综合做出毒(药)物中毒的鉴定。

第一节　气体毒物鉴定委托事项

气体毒物鉴定是指法医鉴定人对在常温常压下呈气态或极易挥发的有毒化学物进行鉴定。来源于工业污染,煤和石油的燃烧及生物材料的腐败分解。对呼吸道有刺激作用,亦易吸入中毒,包括氨、臭氧、二氧化氮、二氧化硫、一氧化碳、硫化氢及光化学烟雾等。

一、气体毒物鉴定委托事项的表述

××法院委托××司法鉴定中心对被鉴定人××因××事故造成的气体毒物中毒进行鉴定。

二、气体毒物鉴定委托事项示例

【示例】气体毒物鉴定。

1. 气体毒物鉴定委托事项的表述

××法院委托××司法鉴定中心对被鉴定人××因××事故造成的气体毒物中毒进行鉴定。

2. 基本案情

2020 年 6 月 8 日 13:43,××市××区西园街道李××在使用液化气灶时,发生意外导致 2 人一氧化碳中毒。经送医一名 3 岁儿童抢救无效死亡,另一人目前生命体征平稳。经走访调查、现场勘查及死者血液检验鉴定,儿童为使用液化气灶不当,造成一氧化碳中毒死亡。

三、一氧化碳中毒鉴定方法

观察气体是否可以燃烧;燃烧时火焰上方罩一个干燥烧杯,证明其无水生成(排除其他气态有机物干扰),燃烧生成的气体通入澄清石灰水,有白色沉淀生成,则燃烧产物是二氧化碳,原气体为一氧化碳。

1. 气相色谱法

气相色谱法适用于氢气、氧气、氮气、氩气、氦气、一氧化碳、二氧化碳等无机气体,以及甲烷、乙烷、丙烯和 C_3 以上的绝大部分有机气体的分析。

气相色谱仪主要由气路系统、进样系统、柱恒温箱、色谱柱、检测器和数据处理系统等组成。用气相色谱法分析标准气体,要想获得准确可靠的分析结果,首先必须建立分析方法,然后选择合适的操作条件和操作技术。

2. 化学发光法

化学发光法是利用某些化学反应所产生的发光现象对组分进行分析的方法,具有灵敏度高、选择性好、使用简单、方法快速等特点。适用于硫化物、氮氧化物、氨等标准气体的分析。

3. 非色散红外分析法

非色散红外气体分析器是利用不同的气室和检测器测量混合气体中的一氧化碳、二氧化碳、二氧化硫、氨、甲烷、乙烷、丙烷、丁烷、乙炔等组分的含量。非色散红外气体分析器主要由红外光源、实验室、滤波器、斩波器、检测器、放大器及数据显示装置组成。

4. 碳氧血红蛋白检测

可以根据典型临床表现和一氧化碳接触史来确诊急性一氧化碳中毒。但对昏迷患者,无法了解病史时,常用碳氧血红蛋白定性试验。

碳氧血红蛋白是一氧化碳与血红蛋白结合而形成,其正常值是 $0 \sim 2.3\%$,吸烟者一般是 $2.4\% \sim 4.2\%$ 。一氧化碳中毒时,碳氧血红蛋白水平升高。由于一氧化碳与血红蛋白的结合力比氧与血红蛋白的结合力大 $200 \sim 300$ 倍,碳氧血红蛋白的解离速度只有氧合血红蛋白的 $1/3\ 600$,故一氧化碳中毒时,碳氧血红蛋白水平升高不仅减少了红细胞的携氧能力,而且抑制、减慢氧合血红蛋白的解离和氧的释放,导致人体各组织出现缺氧。

如果出现一氧化碳中毒,需要迅速地将中毒者撤离现场,注意通风,使其远离含一氧化碳的环境。对于严重者,可以给予高压氧舱治疗,防止脑缺氧的发生。

四、硫化氢中毒鉴定方法

1.硫化氢的理化特性

硫化氢是最常见的有毒有害且易燃易爆的酸性气体。

硫化氢分子式为 H_2S,浓度极低时就会有硫黄味,低浓度时是臭鸡蛋味,遇水就会形成氢硫酸,所以它是酸性气体,不过酸性比碳酸还要弱。

硫化氢气体有剧毒,浓度较低(0.025‰~0.050‰)时会刺激呼吸道;硫化氢气体达 0.050‰~0.120‰,就会麻痹嗅觉,也就是浓度太高,反而闻不到了;0.120‰~0.250‰时会快速引起中毒,浓度再高时会发生生命危险。

硫化氢为易燃危险化学品,与空气混合能形成爆炸性混合物,遇明火、高热能引起燃烧爆炸,是非常危险的气体,常人根本想象不到硫化氢会爆炸而且威力巨大。

2.检测方法

(1)安全快捷的硫化氢气体检测仪:硫化氢气体是十分危险的,不仅会爆炸,还有剧毒,所以要检测硫化氢就必须追求又快又准,唯一能满足条件的就是使用硫化氢气体检测仪。

硫化氢气体检测仪分便携式和固定式两种,成本低。如四合一便携式硫化氢气体检测仪。

(2)化学分析方法:化学分析方法成本比较低,但不够安全和精准。常用快速化学分析方法包括醋酸铅检测管法和醋酸铅指示纸法,主要是通过化学试剂观察反应后的颜色,因此不仅慢,而且色卡比对也没有气体检测仪的数值显示更精准。

(3)气体速测管:气体速测管成本和安全性、准确性介于硫化氢气体检测仪和化学分析方法之间。

血中碳氧血红蛋白的浓度与空气中一氧化碳的浓度成正比。中毒症状取决于血中碳氧血红蛋白的浓度,血液中碳氧血红蛋白浓度大于2%时即可引起神经系统反应,达5%时冠状动脉血流量显著增加,达10%时冠状动脉血流量可增加25%,这是一种代偿功能。但冠状动脉硬化患者没有这种代偿能力,因而导致心肌缺氧、损伤。当血中碳氧血红蛋白为2.5%时就可缩短心绞痛患者的发作时间。血中碳氧血红蛋白浓度是大气污染或室内空气污染生物材料监测的重要指标。

第二节　挥发性毒物鉴定委托事项

挥发性毒物鉴定是指法医鉴定人对在常温下有较大气压,相对分子量小,化学结构简单,可以利用其较易挥发的特点从检材中分离出来的毒物进行鉴定。常见毒物包括醇类、氰化物、酚类、醛类、烃类、卤代烃及苯的衍生物等。

一、挥发性毒物鉴定委托事项的表述

××法院委托××司法鉴定中心对被鉴定人××因××事故造成的挥发性毒物中毒进行鉴定。

二、挥发性毒物鉴定委托事项示例

【示例】挥发性毒物鉴定。

1. 挥发性毒物鉴定委托事项的表述

××法院委托××司法鉴定中心对被鉴定人李××因××事故造成的挥发性毒物中毒进行鉴定。

2. 基本案情

李××,男。2022年1月20日被发现死于其出租屋内,现场有一空白药瓶,瓶内有刺激性农药气味。法医现场分别提取死者胃内容物及心血送检××司法鉴定中心进行毒物分析。

三、挥发性毒物乙醇检测方法

(一)血液乙醇浓度与酩酊度的关系

对于乙醇(俗称酒精)中毒程度的判定,过去常以服入的乙醇量来推断是否为乙醇中毒,其中毒剂量一般为70~80 g,致死量为250~500 g。但由于个体差异和乙醇进入人体后很快被吸收,死后提取胃内容检验以推断其饮酒量往往很困难;对于酒后驾车肇事等案件的活体,胃内容物又无法提取,因此,法医毒物分析工作者便注重研究血液乙醇浓度、饮酒量与中毒程度的关系。大量实验结果表明,用血液乙醇浓度(blood alchol concentration,BAC)来表示中毒程度更确切,并将乙醇中毒称为酩酊。其中毒症状的轻重大体与血液中所含乙醇浓度成正比,严重中毒时血液乙醇浓度一般为 200～350 mg/100 mL,中毒致死者血液乙醇浓度一般为 400～500 mg/100 mL。

（二）血液乙醇浓度与其他体液乙醇浓度的相关性

在法庭毒物学的研究中,当取不到血液样品,或者血液样品受到污染时,毒物分析学家便致力于分析测定其他体液或组织中的乙醇浓度,研究乙醇浓度在血液和其他体液或组织间的相关性,进而推算血液中乙醇的浓度。

（三）检测方法

1. 化学显色法

用蒸馏、扩散等技术将生物材料中的乙醇分离出来,然后采用磺酸盐、碘仿、重铬酸钾反应进行检验。其中重铬酸钾法使用比较普遍,主要原理是根据乙醇的挥发性和还原作用,在微量孔威(Conwag)扩散池中,外室试样中的乙醇从试样中扩散出来,与内室的重铬酸钾反应,根据还原的程度进行定性、半定量析。但这些显色方法并非对乙醇专一,因为检材中的丙酮、乙醛、甲醇、丙醇等其他挥发性物质干扰乙醇的测定。因此,在许多情况下,解决对乙醇的定性和定量问题都存在困难。

2. 气相色谱法

由于气相色谱技术的高分离效能和高灵敏度,十多年来人们已广泛采用气相色谱法检验乙醇中毒。其根据进样技术可分为两种方法:一是液上气体分析法,二是直接注入法。

（1）液上气体分析法:液上气体分析法是指对液体或固体中挥发性成分的蒸气相进行气相色谱分析的一种间接手段,它是在热力平衡的蒸气相与被分析样品共存于同一密闭系统中进行的。对于乙醇的分析,是将含乙醇的检材(血液、玻璃体液、尿液、胆汁或捣碎呈匀浆状的组织检材)置于一密闭的小瓶中或试管中,经一定时间的恒温加热,乙醇即从液相扩散到液上空间,并在液相和气相两相间达到平衡,然后抽取液上气体注入色谱仪中进行测定,并将已知浓度的标准乙醇溶液加入空白检材中,在完全相同的条件下测定,根据保留时间和峰高或峰面积进行定性、定量。

（2）直接注入法:直接注入法是将血液样品或其他体液检材稀释(组织样品匀浆)后,加适量的内标溶液,于离心试管中充分混匀后离心,取上清液注入气相色谱仪中分析测定。

气相色谱条件:乙醇分析色谱检测器大多采用氢火焰离子化检测器,填充物通常使用 Carbowax 固定液或 PorapakQ 固定相。Carbowax 为聚乙二醇,特别适合分析分离醇类物质,而 PorapakQ 等高分子多孔微球无须涂固定液,使用方便,基线稳定,适用范围宽,被广为采用。

第三节　合成药毒物鉴定委托事项

合成药毒物鉴定是指法医鉴定人对人工合成的药物过量服用产生毒性作用,造成人体损害进行鉴定,常见合成药有巴比妥类、苯二氮䓬类、吩噻嗪类等。

一、合成药毒物鉴定委托事项的表述

××法院委托××司法鉴定中心对被鉴定人××是否合成药毒物中毒进行鉴定。

二、合成药毒物鉴定委托事项示例

【示例 1】合成药毒物中毒。

1. 合成药毒物鉴定委托事项的表述

××法院委托××司法鉴定中心对被鉴定人段××是否合成药毒物中毒进行鉴定。

2. 基本案情

患者段××,男性,50 岁,因突然不能行走,伴头晕,继而人事不清,呼之不应,以"急性缺血性脑血管病"收入院。医院给予改善循环、营养脑细胞、抗血小板聚集等治疗。患者意识清楚后,自述曾服 8 片催眠药,故考虑为苯二氮䓬类药物中毒。

【示例 2】合成药毒物中毒。

1. 合成药毒物鉴定委托事项的表述

××法院委托××司法鉴定中心对被鉴定人马××是否合成药毒物中毒进行鉴定。

2. 基本案情

马××,女,15 岁,因昏迷被其父母送至××区第二人民医院就诊,到达急诊

室时马××呼吸微弱,血氧饱和度低下,生命垂危。急诊医生给予紧急气管插管及呼吸机辅助通气,由绿色通道紧急收住重症监护病房(ICU)抢救治疗。

入院后经 ICU 医生评估:马××被发现时可能已昏迷超过 24 小时,意识呈深昏迷状,神经反射消失,并有严重的呼吸循环抑制,末梢循环差,皮肤出现中毒性水泡,中毒严重程度评分(PSS)高达 3 分,为严重中毒的表现。

详细追问发现,马××家属于家中垃圾桶找到苯巴比妥片空药瓶(规格:100 mg×100 片),结合马××既往有心理疾病及自杀倾向,按马××的年龄、体重估算,考虑为超致死量的苯巴比妥中毒。

三、合成药毒物检测示例

1. 巴比妥类药物中毒

巴比妥类药物中毒,被鉴定人多有镇静催眠剂误服或蓄意吞服过量的病史。

急性巴比妥类药物中毒患者,中枢神经系统高度抑制,感觉迟缓,言语不清,定向力障碍至深度昏迷,并出现周期性脑电图异常,瞳孔扩大,角膜、咽、腱反射消失。

用监测巴比妥类药物血液浓度来确定中毒,通常短效巴比妥类治疗血清浓度低于 2 mg/100 mL,超过 3 mg/100 mL 为中毒。长效巴比妥类治疗血清浓度可达 5 mg/100 mL,超过 8 mg/100 mL 为中毒。

2. 苯二氮䓬类药物中毒

苯二氮䓬类药物为弱催眠剂,包括氯氮䓬(利眠宁)、地西泮(安定)、三唑仑、氯氮平等,主要用于抗焦虑治疗。

本类药物多为淡黄色或白色粉末状结晶,味苦,易溶于氯仿、丙酮,不易溶于水。中毒病例多,但死亡率不高。

药物在体内吸收快,但排泄慢,长期服用或突然大量服用均可引起中毒。最常见的中毒原因是几种药物混合应用发生协同作用。与乙醇同用亦可增加对中枢的抑制作用。中毒者多为自杀,也见于药物滥用意外中毒或麻醉抢劫。中毒症状一般为嗜睡,但不引起深度睡眠,偶有一时性精神错乱。大剂量时可导致昏迷,血压下降,呼吸循环抑制,呼吸、心跳停止,长期持续服用可出现成瘾性,停药后有戒断症状。

本类药物主要作用于边缘系统(尤其是杏仁核),其次是间脑,而对网状结构作用不大。上述部位,特别是杏仁核,与人的情绪、记忆密切相关。大剂量时能抑制中枢神经及心血管系统。一次误服大量或长期内服较大剂量,可引起毒性反应;以氯氮䓬为例,成人最小致死量约 2 g。

必要时留取呕吐物、胃内容物、血液与尿液进行毒物分析。

第四节　天然药毒物鉴定委托事项

天然药毒物主要指植物和动物体内具有药效或有毒性的化学成分。大多是同时具备药理活性和毒性的天然物质及其加工所得的中草药和药物制剂。

多数天然药毒物为有机化合物,分析检测可依据非挥发性有机毒物的检测进行。天然药毒物包括大麻类、9-四氢大麻酸、乌头碱、马钱子碱、斑蝥素等生物碱。

一、天然药毒物鉴定委托事项的表述

××法院委托××司法鉴定中心对被鉴定人××是否天然药毒物中毒进行鉴定。

二、天然药毒物鉴定委托事项示例

【示例】天然药乌头碱中毒鉴定。

1. 合成药毒物鉴定委托事项的表述

××法院委托××司法鉴定中心对被鉴定人××是否天然药毒物中毒进行鉴定。

2. 基本案情

2018 年 11 月 18 日 19:50,××二医院急诊科,6 名患者被疾驰的私家车和焦急的家属手忙脚乱地送了进来。原来,他们都是××市××镇××村村民,当晚在一起吃晚饭,在都喝了家里泡制的药酒后,6 人出现了不同程度的呕吐不止、大汗淋漓等情况。

检查发现:患者瞳孔呈收缩状,有大汗、呼吸困难、心率加快等症状。难道是急性乌头碱中毒? 在家属带来医院的泡制药酒中,经中医药专业医生辨认,果然含有草乌。

三、常见的天然药毒物的作用

1. 乌头碱

乌头碱是存在于川乌、草乌、附子等植物中的有毒成分。它主要使迷走神经兴奋,损害周围神经。中毒症状以神经系统和循环系统的症状为主,其次是消化系统症状。临床主要表现为口舌及四肢麻木、全身紧束感等,通过兴奋迷走神经而降低窦房结的自律性,引起异位起搏点的自律性增高而引起心律失常,损害心肌。口服纯乌头碱0.2 mg即可中毒,3~5 mg可致死。民间常用草乌、川乌等植物来泡制药酒。在此提醒大家,它们都具有足以致命的毒性。

乌头碱中毒机制:①在神经方面,主要是先兴奋后麻痹感觉神经和中枢神经。有人认为温、痛、触、压觉消失等的机制可能是乌头碱直接或间接作用于无髓鞘的和较纤细的神经纤维,从而阻止了冲动的发生和传导。原因可能是乌头碱与钙离子争夺膜上磷脂的结合,使钠离子转运通道发生改变,阻止了产生动作电位所必需的钠离子的内流,从而阻断了神经冲动的传导,同时影响与疼痛有关的中枢内源性神经递质5-羟色胺、儿茶酚胺、乙酰胆碱、内啡肽等物质与相应受体的结合有关。据观察:3-乙酰乌头碱对神经-肌肉标本作用时,神经及肌肉动作电位上升都减慢,表明有机通道活化过程异常。此外,乌头碱兴奋-麻痹胆碱能神经和呼吸中枢后,人体出现一系列胆碱能神经M样症状和N样症状,最后由于呼吸麻痹和中枢抑制而死亡。由于乌头碱具有强烈兴奋迷走神经,使节后纤维释放大量的乙酰胆碱,从而降低了窦房结的自律性和传导性,延长其绝对和相对不应期,使心肌(心房和心室)内异位节律点兴奋性增强,产生了各种心律失常。②由于对心肌的直接作用,心肌各部分兴奋、传导和不应期不一致,复极不同步而易形成折返,从而发生严重的室性心律失常(包括扭转型室性心动过速),甚至心室颤动(简称室颤)而死。大量事实表明,严重心律失常是乌头碱中毒死亡的常见原因。乌头碱可抑制血管运动中枢使血压下降,通过兴奋迷走神经抑制或直接抑制子宫使其收缩,同时由于血管运动中枢抑制和严重心律失常导致心输出量下降,又频繁呕吐致血容量减少而休克。

2. 马钱子碱

马钱子碱是存在于马钱子科植物种子中的一种咔唑类生物碱,是一种有机化合物,化学式为$C_{21}H_{22}N_2O_2$,为无色晶体,无臭,味极苦,微溶于水、乙醇、丙酮,不溶于乙醚,有剧毒,可用作光学异构体的有机化合物拆分试剂。

马钱子碱中毒反应并不快,但却极为令人恐怖。在现实中,马钱子碱也可以用作医药中的兴奋剂,作为鼠药或治疗呕吐的良药。

马钱子碱中毒破坏中枢神经,导致强烈反应,最终会导致肌肉萎缩。中毒者会窒息、无力及身体抽搐。中毒者会先颈部发硬,然后肩膀及腿痉挛,直到中毒者蜷缩成弓形。并且只要中毒者说话或做动作就会再次痉挛。尸体仍然会抽搐,面目狰狞。马钱子碱中毒是十分痛苦的,其表现与破伤风的表现类似。

第五节　毒品鉴定委托事项

毒品鉴定是指法医鉴定人对国家规定管制的或其他能够使人形成瘾癖的毒品、麻醉药品和精神药品进行鉴定,如对阿片、海洛因、甲基苯丙胺(冰毒)、吗啡、大麻、可卡因等进行鉴定。

一、毒品鉴定委托事项的表述

××委托××司法鉴定中心对被鉴定人××是否服用毒品进行鉴定。

二、毒品鉴定委托事项示例

【示例】毒品鉴定。

1. 毒品鉴定委托事项的表述

××委托××司法鉴定中心对被鉴定人××是否服用毒品进行鉴定。

2. 基本案情

患儿,2岁1月,男,因"误服甲基苯丙胺3小时"入院。患儿3小时前因误服甲基苯丙胺(具体剂量不详)后出现意识不清、牙关紧闭、口吐白沫、四肢强直抖动、面色苍白,无口唇发绀,无大、小便失禁。

体格检查:T 38.4 ℃。意识不清,谵妄状态,大汗淋漓,全身皮肤未见出血点,双侧瞳孔等大同圆,直径4 mm,对光反射消失。口唇红润,牙关紧闭。四肢强直性抖动,肌张力增高,膝反射、腱反射亢进,病理征阴性。

辅助检查:磷酸肌酸激酶(CK)2 985 IU/L,肌酸激酶同工酶(CK–MB)87 IU/L。余无明显异常。

诊断:急性甲基苯丙胺中毒。

治疗:给予心电监护、吸氧、洗胃、纳洛酮拮抗、营养支持等处理。治疗后患儿好转出院。

点评:冰毒又称为甲基苯丙胺,人吸食后会产生强烈的生理兴奋,能大量消耗人的体力和降低免疫功能,严重损害心脏、大脑组织甚至导致死亡。

三、常见的毒品

1. 阿片

阿片俗称鸦片、大烟,源于罂粟植物蒴果,含有二十多种生物碱。阿片属初级毒品,因产地不同,呈黑色或褐色。其气味强烈,有氨味或陈旧尿味。

(1)用途:阿片主要用途是在医疗上,在药物中仍有应用,如阿片粉、阿片酊、复方桔梗散、托氏散、阿桔片等,主要用于镇咳、止泻等。

阿片主要含两类生物碱:异喹啉类和吗啡类。前者主要为罂粟碱;后者包括吗啡、可待因等,共计超过 25 种。阿片的药理作用大部分是由其主要成分吗啡所致。

(2)检测方法:阿片分析方法主要有薄层色谱法、高效液相色谱法和毛细管电泳法。

(3)中毒机制:人脑组织中有一种与吗啡相似的物质,叫作内啡肽,它不仅具有比吗啡强 10 倍的镇静作用,而且还有助于分泌二羟基苯基丙氨酸。二羟基苯基丙氨酸和内啡肽是直接、间接地给人带来快感的脑内物质,而毒品进入人体后,能复制这两种物质,并带来快感,这就是毒品能诱惑人类的关键所在。但这种人工快乐的取得,是以人体正常功能受到巨大破坏为代价的。人体内的血液循环,需要不断地补充氧气,而毒品能在短时间内进入血液,大幅度增强供氧,极大地提高身体的力量与兴奋度,并产生快感。但是,当这种作用消失后,体内的氧气突然供应不足导致血液缺氧,体内的铁质紊乱,反过来削弱了正常的供氧功能,这时必须重复使用毒品,才能刺激体内氧气的再生。久而久之,如不靠毒品刺激,血液循环就处于凝滞状态,因而产生了各种极为痛苦的症状,成瘾者将会感受到临近死亡的体验,不得不再次使用。

在正常情况下,人体内有恒量的产生于人体内部的阿片样物质及其作用于人体内的一种被称为受体的东西。在医学上二者分别称为"内源性阿片样物质"和"阿片受体"。与前者对应,从外部摄入的阿片样物质称为"外源性阿片样物质"。常量内源性阿片样物质通过阿片受体及其阿片肽系统调节体内诸多神经体液免疫系统,保持正常的体内功能平衡。当吸毒者长期大量吸入外源性阿片类化合物时,体内内源性阿片样物质因受到抑制而减少。若此时吸毒者继续用药,足量外源性阿片样物质代替了内源性阿片样物质,阿片受体及其阿片肽系统调节体内各系统,使人体内的功能暂时得以维持正常。当吸毒者一旦停药,外源性阿片样物质骤然减少或被阻断,就会造成体内内源性和外源性阿片样物质同时缺乏的局面,随即发生阿片受体及其阿片肽系统的调节紊乱,出现各种俗称"犯毒瘾"的症状。

初次吸食鸦片,并不都是有快乐感,相反还有难受的感觉,例如恶心呕吐、头晕、乏力、嗜睡、注意力不集中、视物模糊,甚至焦虑等,但此种难受感经几次吸食后逐渐出现了欣快感,或者两者并存,如此反复,阿片的依赖性已经产生了。一旦不再服用,人便出现了更加难受的戒断症状。

2. 甲基苯丙胺

甲基苯丙胺,又名甲基安非他命、去氧麻黄素,是一种有机化合物,化学式为 $C_{10}H_{15}N$,是一种强效的中枢神经系统兴奋剂,是冰毒的有效成分,被列为第一类精神药品。甲基苯丙胺有左旋甲基苯丙胺、右旋甲基苯丙胺和外消旋体。

甲基苯丙胺可以兴奋中枢神经,具有欣快、警觉及抑制食欲的作用,重复使用会成瘾。过量使用可导致急性中毒,严重者出现精神错乱、性欲亢进、焦虑、烦躁、幻觉。长期滥用可造成慢性中毒、体重下降、消瘦、溃疡、脓肿、指甲脆化和夜间磨牙。静脉注射方式滥用者可引起各种感染,包括肝炎、细菌性心内膜炎、败血症、艾滋病。高剂量或重复使用可产生中毒性精神病,表现有被害妄想、幻觉,多为幻视,也可能出现幻听和幻触。现代医学称之为苯丙胺精神病。毒品的耐受性随使用时间的延长而增加,对于未产生耐受的人,使用甲基苯丙胺 30 mg 便会引起中毒。而有报道,长期滥用者为了达到初期使用时的欣快效应,竟将剂量增至 2 000 mg,这极易引起急性中毒,造成惊厥、昏迷甚至死亡。

第六节　易制毒化学品鉴定委托事项

易制毒化学品鉴定是指法医鉴定人对国家规定管制的可用于制造毒品的前体、原料和化学助剂等物质进行鉴定。简单来说,易制毒化学品就是指国家规定管制的可用于制造麻醉药品和精神药品的原料和配剂,既广泛应用于工农业生产和群众日常生活,流入非法渠道又可用于制造毒品。

2005 年第 445 号国务院令公布《易制毒化学品管理条例》(2005 - 11 - 01

施行),列管了 3 类 23 个品种,第一类是可以用于制毒的主要原料,第二类、第三类是可以用于制毒的化学配剂。2008 年经国务院批准,羟亚胺被列入第一类易制毒化学品。根据 2012 年 8 月 29 日公安部、商务部、卫生部、海关总署、国家安全监管总局联合印发的《关于管制邻氯苯基环戊酮的公告》,2012 年 9 月15 日起,邻氯苯基环戊酮被列入第一类易制毒化学品。

随后国家于 2014、2017 年又进行了增补,共列管了 3 类 32 种物料; 2021 年5 月,国务院同意将 α-苯乙酰乙酸甲酯等 6 种物质列入《易制毒化学品的分类和品种目录》。

一、易制毒化学品鉴定委托事项的表述

××委托××司法鉴定中心对被鉴定人××是否服用易制毒化学品进行鉴定。

二、易制毒化学品鉴定委托事项示例

【示例 1】麻黄素中毒。

1. 易制毒化学品鉴定委托事项的表述

××委托××司法鉴定中心对被鉴定人许××是否服用易制毒化学品进行鉴定。

2 基本案情

患者许××,女,34 岁,于 1998 年 7 月 30 日住院。患者于 2 小时前因吵架一次性服下麻黄素 32 片(每片含 0.025 g 麻黄素)企图自杀。服药后 2 小时,即感头晕、心慌、气短、全身乏力、视力模糊、手指发抖,曾呕吐一次,吐出物内无血液。服药后无昏迷、痉挛或大、小便失禁的情形。当被家人发现后,即送来我院。

【示例 2】高锰酸钾中毒。

1. 易制毒化学品鉴定委托事项的表述

××委托××司法鉴定中心对被鉴定人李××是否服用易制毒化学品进行鉴定。

2 基本案情

患儿李××,男,3 岁,因"误服高锰酸钾 4 小时"入院。患儿 4 小时前因误服高锰酸钾颗粒(误服剂量不详),口中发黑,呕吐(呕吐物为黑色胃内容物),量中,无发热,无咳嗽、流涕,无腹痛、腹泻,我院急诊收治入院。患儿精神可。既往史、个人史、家族史无特殊。

入院后给予维生素 C 洗胃、补液、奥美拉唑对症治疗。洗胃后6 小时给予鸡蛋清、牛奶口服。现患儿生命体征平稳,准予出院。

三、易制毒化学品的分类

2005 年《易制毒化学品管理条例》列管的 3 类易制毒化学品如下。

1. 第一类易制毒化学品

第一类易制毒化学品有 12 种:1-苯基-2-丙酮;3,4-亚甲基二氧苯基-2-丙酮;胡椒醛;黄樟素;黄樟油;异黄樟素;N-乙酰邻氨基苯酸;邻氨基苯甲酸;麦角酸;麦角胺;麦角新碱;麻黄素、伪麻黄素、消旋麻黄素、去甲麻黄素、甲基麻黄素、麻黄浸膏、麻黄浸膏粉等麻黄素类物质。

2. 第二类易制毒化学品

第二类易制毒化学品有 5 种:苯乙酸;醋酸酐;三氯甲烷;乙醚;哌啶。

3. 第三类易制毒化学品

第三类易制毒化学品有 6 种:甲苯;丙酮;甲基乙基酮;高锰酸钾;硫酸;盐酸。

四、高锰酸钾

高锰酸钾是一种常见的强氧化剂,紫红色晶体,可溶于水,常用作消毒剂、水净化剂、氧化剂等。溶于水后能将有机物氧化,低浓度有消毒、止血、收敛、除臭等作用,高浓度有刺激性和腐蚀性。若误服超过一定剂量会对口腔和胃黏膜造成损伤。成人致死量为 3~10 g,婴幼儿为 1~2 g。

1. 临床表现

胃肠道出现烧灼感;口腔、咽部、声门及食管水肿、吞咽困难,甚至引起窒息;消化道黏膜呈棕黑色、肿胀糜烂甚至穿孔;有肾脏损害者可出现蛋白尿和血尿,并可有血钾升高;皮肤或黏膜上附着高锰酸钾结晶,可被腐蚀成深溃疡;锰吸收后可有感觉异常、定向力丧失、血压下降等表现。

高锰酸钾进入胃,在胃酸作用下生成二氧化锰(MnO_2)和氢氧化钾(KOH)。KOH 是一种强碱,MnO_2 中 4 价锰离子可进入人体,造成重要脏器损害。单纯金属锰中毒多经呼吸道吸入锰烟雾、烟尘。所以口服导致的锰中毒不多见。

2. 治疗方法

(1)催吐疗法:以快速清除患者胃内残留的高锰酸钾溶液,饮用温开水

（100～300 mL/次）催吐,直至吐出的液体澄清无味。

（2）洗胃:清水、维生素 C 或 5% 活性炭洗胃,或饮牛奶,直至液体澄清无味。由于高锰酸钾结晶易附着于胃黏膜上,故洗胃时须经常变换体位。洗胃后 6 小时口服鸡蛋清、牛奶。

（3）口腔护理:服用高锰酸钾后口腔黏膜染成轻度褐色,可嘱患者漱口或用棉签蘸维生素 C 进行口腔擦洗。

（4）其他:维生素 C(0.5% 维生素 C 溶液漱口,并口服 0.5% 维生素 C 溶液 10～20 mL/kg)、质子泵抑制剂、硫酸镁(25 g 温水溶解口服)、蒙脱石散、依地酸二钠钙、二巯基丙磺酸钠。

（5）检查:胸腹 X 射线片排除消化道穿孔,在喉镜观察下清理呼吸道,要随时注意喉梗阻症状的发生。

第七节　杀虫剂鉴定委托事项

杀虫剂(insecticide)是指用于防治农业害虫和城市卫生害虫的药品。杀虫剂虽然令农业产量大升,但是几乎所有杀虫剂都会严重改变生态系统,大部分对人体有害,因此在使用过程中需要注意细节。

杀虫剂能杀死甲虫、苍蝇、蚱蜢、鼻虫、跳虫及近万种其他害虫。杀虫剂的使用先后经历了几个阶段:最早发现的是天然杀虫剂及无机化合物,但是它们作用单一、用量大、持效期短;然后是有机氯、有机磷和氨基甲酸酯等有机合成杀虫剂,它们的特征是高效、高残留或低残留,其中有不少品种对哺乳动物有很高的急性毒性。

一、杀虫剂鉴定委托事项的表述

××委托××司法鉴定中心对被鉴定人××是否服用杀虫剂进行鉴定。

二、杀虫剂鉴定委托事项示例

【示例】杀虫剂鉴定。

1. 杀虫剂鉴定委托事项的表述

××委托××司法鉴定中心对被鉴定人王××是否服用杀虫剂进行鉴定。

2. 基本案情

王××,男,3 岁,2021 年 3 月 2 日 16:30,在家中玩耍时找到了一小瓶叫作"甲维虫螨腈"的杀虫剂,是奶奶用来给小菜园的蔬菜除虫的。在家人都没在意的情况下,王××出于好奇喝下了一整瓶 30 mL 的杀虫剂,生命垂危。万幸,王××被送医及时,经过紧急洗胃和血液净化治疗,暂时脱离了生命危险。

三、杀虫剂分类

1. 按作用方式分类

(1)胃毒剂:经虫口进入其消化系统起毒杀作用,如敌百虫等。

(2)触杀剂:与表皮或附器接触后渗入虫体,或腐蚀虫体蜡质层,或堵塞气门而杀死害虫,如拟除虫菊酯、矿油乳剂等。

(3)熏蒸剂:利用有毒的气体、液体或固体的挥发而发生蒸气毒杀害虫或病菌,如溴甲烷等。

(4)内吸杀虫剂:被植物种子、根、茎、叶吸收并输导至全株,在一定时期内,以原体或其活化代谢物随害虫取食植物组织或吸吮植物汁液而进入虫体,起毒杀作用,如乐果等。

2. 按毒理作用分类

(1)神经毒剂:作用于害虫的神经系统,如滴滴涕、对硫磷、呋喃丹、拟除虫菊酯等。

(2)呼吸毒剂:抑制害虫的呼吸酶,如氰氢酸等。

(3)物理性毒剂:如矿物油剂可堵塞害虫气门,惰性粉可磨破害虫表皮,使害虫致死。

(4)特异性杀虫剂:引起害虫生理上的反常反应,如使害虫离作物远去的驱避剂,以性诱或饵诱诱集害虫的诱致剂,使害虫味觉受抑制不再取食以致饥饿而死的拒食剂,作用于成虫生殖功能使雌雄之一不育或两性皆不育的不育剂,影响害虫生长、变态、生殖的昆虫生长调节剂等。

3. 按来源分类

(1)无机杀虫剂:如砷酸铅、砷酸钙、氟硅酸钠和矿油乳剂等。这类杀虫剂一般药效较低,对作物易引起药害,而砷剂对人毒性大。因此自有机合成杀虫剂大量使用以后,这类杀虫剂大部分已被淘汰。

(2)植物性杀虫剂:全世界有 1 000 多种植物对昆虫具有或多或少的毒力。广泛应用的有除虫菊、鱼藤和烟草等。此外,有些植物还含有类似保幼激素、早熟素、蜕皮激素活性物质。如从喜树的根皮、树皮或果实中分离的喜树碱对马尾松毛虫有很强的不育作用。

（3）有机合成杀虫剂：如有机氯类的 DDT、六六六、硫丹、毒杀芬等，DDT、六六六曾是产量大、应用广的两个农药品种，但因易在生物体中蓄积，从 20 世纪 70 年代初开始在许多国家禁用或限用；有机磷类的对硫磷、敌百虫、乐果等 400 多个品种，产量居杀虫剂的第一位；氨基甲酸酯类的西维因、呋喃丹等；拟除虫菊酯类的氰戊菊酯、溴氰菊酯等；有机氮类的杀虫脒、杀虫双等。

（4）昆虫激素类杀虫剂：如多种保幼激素、性外激素类似物等。

第八节　金属毒物鉴定委托事项

金属毒物是指能够引起人体急性中毒的金属单质及其化合物。这类毒物毒性强弱的决定因素在于所含金属元素的类型，其次是毒物自身的分子结构或化合状态。通常无机物比有机物毒性大；易溶盐类毒物比难溶盐类毒物毒性大；气态毒物比液态及固态毒物毒性大。

一、金属毒物鉴定委托事项的表述

××委托××司法鉴定中心对被鉴定人××是否接触金属毒物进行鉴定。

二、金属毒物鉴定委托事项示例

【示例】金属毒物鉴定。

1. 金属毒物鉴定委托事项的表述

××委托××司法鉴定中心对被鉴定人牛××等 3 人是否接触金属毒物进行鉴定。

2. 基本案情

犯罪嫌疑人常××性格内向，对 3 名受害人牛××、李××、石××经常在一起玩耍而不理睬自己心存不满，并认为他们歧视自己，遂怀恨在心。2020 年 5 月 22 日，常××以"非法手段"从外地获取了 250 g 剧毒物质硝酸铊。5 月 29 日下午 4 时许，常××用注射器向受害人牛××、李××、石××的茶杯中分别注入经过稀释的 2 mL 硝酸铊，导致 3 名受害人铊中毒。

三、常见的金属毒物

金属中毒是指人体内某种金属含量过多而引起的慢性或急性中毒。金属过量摄入的途径通常有呼吸道吸入和口腔吸入进入消化道吸收等途径。常见的金属中毒有汞、铅、铋等金属中毒。

1. 汞中毒

汞又称为水银,环境中的汞主要来自氯碱、造纸、塑料、电子等工业。汞极易由环境中污染物通过各种途径对食品造成污染,直接影响人们饮食安全,危害人体健康。中毒后出现的主要症状有头痛、肝炎、肾炎、肾衰竭、呕吐、腹痛等。

2. 铅中毒

铅在人体大量积聚会影响人体血红蛋白生成,导致贫血。

3. 铋中毒

铋线是铋吸收的主要特征,也是最早出现的症状。铋中毒主要症状有口炎、牙龈炎、牙龈脓肿。出现铋线时应考虑停止正在服用的含铋的药物或者换用其他药物。

第九节 水溶性无机毒物鉴定委托事项

水溶性毒物是指在水中有较高溶解度的毒物。主要分为两大类:一类是水溶性无机毒物,包括亚硝酸盐等无机盐类及强酸、强碱等腐蚀性物质;另一类是经过结构改造的有机毒物。水溶性狭义是指物质在水中的溶解性质,广义是指物质在极性溶剂中的溶解性质。

一、水溶性毒物鉴定委托事项的表述

××委托××司法鉴定中心对被鉴定人××是否接触水溶性毒物进行鉴定。

二、水溶性毒物鉴定委托事项示例

【示例】水溶性毒物鉴定。

1. 水溶性毒物鉴定委托事项的表述

××委托××司法鉴定中心对被鉴定人××是否接触水溶性毒物进行鉴定。

2. 基本案情

2018 年 3 月 4 日下午,家住××梅花园的张××,25 岁,男,从路边流动摊贩那儿买了 20 元卤鸭脖,与 8 人吃了买回来的鸭脖,8 人先后出现胸闷、气喘、嘴唇发紫等缺氧症状,被送入××大学××医院和××医院,经检测 8 人都是亚硝酸盐中毒。吃得最多的 25 岁男孩张××,昏迷抽搐,血液因缺氧呈咖啡色,医生一度下了病危通知书,直到经过大半夜的抢救他才转危为安。

三、亚硝酸盐

强酸、强碱、亚硝酸盐、氧化物、氯酸盐、溴化物、苯酸盐等含有有毒的阴离子的水溶性毒物侵入人体,造成机体损害甚至死亡。

1. 理化特性及特点

亚硝酸盐是含有亚硝酸根阴离子(NO_2^-)的盐。最常见的是亚硝酸钠,亚硝酸钠为白色至淡黄色粉末或颗粒状,味微咸,易溶于水。

硝酸盐和亚硝酸盐广泛存在于人类环境中,是自然界中最普遍的含氮化合物。人体内硝酸盐在微生物的作用下可还原为亚硝酸盐、N-亚硝基化合物的前体物质。

亚硝酸盐的外观及味道都与食盐相似,并在工业、建筑业中广为使用,在肉制品中也被允许作为发色剂限量使用。亚硝酸盐引起食物中毒的概率较高。

人食入 0.3~0.5 g 亚硝酸盐即可中毒,食入 3 g 亚硝酸盐可死亡。

2017 年 10 月 27 日,世界卫生组织国际癌症研究机构公布的致癌物清单显示,在导致内源性亚硝化条件下摄入的硝酸盐或亚硝酸盐为 2A 类致癌物。

2. 毒性特点

高剂量的亚硝酸盐进入机体,会产生很大毒性。误食亚硝酸盐会导致亚硝酸盐类食物中毒,长期使用甚至会导致食管癌和胃癌。

亚硝酸盐具有防腐性,可与肉制品中的肌红素结合而更稳定,所以常在食品加工业被添加在香肠和腊肉中作为保色剂,以维持良好外观;其次,它可以防止肉毒杆菌的产生,提高食用肉制品的安全性。但是,人体吸收过量亚硝酸盐,会影响红细胞的运作,使血液不能正常运送氧气,口唇、指尖会变成蓝色,即俗称的"蓝血病",严重时会令脑部缺氧,甚至死亡。亚硝酸盐本身并不致癌,但在烹调或其他条件下,肉制品内的亚硝酸盐可与氨基酸发生降解反应,生成有强致癌性的亚硝胺。

食用硝酸盐或亚硝酸盐含量较高的腌制肉制品、泡菜及变质的蔬菜可引起中毒,中毒者可因呼吸衰竭而死亡。

3. 中毒的分类

(1)急性中毒原因:①将亚硝酸盐误作食盐、面碱等食用;②食用盐掺杂亚硝酸盐;③投毒;④食用了含有大量亚硝酸盐的蔬菜,尤其是不新鲜的叶类蔬菜。

(2)慢性中毒原因:①饮用含硝酸盐或亚硝酸盐含量高的苦井水、蒸锅水;②食用硝酸盐或亚硝酸盐含量较高的腌制肉制品、泡菜及变质的蔬菜。

(3)中毒机制:亚硝酸盐在酸性条件下为强氧化剂,进入人体后,可使血中低铁血红蛋白氧化成高铁血红蛋白,失去运氧的功能,致使组织缺氧,出现青紫而中毒。

第十节 腐蚀性毒物鉴定委托事项

腐蚀性毒物是指与身体接触后能迅速与局部组织或器官发生化学作用和/或物理作用,引起局部组织器官损伤、全身反应,甚至死亡的一类毒物。中毒途径主要是局部皮肤黏膜的直接接触,因毒物种类、浓度、剂量和接触时间的不同,以致局部组织红肿、水泡、溃烂,有的治愈后可遗留瘢痕或功能障碍,严重者可引起休克,甚至死亡。这类毒物有硫酸、盐酸、硝酸、苯酚、氢氧化钠、氨及氢氧化氨等。

一、腐蚀性毒物鉴定委托事项的表述

××委托××司法鉴定中心对被鉴定人××是否接腐蚀性毒物进行鉴定。

二、腐蚀性毒物鉴定委托事项示例

【示例】腐蚀性毒物鉴定。

1. 腐蚀性毒物鉴定委托事项的表述

××委托××司法鉴定中心对被鉴定人××是否接触腐蚀性毒物进行鉴定。

2. 基本案情

患者,30岁,男,因"不慎踩入苯酚溶液,出现呼吸困难12分钟"入院,患者左脚不慎踩入苯酚溶液,工友立即用清水为其冲洗,2分钟后其出现呼吸困难,随即被送至急诊科。

患者突发意识丧失,心搏骤停。医生立即给予心肺复苏,紧急气管插管,5 分钟后患者恢复自主心率,被收入 ICU 治疗。

点评:苯酚中毒可致心、肺、肾、脑等多脏器功能损害。

三、苯酚

苯酚主要由异丙苯经氧化、分解制得,是重要的有机化工原料,可用于生产酚醛树脂、双酚 A 等多种化工产品和中间体,也用作溶剂、消毒剂。

1. 理化特性

苯酚是一种有机化合物,化学式为 C_6H_5OH,是具有特殊气味的无色针状晶体,有毒,是生产某些树脂、杀菌剂、防腐剂及药物(如阿司匹林)的重要原料。也可用于消毒外科器械和排泄物的处理,皮肤杀菌、止痒,以及治疗中耳炎。熔点为 43 ℃,常温下微溶于水,易溶于有机溶剂;当温度高于 65 ℃时,能跟水以任意比例互溶。苯酚有腐蚀性,人接触后会使局部蛋白质变性,其溶液沾到皮肤上可用乙醇洗涤。小部分苯酚暴露在空气中被氧气氧化为醌而呈粉红色。遇三价铁离子变紫,人们通常用此方法来检验苯酚。

2017 年 10 月 27 日,世界卫生组织国际癌症研究机构公布的致癌物清单显示,苯酚为 3 类致癌物。

2. 急救措施

(1)皮肤接触:立即脱去污染的衣服,用甘油、聚乙烯乙二醇或聚乙烯乙二醇与乙醇混合液(7∶3)抹洗,然后用水彻底清洗。或用大量流动清水冲洗至少 15 分钟。及时就医。

(2)眼睛接触:立即提起眼睑,用大量流动清水或生理盐水彻底冲洗至少 15 分钟。及时就医。

(3)吸入:迅速脱离现场至空气新鲜处。保持呼吸道通畅。如呼吸困难,给予吸氧。如呼吸停止,立即进行人工呼吸。及时就医。

(4)食入:立即饮植物油 15~30 mL。催吐。及时就医。

第十一节　毁坏性毒物鉴定委托事项

毁坏性毒物中毒是指服用毁坏性毒物形成的机体损害现象。这类毒物进入机体后往往影响细胞的正常代谢或致使组织细胞死亡,造成肝、心、肾等器官损害。毁坏性毒物中毒除见于服毒自杀外,投毒他杀的案件也时有发生。

毁坏性毒物包括砷及其化合物、汞及其化合物两种,前者最常引起中毒的是信石(三氧化砷);后者以升汞(氯化汞)毒性最大。能引起生物体器质损害的毒物有砷、汞、钡、铅、铬、镁、其他重金属盐类等。

一、毁坏性毒物鉴定委托事项的表述

××委托××司法鉴定中心对被鉴定人××是否接触毁坏性毒物进行鉴定。

二、毁坏性毒物鉴定委托事项示例

【示例1】氯化汞中毒。

1. 申请毁坏性毒物鉴定委托事项的表述

××委托××司法鉴定中心对被鉴定人李××是否接触毁坏性毒物进行鉴定。

2. 基本案情

李××,26岁,男。因口服少量氯化汞后出现口腔烧灼、牙龈疼痛出血,同时短时间内出现急性肾衰竭,在当地医院治疗3天后病情反而加重,3天来没有一滴尿。多方咨询后,转入××市中心医院职业病中毒科,值班医生接诊后,即刻为患者化验了尿汞含量,达740 μg/L,正常值仅为10 μg/L。

【示例2】三氧化二砷中毒。

1. 毁坏性毒物鉴定委托事项的表述

××委托××司法鉴定中心对被鉴定人××等人是否接触毁坏性毒物进行鉴定。

2. 基本案情

1992年,××市发生了一起特大投毒案,××高等专科学校几百名学子食物中毒。而投毒的嫌疑人,正是他们的同学李××。

1992年6月18日,××医院同时接收了几百名患者,这些患者都是年龄不大的学生。而他们无一例外都是三氧化二砷中毒。三氧化二砷是一种化合物,通常呈白色霜状粉末,人服用之后有强烈毒性,如果不及时救治,可能会有生命危险。

这种化合物又称砒霜。警方在得知中毒学生系三氧化二砷中毒后,第一时间对学校周边的药店进行了排查。砒霜虽然是一种剧毒的毒药,但是其同样有一定的药用价值,因此很多药店都会出售。

三、常见的毁坏性毒物

(一)三氧化二砷

三氧化二砷,俗称砒霜,是一种无机化合物,化学式为 As_2O_3,有剧毒,是砷化合物。它也是最古老的毒物之一,无臭无味,为白色霜状粉末,故称砒霜。世界卫生组织国际癌症研究机构公布的致癌物清单显示,砷和无机砷化合物为1类致癌物。

1. 用途

(1)用于提炼元素砷,是冶炼砷合金和制造半导体的原料。

(2)玻璃工业用作澄清剂和脱色剂,以增强玻璃制品透光性。

(3)农业上用作防治病虫害的消毒剂和除锈剂,也用作其他含砷杀虫农药的原料。

(4)用于涂料和染料的制造;可作化学试剂;还用于气体脱硫、木材防腐、锅炉防垢及陶瓷、搪瓷等方面。

(5)用作分析试剂,如作基准试剂、还原剂、氯气吸收剂。还用于亚砷酸盐的制备,用作防腐剂。

(6)用于颜料工业和制备药物、皮革保存剂等。

2. 泄漏处理

隔离泄漏污染区,限制出入。建议应急处理人员戴自给正压式呼吸器,穿防毒服。不要直接接触泄漏物。少量泄漏:避免扬尘,用洁净的铲子收集于干燥、洁净、有盖的容器中。大量泄漏:用塑料布、帆布覆盖,减少飞散。然后收集、回收或运至废物处理场所处置。

3. 急救措施

(1)皮肤接触:脱去被污染的衣服,用肥皂水和清水彻底冲洗皮肤,及时就医。

(2)眼睛接触:提起眼睑,用流动清水或生理盐水冲洗,及时就医。

(3)吸入:迅速脱离现场至空气新鲜处。保持呼吸道通畅。如呼吸困难,给予输氧。如呼吸停止,立即进行人工呼吸。及时就医。

(4)食入:催吐。洗胃给饮牛奶或蛋清。及时就医。

(二)氯化汞

氯化汞,俗称升汞,是一种无机物,化学式为 $HgCl_2$,呈白色结晶性粉末,有剧毒,溶于水、乙醇、乙醚、甲醇、丙酮、乙酸乙酯,不溶于二硫化碳、吡啶。氯化汞可用于木材和解剖标本的保存、皮革鞣制和钢铁镂蚀,是分析化学的重要试剂,还可制作消毒剂和防腐剂。世界卫生组织国际癌症研究机构公布的致癌物清单显示,汞和无机汞化合物为3类致癌物。

1. 急性中毒

LD_{50}:1 mg/kg(大鼠经口);41 mg/kg(兔经皮肤)。急性中毒有头痛、头晕、乏力、失眠、多梦、口腔炎、发热等症状。氯化汞对狗的致死量经口为10～15 mg/kg,静脉注射为4～5 mg/kg;而氯化亚汞(甘汞)经口则为210 mg/kg。急性中毒动物见食欲减退、多饮水、流涎、呕吐、血便和腹泻、眼部炎症、全身软弱无力、步态不稳、兴奋性增高等表现,有些动物有震颤、瘫痪,有时抽搐。氯化汞所致猝死主要是由心脏传导系统及脊髓的损害引起,1～3天内死亡者有胃肠损害,5天后死亡见肾损害,主要为近曲小管广泛性坏死,可诱发急性肾衰竭。胃肠损害表现为黏膜炎症、出血性溃疡(常见于大肠)。并有肝细胞变性。口服可发生急性腐蚀性胃肠炎,严重者昏迷、休克,甚至发生坏死性肾病致急性肾衰竭。对眼有刺激性,可致皮炎。

人口服氯化汞后,可立即或数小时后发生恶心、呕吐、严重腹痛、腹泻和便血。严重者可发生休克、昏迷。中毒初期可出现口腔炎,如大量流涎、口腔黏膜及齿龈肿胀、充血、糜烂,牙痛甚至牙齿脱落。口服后1天至2周,可有蛋白尿、血尿、尿量减少。严重者死于尿毒症。后期可发生食管狭窄。

2. 亚慢性及慢性毒性

动物的慢性中毒表现,最早是行为改变,继而出现神经系统功能障碍,血液变化主要有白细胞增多,红细胞沉降率(血沉)加快,然后出现肝、肾功能受损。汞的慢性肾损害早期为肾小管功能障碍,出现低分子蛋白尿。继续接触可造成肾小球通透性改变,尿中出现高分子量蛋白质。

(1)侵入途径和危害:①侵入途径包括吸入、食入、经皮吸收。②危害:汞离子可使含巯基的酶丧失活性,失去功能;还能与酶中的氨基、二巯基、羧基、羟基及细胞内的磷酰基结合,引起相应的损害。

(2)慢性中毒:表现有神经衰弱综合征;易兴奋症;精神情绪障碍,如胆怯、害羞、易怒、爱哭等;汞毒性震颤;口腔炎。少数病例有肝、肾损伤。

第十二节　功能障碍性毒物鉴定委托事项

功能障碍性毒物中毒是指由进入机体后主要导致机体正常生理功能紊乱的毒物引起的中毒。这类毒物主要干扰中枢神经系统与心、肺的生理功能。常见的有氰化物、一氧化碳、亚硝酸盐类、巴比妥类催眠药和非巴比妥类催眠药、生物碱类、乙醇、卤水、异烟肼等。中毒可见于自杀、他杀和意外事故。表现随毒物不同而异。这类毒物有阿托品、可卡因、甲醇、催眠药、苯丙胺、氰化物、亚硝酸盐和一氧化碳。

一、功能障碍性毒物鉴定委托事项的表述

××委托××司法鉴定中心对被鉴定人××是否接触功能障碍性毒物进行鉴定。

二、功能障碍性毒物鉴定委托事项示例

【示例1】误服氰化物中毒。

1. 功能障碍性毒物鉴定委托事项表述

××委托××司法鉴定中心对被鉴定人××是否接触功能障碍性毒物进行鉴定。

2. 基本案情

2016年7月3日,××市妇女儿童中心医院儿童重症医学科(PICU)紧急抢救一例1岁男孩××因误服氰化物中毒。

家住××区,刚刚1岁的××在家中玩耍时,不小心咬破一种家长称为"毒狗针或者三步倒"的药剂,数秒后出现昏迷。家长立即将××送到当地卫生院,数分钟后到达卫生院时,××已出现呼吸、心跳停止。卫生院医护人员持续给予心肺复苏治疗并欲将××转送至上级医疗单位,此时××心脏虽然恢复微弱跳动,但已陷入昏迷,全身发绀,当地卫生院对××行积极抢救治疗,气管插管保证通气后,××的情况依然危重,于是当地卫生院立刻向××市妇女儿童中心医院PICU求助。

【示例2】亚硝酸盐中毒。

1. 功能障碍性毒物鉴定委托事项的表述

××委托××司法鉴定中心对被鉴定人唐××是否接触功能障碍性毒物进行

鉴定。

2. 基本案情

××市市民唐××在食用家人腌制的咸菜后,突发恶心想吐、嘴唇发紫等症状,经诊断为亚硝酸盐中毒。

原来唐××在中午和晚上都吃了咸菜和白粥。到了半夜,他感觉头晕,以为是饿了,于是直接打开咸菜罐子又猛吃了一顿。到了凌晨一点多,唐××出现了头晕、恶心、胸闷、气喘、四肢发麻等症状,他强撑着开车去了医院。到医院时,他的脸已经发紫。急诊医护人员见状立即给他催吐洗胃,并实施相应的解毒治疗与检查。如果再晚一会儿,唐××很可能会出现呼吸、心跳停止,而导致其中毒的直接原因就是那罐腌菜。据了解,唐××吃了将近 1 kg 的咸菜。

唐××表示,咸菜是他爱人从亲戚那里拿来的。她忘记告诉唐××腌制时间还没到,要放一段时间才能吃。

三、常见功能障碍性毒物

1. 氰化物

氰化物为含有氰基(CN)的化合物,是常用的化工原料,分为无机氰化物(氰类)和有机氰化物(腈类)两类,前者主要有氢氰酸、氰酸盐(氰化钾、氰化钠、氢化胺、亚铁氰化钾等)、卤素氰化物(氯化氰、溴化氰、碘化氰)等,后者主要有丙腈、丙烯腈、乙腈等。在职业活动中,接触氰化物可引起急性氰化物中毒;而在非职业活动中接触氰化物或进食含氰苷的植物果实和根部(如苦杏仁、枇杷仁、桃仁、木薯、白果等都含有氰化物)亦可引起急性氰化物中毒。口服致死量氢氰酸为 0.06 g,氰酸盐为 0.1～0.3 g。

全血 CN^- 浓度测定有特异诊断价值,一般全血 CN^- 浓度 < 20 μg/dL (7.69 μmol/L)。氰化物中毒者的血 CN^- 浓度明显升高,最好在中毒后 8 小时内进行检测。

中毒早期同时进行动静脉血气分析,显示静脉血动脉化趋势的特异表现,即动脉血氧分压正常,而静脉血氧分压明显升高,动、静脉氧分压差减小至 1% (正常为 4%～5%)。

2. 亚硝酸盐类

亚硝酸盐是含有亚硝酸根阴离子(NO_2^-)的盐。最常见的是亚硝酸钠,亚硝酸钠为白色至淡黄色粉末或颗粒状,味微咸,易溶于水。硝酸盐和亚硝酸盐广泛存在于人类生活的环境中,是自然界中最普遍的含氮化合物。人体内硝酸盐在微生物的作用下可还原为亚硝酸盐、N-亚硝基化合物的前体物质。外观及味道都与食盐相似,并在工业、建筑业中广为使用,在肉制品中也被允许作为发色剂限量使用。亚硝酸盐引起食物中毒的概率较高。

人食入0.3~0.5 g亚硝酸盐即可中毒,3 g即可死亡。世界卫生组织国际癌症研究机构公布的致癌物清单显示,在导致内源性亚硝化条件下摄入的硝酸盐或亚硝酸盐为2A类致癌物。

亚硝酸盐中毒又称为肠原性青紫症、肠源性发绀。亚硝酸盐中毒是指食用硝酸盐或亚硝酸盐含量较高的腌制肉制品、泡菜及变质的蔬菜引起的中毒,或者误将工业用亚硝酸钠作为食盐食用而引起,也可见于饮用含有硝酸盐或亚硝酸盐的苦井水、蒸锅水后,亚硝酸盐能使血液中正常携氧的低铁血红蛋白氧化成高铁血红蛋白,因而失去携氧能力而引起组织缺氧。此外,食管癌与患者摄入的亚硝酸盐量呈正相关性,亚硝酸盐的致癌机制是:在胃酸等环境下亚硝酸盐与食物中的仲胺、叔胺和酰胺等反应生成强致癌物亚硝胺。亚硝胺还能够透过胎盘进入胎儿体内,对胎儿有致畸作用。

6个月以内的婴儿对亚硝酸盐特别敏感,临床上患"高铁血红蛋白症"的婴儿即是食用亚硝酸盐或硝酸盐浓度高的食品引起的,症状为缺氧,出现发绀,甚至死亡,因此欧盟规定亚硝酸盐严禁用于婴儿食品。亚硝酸盐中毒发病急速,一般潜伏期为1~3小时,中毒的主要特点是组织缺氧引起的发绀现象,如口唇、舌尖、指尖青紫,重者眼结膜、面部及全身皮肤青紫。头晕、头痛、乏力、心跳加速、嗜睡或烦躁、呼吸困难、恶心、呕吐、腹痛、腹泻,严重者昏迷、惊厥及大、小便失禁,可因呼吸衰竭而死亡。

第十三节　农药中毒鉴定委托事项

农药是指农业上用于防治病虫害及调节植物生长的化学药剂,广泛用于农林牧业生产、环境和家庭卫生除害防疫、工业品防霉与防蛀等。

一、农药中毒鉴定委托事项的表述

××委托××司法鉴定中心对被鉴定人××是否接触农药进行鉴定。

二、农药中毒鉴定委托事项示例

【示例】农药鉴定。

1.农药鉴定委托事项的表述

××委托××司法鉴定中心对被鉴定人李××是否接触农药进行鉴定。

2.基本案情

李××,男,其女友王××提出分手后,李××伤心到无法自拔。在数次沟通无果后,他拿起半瓶百草枯一饮而下,想以此威胁女友,让她后悔终生。

女友来不及阻止他,只好拨打"120"电话,将李××送到医院急救。到了医院后,李××还拼命挣扎,嚷嚷着不想活了,一副不在乎的样子。经检查,李××的肝功能、肾功能指标和血气分析都严重超标,器官开始衰竭,需要立即抢救。

也许是百草枯的毒性发挥作用,李××越来越难受,出现恶心、呕吐等症状,开始主动配合医生进行催吐和洗胃。

治疗前3天,医生给李××加强毒物的清除,促进胃肠道和肾脏排毒,给予抑酸护胃等处置。不久,李××开始出现急性肾衰竭,表现出乏力、呼吸加快、血氧饱和度下降等。除了实施持续肾脏替代治疗外,医生还给他进行低浓度吸氧,以纠正低氧血症。但各项指标显示,李××的肺功能、肝功能和肾功能都继续恶化,他的呼吸不断加快,皮肤黄疸,口咽溃烂。

治疗6天后,李××的黄疸和口咽溃疡持续加重,吞咽困难,情绪极度低落。此时,各种抢救措施都失效了,李××只能勉强维持生命。治疗10天后,李××在父母、姐姐的陪伴下离开人世。

三、农药分类

1.按用途分类

按用途主要分为杀虫剂、杀螨剂、杀鼠剂、杀线虫剂、杀软体动物剂、杀菌剂、除草剂、植物生长调节剂等。

2.按原料来源分类

按原料来源可分为矿物源农药(无机农药)、生物源农药(天然有机物、微生物、抗生素等)及化学合成农药。

3.按化学结构分类

按化学结构主要分为有机氯、有机磷、有机氮、有机硫、氨基甲酸酯、拟除虫菊酯、酰胺类化合物、脲类化合物、醚类化合物、酚类化合物、苯氧羧酸类、脒类、三唑类、杂环类、苯甲酸类、有机金属化合物类等,它们都是有机合成农药。

4.按加工剂型分类

按加工剂型可分为粉剂、可湿性粉剂、乳剂、乳油、乳膏、糊剂、胶体剂、熏蒸剂、熏烟剂、烟雾剂、颗粒剂、微粒剂及油剂等。

四、农药中毒的表现

农药主要是指用以消灭和阻止农作物病、虫、鼠、草害的物质或化合物及卫生杀虫剂等的总称。自 20 世纪 40 年代以来,随着科技的进步和生产的不断发展,人工合成的农药品种日益增多。全世界约有农药 1 200 种,常用的约250 种。这些农药的应用,在农业、畜牧业及公共卫生等各方面都起到了积极的作用。

(一)临床表现

由于不同农药的中毒作用机制不尽相同,其中毒症状也有所不同。

1. 农药毒性的共性表现

(1)局部刺激症状:接触部位皮肤充血、水肿、皮疹、瘙痒、水疱,甚至灼伤、溃疡。以有机氯、有机磷、氨基甲酸酯、有机硫、除草醚、百草枯等农药作用最强。

(2)神经系统表现:神经系统代谢、功能,甚至结构的损伤,引起明显神经症状。常见有中毒性脑病、脑水肿、周围神经病引起的烦躁、意识障碍、抽搐、昏迷、肌肉震颤、感觉障碍或感觉异常等表现。以杀虫剂,如有机磷、有机氯、氨基甲酸酯等农药中毒常见。

(3)心脏毒性表现:对神经系统的毒性作用多是心功能损伤的病理生理基础,有些还对心肌有直接损伤作用。如有机氯、有机磷、百草枯、磷化锌等农药中毒,常致心电图异常(ST-T 改变、心律失常、传导阻滞)、心源性休克甚至猝死。

(4)消化系统症状:多数农药口服可引起化学性胃肠炎,中毒者出现恶心、呕吐、腹痛、腹泻等症状。如砷制剂、百草枯、有机磷、环氧丙烷等农药可引起腐蚀性胃肠炎,并有呕血、便血等表现。

2. 不同农药毒性的特殊表现

(1)血液系统毒性表现:如杀虫脒、除草醚等可引起高铁蛋白血症,甚至导致溶血;茚满二酮类及羟基香豆素类杀鼠剂则可损伤体内凝血机制,引起全身出血。

(2)肝毒性表现:如有机砷、有机磷、有机氯、氨基甲酸酯、百草枯、杀虫双等农药,可引起肝功能异常及肝大。

(3)肺脏刺激损伤表现:如五氯酚钠、氯化苦、福美锌、杀虫双、有机磷、氨基甲酸酯、百草枯等,可引起化学性肺炎、肺水肿,百草枯尚能引起急性肺间质纤维化。

(4)肾毒性表现:引起血管内溶血的农药,除因生成大量游离血红蛋白致急性肾小管堵塞、坏死外,有的如有机硫、有机砷、有机磷、有机氯、杀虫双、五氯苯酚等还对肾小管有直接毒性,可引起肾小管急性坏死,严重者可致急性肾衰竭等。

(5)其他表现:有些农药可引起高热。如有机氯类农药,可因损伤神经系统而致中枢性高热;五氯酚钠、二硝基苯酚等则因致体内氧化磷酸化解偶联,使氧化过程产生的能量无法以高能磷酸键形式储存而转化为热能释出,导致机体发生高热、大汗、昏迷、惊厥。

(二)检查

1. 毒物测定

中毒毒物不明时,采集剩余毒物及患者呕吐物、排泄物进行毒物检验。

2. 特异性检验

针对初判毒物,进行特异性检验。如疑有机磷中毒,查血清胆碱酯酶活性。

(三)来源

1. 防护不到位

在生产过程中,由于设备、工艺落后,密闭不严,出现跑、冒、滴、漏,或在农药包装时徒手操作、缺乏防护措施,或在运输、储存、销售中发生意外,致农药污染环境或皮肤,经呼吸道吸入或皮肤吸收而中毒。

2. 操作不规范

在使用农药时,违反安全操作规程和缺乏个人防护,或使用方法不当及滥用,经呼吸道或皮肤黏膜吸收中毒。

3. 误服误食

在日常生活中,食用被农药污染的蔬菜、食物,或误用、误食。

4. 意外或人为

意外或人为如自服、他杀、投毒等。

第十四节　有毒动、植物中毒鉴定委托事项

植物自身的化学成分复杂,其中有很多是有毒的物质,如乌头、钩吻、曼陀罗、夹竹桃等;有毒动物,如毒蛇、河豚、蟾蜍、毒蜂等。不慎接触,可能引起很多疾病甚至死亡。

一、有毒动、植物中毒鉴定委托事项的表述

××委托××司法鉴定中心对被鉴定人××是否接触有毒动、植物进行鉴定。

二、有毒动、植物鉴定委托事项示例

【示例1】误食曼陀罗中毒。

1. 有毒动、植物鉴定委托事项的表述

××委托××司法鉴定中心对被鉴定人××是否接触有毒动、植物进行鉴定。

2. 基本案情

2019年6月12日××市人民医院接诊了一对因误食曼陀罗导致中毒的母子。12日11时许,一名男子来急诊科,主诉头晕,问诊过程中很快出现了皮肤潮红、低热及躁动、胡言乱语等精神症状,跟中毒情况很相似。随后,男子的母亲也来到医院,两人都是一样的表现。6月13日,急诊科副主任窦××介绍:母子二人6月12日中午一起食用了凉拌菠菜、红薯、腰果等食物,医生怀疑是凉拌菠菜放入发霉杏仁而出现不适,为确定这母子二人是否为食物中毒,急送××司法鉴定中做毒物鉴定。

【示例2】毒蛇咬伤中毒。

1. 有毒动、植物鉴定委托事项的表述

××委托××司法鉴定中心对被鉴定人方××是否接触有毒动、植物进行鉴定。

2. 基本案情

方××为了给儿子治愈脸上的痤疮,搞来3条活蝮蛇泡酒。为了保证药效,方××直接将活蛇放入酒中,之后又抓另一条毒蛇放入酒中,但就在操作过程中,瓶中的毒蛇突然暴起咬中方××的手。蝮蛇是剧毒蛇,毒液中含有血液循环毒素,一旦被咬中,伤口将会出现疼痛感,伤口处还会出现肿胀、血流不止等特

点。幸运的是方××及时赶往医院,注射了蛇毒血清。

三、常见的有毒动、植物

1. 曼陀罗

曼陀罗全草有毒,以果实特别是种子毒性最大,嫩叶次之,干叶的毒性比鲜叶小。曼陀罗中毒,一般在食后半小时,最快 20 分钟出现症状,最迟不超过 3 小时,症状多在 24 小时内消失或基本消失,严重者在 24 小时后出现晕睡、痉挛、发绀,最后晕迷死亡。

曼陀罗的主要有毒成分为莨菪碱、阿托品及东莨菪碱(曼陀罗提取物)等生物碱,它们都是毒蕈碱阻滞剂,竞争毒蕈碱受体,阻断副交感神经的支配作用。阿托品有刺激或抑制中枢神经系统作用,半衰期为 2.5 小时;东莨菪碱(曼陀罗提取物)与阿托品一样是一种颠茄碱,能阻断 M 胆碱受体,对呼吸中枢有兴奋作用,中枢作用以抑制为主,能抑制腺体分泌,对大脑有镇静催眠作用,半衰期为 8 小时。莨菪碱在外围和中枢的作用更强。它被用作胆碱酯酶的解毒剂和类胆碱能附加体,半衰期为 3.5 小时。生物碱的毒性作用主要是对中枢神经先兴奋后抑制,阻断乙酰胆碱反应,人中毒后呈现交感神经高度兴奋状态。它还可刺激大脑细胞和脊髓神经反射系统,使人发生抽搐和痉挛。

曼陀罗含有的莨菪碱有解痉、镇静、镇痛、麻醉的功能。曼陀罗提取物用于治疗心力衰竭、室性心律失常、心绞痛、高血压危象患者,均取得较好的疗效。

2. 蛇毒

蛇毒是毒蛇毒腺分泌出来的一种液体,主要成分是毒性蛋白质,约占干重的 90% ~ 95%。酶类和毒素有二十几种。此外,还含有一些小分子肽、氨基酸、碳水化合物、脂类、核苷、生物胺类及金属离子等。蛇毒成分十分复杂,不同蛇毒的毒性、药理及毒理作用各具特点。蛇毒的种类如下。

(1)血液循环毒素:如蝰蛇、蝮蛇、竹叶青、五步蛇等,造成被咬伤处迅速肿胀、发硬、流血不止、剧痛,皮肤呈紫黑色,常发生皮肤坏死,淋巴结肿大。经 6～8 小时可扩散到头部、颈部、四肢和腰背部。伤者战栗,体温升高,心动加快,呼吸困难,不能站立;鼻出血,尿血,抽搐。如果咬伤后 4 小时内未得到有效治疗,则最后因心力衰竭或休克而死亡。

(2)神经毒素:包括金环蛇、银环蛇等蛇分泌的毒素。咬伤后,局部症状不明显,流血少,红、肿、热、痛轻微。但是伤后数小时内出现急剧的全身症状,患者兴奋不安,痛苦呻吟,全身肌肉颤抖,吐白沫,吞咽困难,呼吸困难,最后卧地不起,全身抽搐,因呼吸肌麻痹而死亡。

(3)混合毒素:眼镜蛇和眼镜王蛇的蛇毒属于混合毒素。局部伤口红、肿、热、痛,可能出现坏死。毒素被吸收后,全身症状严重而复杂,既有神经症状,又有血液循环毒素造成的损害,最后死于窒息或心力衰竭。

(4)细胞毒素:海蛇毒属于细胞毒素。海蛇毒液对人体损害的部位主要是随意肌,而不是神经系统。海蛇咬人无疼痛感,其毒性发作又有一段潜伏期,被海蛇咬伤后30分钟甚至3小时内都没有明显中毒症状,然而这很危险,容易使人麻痹大意。实际上海蛇毒被人体吸收非常快,中毒后最先感到的是肌肉无力、酸痛,眼睑下垂,颈项强直,有点像破伤风的症状,同时心脏和肾脏也会受到严重损伤。被咬伤的人,可能在几小时至几天内死亡。多数海蛇是在受到骚扰时才伤人。

第十五节　细菌及霉菌毒素中毒鉴定委托事项

细菌毒素(bacteriotoxin)是指细菌在代谢过程中产生的内、外毒素及侵袭性酶,与细菌的致病性密切相关。霉菌毒素(mycotoxin)是指霉菌在其污染的食品中产生的有毒代谢产物,它们可通过饲料或食品进入人和动物体内,引起人和动物的急性或慢性毒性,损害机体的肝脏、肾脏、神经组织、造血组织及皮肤组织等。

一、细菌及霉菌毒素中毒鉴定委托事项的表述

××委托××司法鉴定中心对被鉴定人××是否接触细菌及霉菌毒素进行鉴定。

二、细菌及霉菌毒素中毒鉴定委托事项示例

【示例1】细菌性食物中毒。

1. 细菌及霉菌毒素鉴定委托事项的表述

××委托××司法鉴定中心对被鉴定人××是否接触细菌及霉菌毒素进行鉴定。

2. 基本案情

一起细菌污染食品引起的食物中毒:2018 年 9 月 2 日晚××时,在××大学北校区食堂就餐的学生陆续出现恶心、呕吐、腹疼、腹泻、发热等症状,经流行病学筛查,有××人因食物中毒发病。经认定,这次事件为集体食物中毒。

【示例 2】霉菌性食物中毒。

1. 细菌及霉菌毒素鉴定委托事项的表述

××委托××司法鉴定中心对被鉴定人××是否接触细菌及霉菌毒素进行鉴定。

2. 基本案情

××市一居民家中买的湿面条在冰箱里放了 3 天,有一些气味,但老人怕浪费没有扔掉,于是早晨用面条做了个炒面,以为吃了没事,没想到吃过面条1 小时后,一家四口上吐下泻,于是立即前往医院就诊,医生诊断结果为食物中毒。

三、细菌毒素

细菌毒素可以分为 2 种:释放到菌体外的称为菌体外毒素(exotoxin);含在体内的,在菌体破坏后而放出的称为菌体内毒素(endotoxin)。但是在菌体外毒素中,也有通过菌体的破坏而放出体外的,所以这种区分法并不是很严密。菌体外毒素大多是蛋白质,其中有的起着酶的作用。白喉棒状杆菌、破伤风梭菌、肉毒杆菌等的毒素均为菌体外毒素。

四、霉菌毒素

霉菌毒素可在农作物大田收获时形成;在不适宜的贮存条件下,霉菌毒素也可继续在收获后的农作物上形成。较高的湿度通常有利于饲料中霉菌的生长和霉菌毒素的产生。温度是另一个重要的因素。高温和干旱环境下的农作物很容易遭受霉菌孢子的侵害,一旦条件允许,霉菌孢子可产生霉菌毒素,如黄曲霉毒素、赭曲霉毒素等。

霉菌毒素可通过饲料或食品进入人和动物体内,引起人和动物的急性或慢性毒性,损害机体的肝脏、肾脏、神经组织、造血组织及皮肤组织等。

据统计,已知的霉菌毒素有 300 多种,常见的毒素有黄曲霉毒素、玉米赤霉烯酮/F$_2$毒素;赭曲霉毒素、T$_2$毒素;呕吐毒素/脱氧雪腐镰刀菌烯醇;伏马毒素/烟曲霉毒素(包括伏马毒素 B$_1$、伏马毒素 B$_2$、伏马毒素 B$_3$)。

五、杆菌毒素

杆菌毒素是一种属于噬菌毒素的致命性噬菌毒素,专门感染大肠埃希菌。其病毒体内含 DNA,DNA 的组成次序包括线状双股、末端冗余(terminally redundant)及环状排列(circularly permuted),外侧拥有由蛋白质组成的外壳。此外,此病毒中唯一含有磷原子的分子是 DNA。

第十六节 醉酒驾驶鉴定委托事项

醉酒驾驶(醉驾)是指因饮酒而完全丧失或部分丧失个人意志,在这种状态下驾驶机动车的交通违法行为。每百毫升血液乙醇(俗称酒精)含量>20 mg 就算酒后驾驶,≥80 mg 即为醉酒驾驶。考虑到每个人体内代谢能力的不同,如果是一次大量饮酒,至少应等到 24 小时以后再开车。

一、醉酒驾驶鉴定委托事项的表述

××委托××司法鉴定中心对被鉴定人××体内的酒精含量进行鉴定。

二、醉酒驾驶鉴定委托事项示例

【示例】醉酒驾驶鉴定。

1. 醉酒驾驶鉴定委托事项的表述

××委托××司法鉴定中心对被鉴定人××体内的酒精含量进行鉴定。

2. 基本案情

2018 年 11 月 5 日晚,被告人童××喝酒后驾驶二轮摩托车回家,途中与同样酒后驾驶二轮摩托车的马××相撞,造成童××、马××受伤及车辆受损的交通事故。经鉴定,马××送检血样中酒精含量为 123.97 mg/100 mL,童××送检血样中酒精含量为 110.19 mg/100 mL,均属醉酒状态。二人醉驾相碰撞,双双入刑后悔不已。

三、醉酒驾驶鉴定的依据

国家质量监督检验检疫局发布的《车辆驾驶人员血液、呼气酒精含量阈值与检验》(GB 19522—2010)规定:饮酒驾车是指车辆驾驶人员血液中的酒精含量大于或等于 20 mg/100 mL,小于 80 mg/100 mL 的驾驶行为。

醉酒驾车是指车辆驾驶人员血液中的酒精含量大于或等于 80 mg/100 mL 的驾驶行为。

四、醉酒驾驶的处罚

《中华人民共和国道路交通安全法》第九十一条规定:饮酒后驾驶机动车的,处暂扣六个月机动车驾驶证,并处一千元以上二千元以下罚款。因饮酒后驾驶机动车被处罚,再次饮酒后驾驶机动车的,处十日以下拘留,并处一千元以上二千元以下罚款,吊销机动车驾驶证。

醉酒驾驶机动车的,由公安机关交通管理部门约束至酒醒,吊销机动车驾驶证,依法追究刑事责任;五年内不得重新取得机动车驾驶证。

饮酒后驾驶营运机动车的,处十五日拘留,并处五千元罚款,吊销机动车驾驶证,五年内不得重新取得机动车驾驶证。

醉酒驾驶营运机动车的,由公安机关交通管理部门约束至酒醒,吊销机动车驾驶证,依法追究刑事责任;十年内不得重新取得机动车驾驶证,重新取得机动车驾驶证后,不得驾驶营运机动车。

饮酒后或者醉酒驾驶机动车发生重大交通事故,构成犯罪的,依法追究刑事责任,并由公安机关交通管理部门吊销机动车驾驶证,终生不得重新取得机动车驾驶证。

《中华人民共和国刑法》规定:醉酒的人犯罪,应当负刑事责任。行为人明知酒后驾车违法、醉酒驾车会危害公共安全,却无视法律醉酒驾车,特别是在肇事后继续驾车冲撞,造成重大伤亡,说明行为人主观上对持续发生的危害结果持放任态度,具有危害公共安全的故意。对此类醉酒驾车造成重大伤亡的,应依法以危险方法危害公共安全罪定罪。

(刘惠勇　石　杰　姜珊珊　曹　霞　李向伟)

第五章 法医精神病鉴定委托事项

法医精神病鉴定委托事项主要对涉及与法律有关的法定能力（如刑事责任能力、受审能力、刑事服刑能力、民事行为能力、监护能力、性自我防卫能力、作证能力）、精神损伤程度、智力障碍等问题进行鉴定。

第一节 刑事责任能力鉴定委托事项

刑事责任能力是指行为人构成犯罪并承担刑事责任所必需的，行为人具备的刑法意义上辨认和控制自己行为的能力。

一、刑事责任能力鉴定委托事项的表述

××委托××司法鉴定中心对被鉴定人××是否具有刑事责任能力进行鉴定。

二、刑事责任能力鉴定委托事项示例

【示例】刑事责任能力鉴定。

1. 刑事责任能力鉴定委托事项的表述

××委托××司法鉴定中心对被鉴定人李××是否具有刑事责任能力进行鉴定

2. 基本案情

1980 年以来,李××因患精神分裂症,在村中多次随意殴打、辱骂他人,并数次住院治疗。案发前,李××因给被害人朱××递烟被拒,遂对朱××心生不满。2021 年 6 月 10 日 21 时许,李××因琐事与家人发生争吵后外出,并在路边捡拾砖头随身携带。在途中遇到朱××,即与朱××发生争执。李××采用手持砖头击打头部、扼颈方式将朱××杀害,后被公安机关抓获归案。

经鉴定,李××作案时具有限制刑事责任能力。2021 年 7 月 28 日,一审法

院以故意杀人罪判处李××无期徒刑,剥夺政治权利终身。李××未上诉,判决已生效。

三、刑事责任能力的划分

1. 无刑事责任能力

被鉴定人实施危害行为时,经鉴定患有精神病,由于严重的精神活动障碍,不能辨认或者不能控制自己行为的,为无刑事责任能力。

2. 具有刑事责任能力

被鉴定人实施危害行为时,经鉴定属于下列情况之一的,为具有责任能力:一是具有精神病的既往史,但实施危害行为时并无精神异常;二是精神病的间歇期,精神症状已经完全消失。

四、刑事责任能力的制约因素

1. 刑事责任能力的鉴定

在鉴定的实践中,考虑精神病患者犯罪的社会危害程度,不能仅局限于犯罪的客观方面,而应结合其犯罪的主观方面的特征,进行客观的综合性评价。

仅从客观方面来看,精神病患者实施的犯罪多是杀人、伤害、强奸等严重危害社会的犯罪,而且犯罪手段残酷,造成的危害后果严重。但这种严重的社会危害性只是表面现象,其后起支配作用的实际是受紊乱的精神活动制约而有所缺损的意识力和意志力。

这就涉及对精神病患者的刑事责任能力做出认定的问题。要把握刑事责任能力是指行为人在能够正确认识和控制自己行为的基础上,对其所实施的犯罪行为承担刑事责任的能力。

2. 对刑事案件被鉴定人行为能力的鉴定

(1)无诉讼能力:刑事案件的被告人在诉讼过程中,经鉴定患有精神病,致使不能行使诉讼权利的,为无诉讼能力。

(2)无作证能力:控告人、检举人、证人等提供不符合事实的证言,经鉴定患有精神病,致使缺乏对客观事实的理解力或判断力的,为无作证能力。

(3)无自我防卫能力:被鉴定人是女性,经鉴定患有精神病,在她的性不可侵犯权遭到侵害时,对自身所受的侵害或严重后果缺乏实质理解能力的,为无自我防卫能力。

(4)无刑事服刑能力:被鉴定人在服刑、劳动教养或者被裁决受治安处罚中,经鉴定患有精神病,由于严重的精神活动障碍,其无辨认能力或控制能力,为无服刑、受劳动教养能力或者无受处罚能力。

第二节　刑事受审能力鉴定委托事项

刑事受审能力是指刑事被告人参加庭审,接受审判的能力。具体是指刑事被告人能理解自己在诉讼中所处的地位和自己行为在诉讼中的意义,能够行使诉讼权利,并能与辩护人合作为自己进行辩护的能力。

它可分为有受审能力、无受审能力和部分受审能力。部分受审能力是指被告人在某种治疗措施或其他科学措施下具有的受审能力。

一、刑事受审能力鉴定委托事项的表述

××委托××司法鉴定中心对被鉴定人××是否具有刑事受审能力进行鉴定。

二、刑事受审能力鉴定委托事项示例

【示例】刑事受审能力鉴定。

1. 刑事受审能力鉴定委托事项的表述

××委托××司法鉴定中心对被鉴定人马××是否具有刑事受审能力进行鉴定

2. 基本案情

被鉴定人马××于20××年1月28日×时30分至20××年2月26日××时,多次在事主张××位于××县××镇××园南区14-4-×××家门前无故滋事。此案审理期间疑其行为反常,为慎重办案,根据《中华人民共和国刑事诉讼法》第一百四十六条之规定,××局××派出所委托我鉴定中心对马××实施寻衅滋事行为时有无刑事责任能力及目前有无受审能力进行鉴定。

三、刑事受审能力鉴定的依据

1. 完全无刑事责任能力的精神病患者

《中华人民共和国刑法》第十八条第一款规定:"精神病人在不能辨认或者不能控制自己行为的时候造成危害结果,经法定程序鉴定确定的,不负刑事责任,但是应当责令他的家属或者监护人严加看管和医疗;在必要的时候,由

政府强制医疗。"

完全无刑事责任能力的精神病患者判断的基本要点:一是精神病患者是否负刑事责任,关键在于行为时是否具有辨认或者控制自己行为的能力;二是行为时是否有辨认或者控制能力,既不能根据行为人的供述来确定,也不能凭办案人员的主观判断来确定,而是必须经过法定的鉴定程序予以确认;三是对因不具有刑事责任能力不负刑事责任的精神病患者,并不是一概放任不管,而是应当责令他的家属或者监护人严加看管和医疗,必要时也可以由政府强制医疗。

2.完全有刑事责任能力的精神患者

《中华人民共和国刑法》第十八条第二款规定:"间歇性的精神病人在精神正常的时候犯罪,应当负刑事责任。"可见,间歇性精神病患者在精神正常的时候,具有辨认或者控制自己行为的能力,因此应当对自己的犯罪行为负刑事责任。

3.限制刑事责任能力的精神患者

《中华人民共和国刑法》第十八条第三款规定:"尚未完全丧失辨认或者控制自己行为能力的精神病人犯罪的,应当负刑事责任,但是可以从轻或者减轻处罚。"

限制刑事责任能力的精神病患者是介于前两种精神病患者之间的一部分精神病患者。与完全无刑事责任能力精神病患者相比,这种人并未完全丧失辨认和控制自己行为的能力,因此不能像完全无刑事责任能力的精神病患者那样完全不负刑事责任。但是这种人作为精神病患者,其刑事责任能力毕竟又有所减弱,因此对这种人可以从轻或者减轻处罚。

第三节　刑事服刑能力鉴定委托事项

刑事服刑能力是指患有精神病的被鉴定人在服刑、劳动教养或者被裁决受治安处罚中,经司法精神病鉴定,判断其是否具有辨认能力或控制力。经鉴定患有精神病,由于严重的精神活动障碍,被鉴定人无辨认能力或控制能力,为无服刑、无受劳动教养能力或者无受处罚能力。

一、刑事服刑能力鉴定委托事项的表述

××委托××司法鉴定中心对被鉴定人××是否具有刑事服刑能力进行鉴定。

二、刑事服刑能力鉴定委托事项示例

【示例】刑事服刑能力的鉴定。

1. 刑事服刑能力鉴定委托事项的表述

××委托××司法鉴定中心对被鉴定人阿××是否具有刑事服刑能力进行鉴定

2. **基本案情**

罪犯阿××,男,1973 年 7 月 4 日出生,文盲,原户籍所在地××省××县。因贩卖毒品罪于 2008 年 11 月 11 日被××省××县人民法院判处有期徒刑 15 年,剥夺政治权利 4 年。被告人阿××不服,提出上诉。××省××市中级人民法院经二审审理,于 2009 年 1 月 19 日裁定驳回上诉,维持原判。刑期自 2008 年 4 月 30 日起至 2023 年 4 月 29 日止。2009 年 3 月 24 日交付××省××监狱执行刑罚,2009 年 10 月 20 日转入××省××监狱执行刑罚。刑罚执行期间,家属诉阿××有精神病,不具备刑事服刑能力,要求进行司法精神病鉴定。

三、刑事服刑能力的区别

1. **不负刑事责任及不具有刑事服刑能力**

精神病患者在不能辨认或者不能控制自己行为的时候造成危害结果,经法定程序鉴定确认的,不负刑事责任,但是应当责令他的家属或者监护人严加看管和医疗;在必要的时候,由政府强制医疗。

2. **负刑事责任及具有一定的刑事服刑能力**

间歇性的精神病患者在精神正常的时候犯罪,应当负刑事责任。

尚未完全丧失辨认或者控制自己行为能力的精神病患者犯罪的,应当负刑事责任,但是可以从轻或者减轻处罚。

第四节　民事行为能力鉴定委托事项

民事行为能力是指能够以自己的行为依法行使权利和承担义务,从而使法律关系发生、变更或消灭的资格。自然人的行为能力分 3 种情况:有行为能力、限制行为能力、无行为能力。

一、民事行为能力鉴定委托事项的表述

××法院委托××司法鉴定中心对被鉴定人××是否具有民事行为能力进行鉴定。

二、民事行为能力鉴定委托事项示例

【示例1】民事行为能力鉴定。

1. 民事行为能力鉴定委托事项的表述

××法院委托××司法鉴定中心对被鉴定人蔡××是否具有民事行为能力进行鉴定

2. 基本案情

2017年9月26日下午,被鉴定人蔡××在丈夫不知情时,急切通过银行转账方式向××慈善会捐赠家中存款8万元,转账结束后便离家出走未归,后家属经多方艰难找寻,于2017年10月9日才将蔡××从外地找回,随后其丈夫再次将蔡××送当地精神病院就诊,蔡××被诊断患有"精神分裂症"。现其丈夫认为蔡××捐赠时正处于精神病的发病期,属无民事行为能力人,且其无权处置夫妻共同财产,应认定此次捐赠行为无效。因此申请××律师事务所代理向××司法鉴定中心委托进行精神病鉴定,拟对蔡××在本次捐赠时的精神状态及民事行为能力进行司法鉴定。

【示例2】民事行为能力鉴定。

1. 民事行为能力鉴定委托事项的表述

××法院委××司法鉴定中心对被鉴定人陆××是否具有民事行为能力进行鉴定

2. 基本案情

原告陆××,17周岁,在校学生,按其母亲丁××的嘱咐,持外币到被告银行的某储蓄所,并以原告户名在储蓄存款凭条上填写了存期2年,金额1 500美元,然后连同现金交给该所接柜员刘××,刘××将一枚铜牌发给原告,原告即持铜牌等候。当原告听见刘××呼叫自己所持的铜牌号时,便将铜牌交给刘××,刘××将钱款退还原告并告知此款比原告在存款凭条上所填金额少300美元。原告清点后回家告知父母,父母随陆××前往储蓄所交涉,但与刘××未能达成一致。遂诉至法院,要求储蓄所返还300美元。法院申请对陆××是否具有民事行为能力进行鉴定。

三、民事行为能力鉴定的标准

1. 医学标准

行为人必须是精神病患者,精神病患者是因为精神病的作用才实施了《中华人民共和国刑法》所禁止的危害社会的行为的。

2. 心理学标准

导致精神病患者做出危害社会的行为的原因有很多,不一定是单纯的医学上的精神病发作。比如:吵架的刺激、惊吓等因素。在实施危害社会的行为的控制上往往也有很多非医学上的因素,而这些,也必须是判断精神病患者是否具有刑事行为能力时所应该考虑的。

四、民事行为能力鉴定的依据

《中华人民共和国民法典》第二十四条规定:"不能辨认或者不能完全辨认自己行为的成年人,其利害关系人或者有关组织,可以向人民法院申请认定该成年人为无民事行为能力人或者限制民事行为能力人。被人民法院认定为无民事行为能力人或者限制民事行为能力人的,经本人、利害关系人或者有关组织申请,人民法院可以根据其智力、精神健康恢复的状况,认定该成年人恢复为限制民事行为能力人或者完全民事行为能力人。"

《中华人民共和国民事诉讼法》第一百九十五条规定:"人民法院受理申请后,必要时应当对被请求认定为无民事行为能力或者限制民事行为能力的公民进行鉴定。申请人已提供鉴定意见的,应当对鉴定意见进行审查。"

五、民事行为能力鉴定的注意事项

(1)并非所有的精神病患者都是无民事行为能力人,只有不能辨认自己行为的精神病患者才是。

(2)认定公民为无民事行为能力人或限制民事行为能力人,必须经过法定程序。未经过法定认定程序的精神病患者,不能被认定为无民事行为能力人或限制民事行为能力人。

(3)在民事行为能力认定的法定过程中,仍然要另外进行鉴定,而不能以当事人的精神病作为当然的依据。由上可知,不能当然地认定精神病患者就是非完全民事行为能力人。如抑郁症也是精神病的一种,但是抑郁症患者可以辨认自己行为,应当是完全民事行为能力人。

第五节　精神损伤程度鉴定委托事项

精神损伤程度鉴定是以其精神障碍出现与所遭受伤害之间存在的因果联系作为鉴定的基础和前提,鉴定损伤程度时对有关因素进行综合考虑,而不是片面强调某一方面的发现。

一、精神损伤程度鉴定委托事项的表述

××法院委托××司法鉴定中心对被鉴定人××精神损伤程度进行鉴定。

二、精神损伤程度鉴定委托事项示例

【示例1】精神损伤程度等级及误工期、护理期、营养期评定。

1. 精神损伤程度鉴定委托事项的表述

××法院委托××司法鉴定中心对被鉴定人牛××精神损伤程度及误工期、护理期、营养期进行鉴定

2. 基本案情

2008年10月21日,在××省××县,被鉴定人牛××发生交通事故受伤。现××省××县人民法院委托××司法鉴定中心对牛××的精神伤残等级(依据《人体损伤致残程度分级》标准)及误工期、护理期、营养期进行法医学鉴定。

接受鉴定委托后,××司法鉴定中心鉴定人对送检材料进行了文证审查,依据《精神障碍者司法鉴定精神检查规范》(SF/Z JD0104001—2011)对被鉴定人牛××进行精神检查,被鉴定人牛××经住院行相应对症治疗,目前其上述伤情基本稳定,具备进行精神伤残等级鉴定的条件。现在检查见被鉴定人牛××遗有重度智力缺损(偏重)等。

根据《人体损伤致残程度分级》,被鉴定人牛××的重度智力缺损(偏重)符合第5.2.1条第1)款之规定,精神伤残等级为二级。根据被鉴定人牛××的上述损伤特点、实际治疗康复情况及损伤一般预后等因素,参照《人身损害误工期、护理期、营养期评定规范》(GA/T 1193—2014),××司法鉴定中心建议:被鉴定人牛××的伤后误工期、营养期考虑至评残日前一日止为宜,护理期考虑为长期护理,具体请结合本案实际发生情况使用。

【示例2】精神损伤程度鉴定。

1. 精神损伤程度鉴定委托事项的表述

××法院委托××司法鉴定中心对被鉴定人车××精神损伤程度进行鉴定。

2. 基本案情

车××,男,15 岁。据提供的材料悉,被鉴定人车××于 2017 年 10 月 20 日下午 5 时许发生交通事故致头部外伤,后在××县第一人民医院住院治疗。因伤残鉴定的需要,××县公安局交通管理大队事故处理中队委托本所对车××精神状态进行鉴定。

以中华人民共和国司法部司法鉴定管理局发布的《精神障碍者司法鉴定精神检查规范》(SF/Z JD0104001—2011)为司法鉴定操作技术规范,对被鉴定人进行法医精神病学检查。根据《国际疾病和相关健康问题分类第十版(ICD-10):精神与行为障碍分类》《中国精神障碍分类与诊断标准(第三版)》(CCMD-3)进行诊断鉴定。目前的症状和表现符合脑挫裂伤所致精神障碍诊断。鉴定意见:根据材料与检查,被鉴定人车××诊断脑挫裂伤所致精神障碍。

第六节　智力障碍鉴定委托事项

智力障碍是指智力明显落后于同龄正常儿童智力水平(智商低于平均值的 2 个标准差),也就是智商小于 70 的人,同时伴有适应能力缺陷。

一、智力障碍鉴定委托事项的表述

××委托××司法鉴定中心对被鉴定人××是否存在智力障碍进行鉴定。

二、智力障碍鉴定委托事项示例

【示例 1】智力障碍。

1. 智力障碍鉴定委托事项的表述

××法院委托××司法鉴定中心对被鉴定人贺××是否存在智力障碍进行鉴定。

2. 基本案情

贺××,女,28 岁,因交通事故致颅脑损伤(左侧额叶、颞叶脑挫裂伤并脑硬膜下血肿、右侧小脑挫裂伤等),自诉自从车祸受伤以来,目光呆滞,脾气古怪,不愿与他人交流,行动迟缓。检验鉴定时,意识尚清,语言迟钝且被动。申请对其是否存在智力障碍进行鉴定。

【示例2】智力障碍鉴定。

1. 智力障碍鉴定委托事项的表述

××法院委托××司法鉴定中心对被鉴定人陈××是否存在智力障碍进行鉴定。

2. 基本案情

陈××是××区××镇村民,聋哑人,智力发育水平明显低于常人。陈××曾因抢劫罪两次被法院处理。

第一次为2002年12月,检方指控,陈××于××大街过街地下通道内,持事先准备好的木棍,多次击打在通道内露宿的李××,致其颅脑损伤死亡。仅一个多小时后,陈××又来到地下通道内,用木棍击打在通道内露宿的一无名男子头面部数下,致其颅脑损伤死亡。陈××翻找了两名被害人财物后离去。保洁员发现两名被害人后报案,警方于当日将陈××抓获。经法医精神病学鉴定,因陈××智力发育水平低下但实施违法行为时有一定的辨认、控制能力,为限制刑事责任能力,被判刑8年。陈××于2010年12月刑满释放。

第二次为2012年××月11日,陈××又因涉嫌抢劫罪在××市中级人民法院受审,法庭为其配备了一名手语翻译。陈××称,他不认识两名被害人,是因为没钱才去抢劫。"我想喝啤酒,想吃羊肉串,我兜里没有钱。"陈××在公安机关供述,案发当晚不知道几点,他骑自行车看到路边有很多树,树下有护着树的木棍。他捡了一根进入高架桥下的地下通道,打了躺在地上露宿的人,然后拿了他们身上的钱。

陈××父亲称,陈××从小不听话,"说多了就用头撞墙,打咬自己"。从1995年开始,陈××总往外跑,偶尔回家两天。2011—2012年,陈××失踪,经××公安分局通知,父亲才知道陈××被抓到公安局了。

法院审理认为,陈××以非法占有为目的,使用暴力手段劫取他人财物,致两人死亡,犯罪情节特别恶劣,犯罪后果特别严重,已构成抢劫罪。陈××在刑罚执行完毕后5年内,再犯应判处有期徒刑10年以上至无期,系累犯,当从重处罚。

鉴于陈××系聋哑人,实施第二次违法行为时,经法医精神病学鉴定,其受智力障碍影响,辨认、控制能力丧失,为无刑事责任能力,且到案后能如实供述犯罪事实,积极赔偿被害人家属经济损失并取得被害人家属谅解,依法对陈××从轻处罚,不负刑事责任。

三、确定智力障碍(智力低下)者刑事责任的方法

智力障碍如何定刑事责任,如果有智力障碍的行为人是无刑事责任能力人,犯罪者不需要承担刑事责任。如果有智力障碍的行为人是限制刑事责任能力人,则应当承担刑事责任,但是要从轻减轻处罚。

(李向伟　石　杰　刘惠勇　姜珊珊　曹　霞)

第六章　法医物证鉴定委托事项

法医物证鉴定(forensic evidence identification)是指运用免疫学、生物学、生物化学、分子生物学等的理论和方法,利用遗传学标记系统的多态性对生物学检材的种类、种属及个体来源进行鉴定。法医物证鉴定委托事项包括个人识别(生物识别)、亲缘关系或亲子鉴定。法医物证鉴定应用化学法、物理学法、形态学、免疫血清学、生物化学、分子生物学、遗传学技术完成。

第一节　亲缘关系鉴定委托事项

遗传学理论已证实,子女的基因组 DNA 各有一半分别来源于亲生父母一方。亲缘关系鉴定就是依据遗传学的基本原理,采用现代化的 DNA 分型检测技术来综合评判争议个体之间是否存在亲生、隔代或其他血缘关系。

一、亲缘关系鉴定委托事项的表述

××法院委托××司法鉴定中心对被鉴定人××与××是否存在亲缘关系进行鉴定。

二、亲缘关系鉴定委托事项示例

【示例1】生物学祖孙亲缘关系鉴定。

1. 亲缘关系鉴定委托事项的表述

××法院委托××司法鉴定中心对被鉴定人郑××(儿童)与郑××是否存在亲缘关系进行鉴定。

2. 基本案情

被检儿童郑××,女,2 岁,为非婚生子,孩子生父已经去世,孩子生母范××未成年,为了明确孩子的身份并为孩子上户口,特委托××鉴定中心对已去世生父的父母(郑××与方××,即孩子的祖父母)和孩子之间是否存在生物学祖孙关系进行鉴定。

【示例2】生物学叔侄亲缘关系鉴定。

1. 亲缘关系鉴定委托事项的表述

××法院委托××司法鉴定中心对被鉴定人江××与刘××是否存在亲缘关系进行鉴定。

2. 基本案情

江××,男,10岁,自幼随父母流浪在外,其生父已过世,因回故乡认亲,特委托本中心对已过世生父的兄弟(刘××,即孩子的叔叔)和孩子之间是否存在叔侄亲缘关系进行鉴定。

三、亲缘关系鉴定的分类

1. 常规的亲生血缘关系鉴定

常规的亲生血缘关系鉴定包括父母子三方(又称为三联体)、父子(或母子)双方(又称为二联体)的亲权鉴定。这类鉴定的准确率可以达到99.999999%。

2. 隔代亲缘关系鉴定

隔代亲缘关系鉴定是指确认曾祖父母、祖父母与曾孙子(曾孙女)、孙子(孙女)之间的亲缘关系。还包括单纯的父系亲缘关系鉴定(如要确认曾祖父、祖父与曾孙子、孙子之间的亲缘关系),以及单纯的母系亲缘关系鉴定(如要确认曾祖母、外祖母与曾外孙女、外孙女之间的亲缘关系)。

3. 疑难的亲缘关系鉴定

疑难的亲缘关系鉴定是指除上述两类外,还有一些比较疑难的亲缘关系鉴定,如父母皆疑(无)的同胞(兄弟、兄妹、姐弟、姐妹)、表兄妹关系的鉴定,叔侄之间、姨和外甥女之间、舅舅与外甥(外甥女)之间的亲缘关系鉴定等。

四、亲缘关系鉴定的司法作用

1. 确认生物学亲缘关系

通常亲缘关系鉴定,适用于认子(亲)相关的家族亲缘关系鉴定,如失散多年的父子、母子、兄弟姐妹等的认亲,这对于满足相关家庭的亲情需求起着至关重要的作用。

2. 其他司法实践中的应用

（1）户口申报中亲生血缘关系鉴定。

（2）离婚、财产继承案中的亲生血缘关系鉴定。

（3）婴儿错抱案、拐卖儿童案中身份的鉴定。

（4）移民案中有关人员的亲缘关系鉴定。

（5）强奸致孕案中确定胎儿的亲生父亲。

（6）其他一些需要确认争议个体间亲缘关系的鉴定，如同胞关系鉴定。

第二节　个体识别鉴定委托事项

个体识别是指通过对生物学检材的遗传标记检验，判断前后两次或多次出现的生物学检材是否属于同一个体的认识过程。DNA 包含着一个人所有的遗传信息，与生俱有，并终身保持不变。这种遗传信息蕴含在人体的毛发、骨骼、血液、唾液等所有人体组织或器官中。人类的基因组在个体上显示出极大的多样性，对每个个体的 DNA 进行鉴定，可以达到对个体的直接确认。

一、个体识别鉴定委托事项的表述

××法院委托××司法鉴定中心对××（如血液、毛发等）检材 A 与检材 B 是否为同一个体进行鉴定。

二、个体识别鉴定委托事项示例

【示例】对炭化尸块进行个体识别鉴定。

1. 个体识别鉴定委托事项的表述

××法院委托××司法鉴定中心对炭化尸块进行个体识别鉴定。

2. 基本案情

2018 年 4 月 23 日 20 时许，吴××因与村民李××发生感情纠纷，激动之余用菜刀将李××砍伤。在村民将李××送往医院抢救过程中，有人发现李××家起火。次日早晨，村民在李××家残砾中发现一具大部分被烧成骨灰的残骸，技术员仅能从其骨骼外形上辨识为人体骨骼，现场提取严重炭化的 48 cm×35 cm 的右侧髋关节，股骨两端均已烧坏，为确定死者身份，委托××司法鉴定中心对炭化尸块进行个体识别鉴定。

三、个体识别鉴定的方法

1. 基本方法

通过检测两份生物检材的遗传标记,来判断它们是否来源于同一个体。

(1)标准样本:口腔黏膜细胞(口腔拭子)。其他样本:全血、血痕、毛发、牙刷、人体组织等。

(2)技术:常规检测20个常染色体基因座信息,可从样本采集到DNA序列分析,全程使用进口试剂、耗材和仪器设备分析,保证检测结果的准确性。

(3)准确性:个体识别率大于99.99999%,个体排除率为100%。

2. 检测原理

在保证受检验的样品组织无突变、结果正确的前提下,若比对图谱的分型结果不同,可以排除两个DNA来自同一个体;如分型相同,则不能排除它们来自同一个体,这有两种可能情况,一种情况是样品来自同一个体,另一种情况是样品来自不同个体,只是所检验的标记分型一致。随着分析的遗传标记的增加,它们的图谱会有所不同,这时就要增加DNA标记,计算联合偶合率,以确认它们是否来自同一个体。

四、个体识别鉴定的技术

1. DNA 指纹技术

每个个体中,谱带的数量和相对位置构成了特定的图谱,由于这些图谱表现出高度的个体特异性,每个人均不相同(同卵双生子除外),就像人类的指纹一样,能够进行个人同一认定,故称之为DNA指纹,也称遗传指纹。分析DNA指纹的方法称为DNA指纹技术。DNA指纹技术具有多位点性、高度特异性和稳定的遗传性等特点。DNA指纹技术在法医学的个体识别及亲子鉴定中有很重要的作用。

2. PCR-STR 技术

基因组DNA中存在着一类串联重复序列,其串联重复单位的数目在人群中存在较大差异,具有高度多态性,称为可变串联重复序列。其中重复单位长度为2~6 bp的重复序列称为微卫星DNA,也叫短串联重复序列(STR)。STR分析技术包括常染色体STR分析技术和性染色体STR分析技术,常染色体PCR-STR分析技术非常成熟,具有高效、快速、灵敏、自动化程度高、能复合扩增等优点,主要用于个体识别和亲缘鉴定。

3. 线粒体 DNA 测序技术

人类细胞内存在两套基因组:一套是细胞核内的基因组,即核 DNA;另一套是位于细胞质线粒体内的基因组,即线粒体 DNA。线粒体 DNA 序列分析从 20 世纪 90 年代中期开始兴起,其出现主要为解决毛干等无核生物组织或者极微量检材的 DNA 鉴定难题。随着荧光测序技术和 DNA 测序仪的问世,线粒体 DNA 测序分析技术得到广泛的推广和应用,使法医 DNA 鉴定的应用范围不断扩大,可以对来自人体的全部生物样品进行检验,尤其适用于毛发和指甲等特殊生物检材的 DNA 分析。检测的灵敏度要比核 DNA 高,适用于微量、陈旧和高度降解的生物检材的鉴定。

五、个体识别鉴定的应用范围

个体识别鉴定应用于以下情况。

(1)在交通事故案中,对于驾驶员的认定。

(2)在交通事故案中,对于受害者的同一认定。

(3)在交通事故案中,肇事车辆上不明来源血迹、残留物的鉴定。

(4)失踪人员的同一认定。

(5)在重大灾难事故中,对遇难者的同一认定。

(6)在刑事案件中,对犯罪嫌疑人的同一认定。

(7)造血干细胞移植前后供体与受体的基因型比对。

(8)在医疗纠纷、骗保案中,石蜡包埋组织块或染色切片等的身源鉴定。

第三节　法医物证鉴定的应用

科学研究已证实,一个人从受精卵的形成开始,他(她)的基因型就已确定并终生不变。因此,根据某个体遗留的生物学物证(如血液、精液、烟头、毛发等),通过 DNA 分型检测、比对和相应的理论计算,可以得出这些生物学物证是来自这个人的可能性有多大。法医物证鉴定的应用范围如下。

一、活体检查确定身份

活体检查,如因年幼失散、拐骗敲诈或追捕罪犯等也要进行个人识别,以确定身份。

二、亲子鉴定确定亲缘关系

亲子鉴定是指应用医学和生物学的理论和技术,通过对遗传特征的检验来判断所称父母与子女是否有亲缘关系。

三、尸体确认个人识别

尸体确认,如交通事故的遇难者、路上突然死亡者或无名尸体、凶杀后移尸案件、碎尸或尸体毁容案件、江湖河海的浮尸、车船及飞机失事导致多人伤亡、执行死刑时验明正身等都需要进行个人识别。

（石　杰　刘惠勇　曹　霞　李向伟）

第七章　法医鉴定委托事项表述规范指南及法医鉴定委托书(函)

第一节　法医鉴定委托事项表述规范指南
(建议标准)

1　范围

本文件规定了法医鉴定中委托事项表述的定义、分类、表述原则、表述要点及法医鉴定委托事项的规范性表述。

本文件适用于法医鉴定中法医临床、法医病理、法医毒物分析、法医物证、法医精神病鉴定委托事项表述的应用。

2　规范性引用文件

下列文件中的内容通过文中的规范引用而构成本文件不可少的条款。其中注日期的引用文件,仅该日期对应的版本适用于本文件;不注日期的文件,其最新版本适用于本文件。

GB 18667—2002　道路交通事故受伤人员伤残评定

GB/T 16180—2014　劳动能力鉴定职工工伤与职业病致残等级

GB/T 26341—2010　残疾人残疾分类和分级

GA/T 1193—2014　人身损害误工期、护理期、营养期评定规范

GA/T 800—2008　人身损害护理依赖程度评定

SF/T 0095—2021　人身损害与疾病因果关系判定指南

3　术语和定义

下列术语和定义适用于本文件。

3.1　法医鉴定委托事项　matters entrusted for forensic authentication

司法部门或行政主体部门因人身伤害或案件处理需要,委托法医鉴定并

给出结论(鉴定意见)的诉求或要求。

3.2 法医临床鉴定 forensic clinical identification

运用法医临床学的理论和技术,对涉及与法律有关的医学问题的活体进行鉴定,提供涉及法律诉讼相关的临床医学专业意见。

3.3 法医病理鉴定 forensic pathological identification

法医病理鉴定是指运用法医病理学的理论和技术,通过尸体外表检查、尸体解剖检验、组织切片观察、毒物分析和书证审查等,对涉及与法律有关的医学问题进行鉴定或推断。

3.4 法医毒物鉴定 forensic toxins identification

法医毒物鉴定是指运用法医毒物学的理论和方法,结合现代仪器分析技术,对体内外未知毒(药)物、毒品及代谢物进行定性、定量分析,并通过对毒物毒性、中毒机制、代谢功能的分析,结合中毒表现、尸检所见,综合做出毒(药)物中毒的鉴定。

3.5 法医物证鉴定 identification of forensic material evidence

法医物证鉴定指运用免疫学、生物学、生物化学、分子生物学等的理论和方法,利用遗传学标记系统的多态性对生物学检材的种类、种属及个体来源进行鉴定。

3.6 法医精神病鉴定 forensic psychiatric expertise

法医精神病鉴定又称为司法精神病学(forensic psychiatry)鉴定,指对涉及与刑事、民事和刑事诉讼、民事诉讼有关的精神病问题进行鉴定。其主要任务是对涉及法律问题又患有或被怀疑患有精神病的当事人进行司法精神病学鉴定,为司法部门和法庭提供专家证词和审理案件的医学依据。

3.7 误工期、护理期、营养期评定 identification of loss of working time, nursing period, vegetative period

误工期、护理期、营养期评定(简称三期评定)是指法医鉴定人应用法医临床知识对误工期、护理期、营养期做出判定并给出具体的鉴定意见。

3.8 护理依赖程度鉴定 identification of nursing dependency

护理依赖程度鉴定是指法医鉴定人对人身损害躯体伤残者和精神障碍者,日常生活是否需要护理依赖及其程度的鉴定。

3.9 伤残等级鉴定 disability level identification

伤残等级鉴定是指法医鉴定人对人身伤害的伤残程度的等级进行鉴定。

伤残等级是指一个人的伤残程度,是根据伤残的严重程度来判定。伤残等级分为一级到十级伤残,一级最重。

3.10　人体损害(损伤)与疾病关系鉴定　evaluation of the relationship between human injury and disease

人身损害(损伤)与疾病关系的鉴定,按因果关系类型,按照损害在疾病中的原因力大小,分为完全作用、主要作用、同等作用、次要作用、轻微作用和没有作用六种类型。

3.11　诈病(伤)及造作病(伤)鉴定　identification of fraudulent disease (injury) and artificial disease(injury)

诈病(伤)及造作病(伤)鉴定是指采用法医临床学的理论与技术,对诈称(夸大)损伤、诈称(夸大)疾病及人为造成的身体损伤进行鉴定。

3.12　医疗终结　medical termination or termination of treatment

医疗终结是指医疗机构或医生对患者或伤残者诊断治疗的全过程的结束,包括病情检查、确诊、药物治疗、手术治疗等医疗措施的结束。

4　法医鉴定委托事项分类

按法医学科类别,法医鉴定委托事项分为:法医临床鉴定委托事项、法医病理鉴定委托事项、法医毒物鉴定委托事项、法医物证鉴定委托事项、法医精神病鉴定委托事项。

5　法医鉴定委托事项表述要求

5.1　表述原则

5.1.1　全面了解案情

在客观条件允许条件下,对被鉴定人受伤的原因、方式、致伤物、致伤时间、治疗过程,实验室检查、辅助检查过程全面了解。

5.1.2　了解当事人诉求

司法部门或主体部门委托事项表述前,与当事人或亲属沟通,了解当事人的诉求,选择符合法律规定法医鉴定机构。

5.1.3　确定法医鉴定范围

司法部门按司法要求选择符合规定的法医鉴定机构后,及时与其沟通确定法医鉴定的范围和委托事项。

5.2　委托事项表述的要点

5.2.1　写明委托单位全称

5.2.2　写明被委托单位全称

5.2.3　写明被鉴定人(或检材)姓名(或检材名称)

5.2.4　写明鉴定的原因

5.2.5　写明鉴定的目的或诉求

示例:××法院委托××司法鉴定中心对被鉴定人××因交通事故导致人身伤害进行人体损伤程度鉴定。

6　法医临床鉴定委托事项的表述

6.1　法医临床鉴定委托事项的表述主要涉及法医临床鉴定的业务范围

6.1.1　人体损伤程度鉴定委托事项的表述

示例:××法院委托××司法鉴定中心对被鉴定人××因与他人发生肢体冲突导致人身伤害进行人体损伤程度鉴定。

6.1.2　误工期、护理期、营养期评定委托事项的表述

示例:××保险公司委托××司法鉴定中心对被鉴定人××因交通事故导致人身损伤进行治疗期间的误工期、护理期、营养期评定。

6.1.3　人身保险伤残鉴定委托事项的表述

示例:××保险公司委托××司法鉴定中心对被鉴定人××因交通事故导致人身损伤进行人身保险伤残鉴定。

6.1.4　人体损害(损伤)与疾病关系鉴定委托事项的表述

示例:××保险公司委托××司法鉴定中心对被鉴定人××因交通事故导致人身损伤与自身基础疾病的关系进行鉴定。

6.1.5　道路交通事故受伤人员伤残等级鉴定委托事项的表述

示例:××保险公司委托××司法鉴定中心对被鉴定人××因交通事故导致人身损伤进行伤残等级鉴定。

6.1.6　劳动能力鉴定委托事项的表述

示例:××有限公司委托××司法鉴定中心对被鉴定人××工作期间的人身损伤进行劳动能力鉴定。

6.1.7　活体年龄鉴定委托事项的表述

示例:××法院委托××司法鉴定中心因办案需要对被鉴定人××的活体年龄进行鉴定。

6.1.8　性功能鉴定委托事项的表述

示例:××法院委托××司法鉴定中心因办案需要对被鉴定人××的性功能进行鉴定。

6.1.9　医疗纠纷鉴定委托事项表述

示例:××医院委托××司法鉴定中心对被鉴定人××与医院在诊疗过程发生矛盾,因调解(或申述)需要,申请对医院在诊疗过程是否存在医疗差错进行鉴定。

6.1.10　诈病(伤)及造作病(伤)鉴定委托事项的表述

示例:××法院委托××司法鉴定中心对被鉴定人××是否存在诈病(伤)及造作病(伤)进行鉴定。

6.1.11　致伤物和致伤方式推断委托事项的表述

示例:××法院委托××司法鉴定中心对被鉴定人××体表损伤的致伤物和致伤方式进行鉴定。

6.1.12　合理医疗费鉴定委托事项的表述

示例:××保险公司委托××司法鉴定中心对被鉴定人××因交通事故受伤住院期间合理医疗费进行鉴定。

6.1.13　医疗终结时间鉴定委托事项的表述

示例:××保险公司委托××司法鉴定中心对被鉴定人××因交通事故受伤的医疗终结时间进行鉴定。

6.1.14　后续治疗费鉴定委托事项的表述

示例:××保险公司委托××司法鉴定中心对被鉴定人××因交通事故受伤医疗已终结的后续治疗费进行鉴定。

6.1.15　伤残辅助器具费鉴定委托事项的表述

示例:××保险公司委托××司法鉴定中心对被鉴定人××进行伤残辅助器具费鉴定。

6.1.16　护理依赖程度鉴定委托事项的表述

示例:××保险公司委托××司法鉴定中心对被鉴定人××进行护理依赖程度鉴定。

6.1.17　伤残等级鉴定委托事项的表述

示例1:××保险公司委托××司法鉴定中心对被鉴定人××按照《道路交通事故受伤人员伤残评定》(GB 18667—2002)进行鉴定。

示例2:××法院委托××司法鉴定中心对被鉴定人××按照《劳动能力鉴定职工工伤与职业病致残等级》(GB/T 16180—2014)进行鉴定。

示例3:××保险公司委托××司法鉴定中心对被鉴定人××按照《残疾人残疾分类和分级》(GB/T 26341—2010)进行鉴定。

示例4:××法院委托××司法鉴定中心对被鉴定人××按照《人体损伤致残程度分级》进行鉴定。

6.1.18　人体损伤致残程度分级鉴定委托事项的表述

示例:××法院委托××司法鉴定中心对被鉴定人××的损伤进行人体损伤致残程度分级鉴定。

6.2　委托单位填写法医临床鉴定委托事项时,其规范表述要提前与被委托鉴定机构沟通。

7　法医病理鉴定委托事项的表述

7.1　法医病理鉴定委托事项的表述主要涉及法医病理鉴定的业务范围

7.1.1　死亡原因鉴定委托事项的表述

　　示例:××法院委托××司法鉴定中心对被鉴定人××的死亡原因进行鉴定。

7.1.2　死亡方式鉴定委托事项的表述

　　示例:××法院委托××司法鉴定中心对被鉴定人××的死亡方式进行鉴定。

7.1.3　死亡时间推断委托事项的表述

　　示例:××法院委托××司法鉴定中心对被鉴定人××的死亡时间进行推断。

7.1.4　致死致伤物体认定委托事项的表述

　　示例1:××法院委托××司法鉴定中心对造成被鉴定人××死亡的致死物体进行认定。

　　示例2:××法院委托××司法鉴定中心对造成被鉴定人××死亡的致伤物体进行认定。

7.1.5　生前伤与死后伤鉴定委托事项的表述

　　示例:××法院委托××司法鉴定中心对被鉴定人××的人体损伤进行生前伤与死后伤鉴定。

7.2　委托单位填写法医病理鉴定委托事项时,其规范表述要提前与被委托鉴定机构沟通。

8　法医毒物鉴定委托事项的表述

8.1　法医毒物鉴定委托事项的表述主要涉及法医毒物鉴定的业务范围

8.1.1　气体毒物鉴定委托事项的表述

　　示例:××法院委托××司法鉴定中心对被鉴定人××是否接触气体毒物导致中毒进行鉴定。

8.1.2　挥发性毒物鉴定委托事项的表述

　　示例:××法院委托××司法鉴定中心对被鉴定人××是否接触挥发性毒物导致中毒进行鉴定。

8.1.3　合成药毒物鉴定委托事项的表述

　　示例:××法院委托××司法鉴定中心对被鉴定人××是否接触合成药毒物导致中毒进行鉴定。

8.1.4 天然药毒物鉴定委托事项的表述

示例:××法院委托××司法鉴定中心对被鉴定人××是否接触天然药毒物导致中毒进行鉴定。

8.1.5 毒品鉴定委托事项的表述

示例:××法院委托××司法鉴定中心对被鉴定人××是否接触毒品导致中毒进行鉴定。

8.1.6 易制毒化学品鉴定委托事项的表述

示例:××法院委托××司法鉴定中心对被鉴定人××是否接触易制毒化学品导致中毒进行鉴定。

8.1.7 杀虫剂鉴定委托事项的表述

示例:××法院委托××司法鉴定中心对被鉴定人××是否接触杀虫剂导致中毒进行鉴定。

8.1.8 金属毒物鉴定委托事项的表述

示例:××法院委托××司法鉴定中心对被鉴定人××是否接触金属毒物导致中毒进行鉴定。

8.1.9 水溶性无机毒物鉴定委托事项的表述

示例:××法院委托××司法鉴定中心对被鉴定人××是否接触水溶性无机毒物导致中毒进行鉴定。

8.1.10 腐蚀性毒物鉴定委托事项的表述

示例:××法院委托××司法鉴定中心对被鉴定人××是否接触腐蚀性毒物导致中毒进行鉴定。

8.1.11 毁坏性毒物鉴定委托事项的表述

示例:××法院委托××司法鉴定中心对被鉴定人××是否接触毁坏性毒物导致中毒进行鉴定。

8.1.12 功能障碍性毒物鉴定委托事项的表述

示例:××法院委托××司法鉴定中心对被鉴定人××是否接触功能障碍性毒物导致中毒进行鉴定。

8.1.13 农药鉴定委托事项的表述

示例:××法院委托××司法鉴定中心对被鉴定人××是否接触农药导致中毒进行鉴定。

8.1.14 有毒动、植物鉴定委托事项的表述

示例:××法院委托××司法鉴定中心对被鉴定人××是否接触有毒动、植物导致中毒进行鉴定。

8.1.15　细菌及霉菌毒素鉴定委托事项的表述

示例:××法院委托××司法鉴定中心对被鉴定人××是否接触细菌及霉菌毒素导致中毒进行鉴定。

8.1.16　酒后驾驶与醉酒驾驶鉴定委托事项的表述

示例:××法院委托××司法鉴定中心对被鉴定人××进行体内乙醇浓度鉴定。

8.2　委托单位填写法医毒物鉴定委托事项时,其规范表述要提前与被委托鉴定机构沟通。

9　法医物证鉴定委托事项的表述

9.1　法医物证鉴定委托事项的表述主要涉及法医物证鉴定的业务范围

9.1.1　亲缘关系鉴定委托事项的表述

示例:××法院委托××司法鉴定中心对被鉴定人××与××是否存在亲缘关系进行鉴定。

9.1.2　个体识别鉴定委托事项的表述

示例:××法院委托××司法鉴定中心对被鉴定人××进行个体识别鉴定。

9.1.3　种属鉴定委托事项的表述

示例:××法院委托××司法鉴定中心对××检材进行种属鉴定。

9.2　委托单位填写法医物证鉴定委托事项时,其规范表述要提前与被委托鉴定机构沟通。

10　法医精神病鉴定委托事项的表述

10.1　法医精神病鉴定委托事项的表述主要涉及法医精神病鉴定的业务范围

10.1.1　刑事责任能力鉴定委托事项的表述

示例:××法院委托××司法鉴定中心对被鉴定人××是否存在精神障碍及刑事责任能力进行鉴定。

10.1.2　刑事受审能力鉴定委托事项的表述

示例:××法院委托××司法鉴定中心对被鉴定人××是否存在精神障碍及受审能力进行鉴定。

10.1.3　刑事服刑能力鉴定委托事项的表述

示例1:××法院委托××司法鉴定中心对被鉴定人××是否存在精神障碍及刑事服刑能力进行鉴定。

示例2:××法院委托××司法鉴定中心对被鉴定人××是否具有刑事服刑能力进行鉴定。

10.1.4　民事行为能力鉴定委托事项的表述

示例:××法院委托××司法鉴定中心对被鉴定人××是否具有民事行为能力进行鉴定。

10.1.5　精神损伤程度鉴定委托事项的表述

示例:××法院委托××司法鉴定中心对被鉴定人××因外伤(或疾病)导致的精神损伤程度进行鉴定。

10.1.6　智力障碍鉴定委托事项的表述

示例:××法院委托××司法鉴定中心对被鉴定人××是否存在智力障碍进行鉴定。

10.2　委托单位填写法医精神病鉴定委托事项时,其规范表述要提前与被委托鉴定机构沟通。

第二节　法医鉴定委托书(函)
(建议格式)

法医鉴定委托书(函)主要包括委托单位、委托时间、送检人和联系方式、被委托鉴定机构名称、案件名称、被鉴定人基本情况、基本案情、委托鉴定事项、送鉴材料等。

法医鉴定委托书(函)

委托单位					委托时间	
送检人	姓名		职务		证件名称及号码	
	姓名		职务		证件名称及号码	
	通信地址				邮政编码	
	联系电话				传真号码	
被委托鉴定机构名称						
案件名称					案件编号	
被鉴定人情况	姓名		性别		年龄		联系方式	
	单位					住址	

续表

基本案情	
委托鉴定事项	
送鉴材料	
委托鉴定机构	（盖章）负责人　　　　　　　　　　　　　　年　　月　　日

（邵同先　刘惠勇　石　杰　马会民　姜珊珊　曹　霞　李向伟）

附　录

附录一　人体损伤程度鉴定标准

（最高人民法院、最高人民检察院、公安部、国家安全部、司法部 2013 年 8 月 30 日发布）

1　范围

本标准规定了人体损伤程度鉴定的原则、方法、内容和等级划分。

本标准适用于《中华人民共和国刑法》及其他法律、法规所涉及的人体损伤程度鉴定。

2　规范性引用文件

下列文件对于本文件的应用是必不可少的。本标准引用文件的最新版本适用于本标准。

GB 18667 道路交通事故受伤人员伤残评定

GB/T 16180 劳动能力鉴定　职工工伤与职业病致残等级

GB/T 26341—2010 残疾人残疾分类和分级

3　术语和定义

3.1　重伤

使人肢体残废、毁人容貌、丧失听觉、丧失视觉、丧失其他器官功能或者其他对于人身健康有重大伤害的损伤,包括重伤一级和重伤二级。

3.2　轻伤

使人肢体或者容貌损害,听觉、视觉或者其他器官功能部分障碍或者其他对于人身健康有中度伤害的损伤,包括轻伤一级和轻伤二级。

3.3　轻微伤

各种致伤因素所致的原发性损伤,造成组织器官结构轻微损害或者轻微功能障碍。

4 总则

4.1 鉴定原则

4.1.1 遵循实事求是的原则,坚持以致伤因素对人体直接造成的原发性损伤及由损伤引起的并发症或者后遗症为依据,全面分析,综合鉴定。

4.1.2 对于以原发性损伤及其并发症作为鉴定依据的,鉴定时应以损伤当时伤情为主,损伤的后果为辅,综合鉴定。

4.1.3 对于以容貌损害或者组织器官功能障碍作为鉴定依据的,鉴定时应以损伤的后果为主,损伤当时伤情为辅,综合鉴定。

4.2 鉴定时机

4.2.1 以原发性损伤为主要鉴定依据的,伤后即可进行鉴定;以损伤所致的并发症为主要鉴定依据的,在伤情稳定后进行鉴定。

4.2.2 以容貌损害或者组织器官功能障碍为主要鉴定依据的,在损伤90日后进行鉴定;在特殊情况下可以根据原发性损伤及其并发症出具鉴定意见,但须对有可能出现的后遗症加以说明,必要时应进行复检并予以补充鉴定。

4.2.3 疑难、复杂的损伤,在临床治疗终结或者伤情稳定后进行鉴定。

4.3 伤病关系处理原则

4.3.1 损伤为主要作用的,既往伤/病为次要或者轻微作用的,应依据本标准相应条款进行鉴定。

4.3.2 损伤与既往伤/病共同作用的,即二者作用相当的,应依据本标准相应条款适度降低损伤程度等级,即等级为重伤一级和重伤二级的,可视具体情况鉴定为轻伤一级或者轻伤二级,等级为轻伤一级和轻伤二级的,均鉴定为轻微伤。

4.3.3 既往伤/病为主要作用的,即损伤为次要或者轻微作用的,不宜进行损伤程度鉴定,只说明因果关系。

5 损伤程度分级

5.1 颅脑、脊髓损伤

5.1.1 重伤一级

　　a)植物生存状态。

　　b)四肢瘫(三肢以上肌力3级以下)。

　　c)偏瘫、截瘫(肌力2级以下),伴大便、小便失禁。

　　d)非肢体瘫的运动障碍(重度)。

　　e)重度智能减退或者器质性精神障碍,生活完全不能自理。

5.1.2 重伤二级

　　a)头皮缺损面积累计75.0 cm²以上。

　　b)开放性颅骨骨折伴硬脑膜破裂。

　　c)颅骨凹陷性或者粉碎性骨折,出现脑受压症状和体征,须手术治疗。

d)颅底骨折,伴脑脊液漏持续 4 周以上。

e)颅底骨折,伴面神经或者听神经损伤引起相应神经功能障碍。

f)外伤性蛛网膜下腔出血,伴神经系统症状和体征。

g)脑挫(裂)伤,伴神经系统症状和体征。

h)颅内出血,伴脑受压症状和体征。

i)外伤性脑梗死,伴神经系统症状和体征。

j)外伤性脑脓肿。

k)外伤性脑动脉瘤,须手术治疗。

l)外伤性迟发性癫痫。

m)外伤性脑积水,须手术治疗。

n)外伤性颈动脉海绵窦瘘。

o)外伤性下丘脑综合征。

p)外伤性尿崩症。

q)单肢瘫(肌力 3 级以下)。

r)脊髓损伤致重度肛门失禁或者重度排尿障碍。

5.1.3 轻伤一级

a)头皮创口或者瘢痕长度累计 20.0 cm 以上。

b)头皮撕脱伤面积累计 50.0 cm² 以上;头皮缺损面积累计 24.0 cm² 以上。

c)颅骨凹陷性或者粉碎性骨折。

d)颅底骨折伴脑脊液漏。

e)脑挫(裂)伤;颅内出血;慢性颅内血肿;外伤性硬脑膜下积液。

f)外伤性脑积水;外伤性颅内动脉瘤;外伤性脑梗死;外伤性颅内低压综合征。

g)脊髓损伤致排便或者排尿功能障碍(轻度)。

h)脊髓挫裂伤。

5.1.4 轻伤二级

a)头皮创口或者瘢痕长度累计 8.0 cm 以上。

b)头皮撕脱伤面积累计 20.0 cm² 以上;头皮缺损面积累计 10.0 cm² 以上。

c)帽状腱膜下血肿范围 50.0 cm² 以上。

d)颅骨骨折。

e)外伤性蛛网膜下腔出血。

f)脑神经损伤引起相应神经功能障碍。

5.1.5 轻微伤

a)头部外伤后伴有神经症状。

b)头皮擦伤面积 5.0 cm² 以上;头皮挫伤;头皮下血肿。

c)头皮创口或者瘢痕。

5.2 面部、耳廓损伤

5.2.1 重伤一级

a) 容貌毁损(重度)。

5.2.2 重伤二级

a) 面部条状瘢痕(50%以上位于中心区),单条长度10.0 cm以上,或者两条以上长度累计15.0 cm以上。

b) 面部块状瘢痕(50%以上位于中心区),单块面积6.0 cm²以上,或者两块以上面积累计10.0 cm²以上。

c) 面部片状细小瘢痕或者显著色素异常,面积累计达面部30%。

d) 一侧眼球萎缩或者缺失。

e) 眼睑缺失相当于一侧上眼睑1/2以上。

f) 一侧眼睑重度外翻或者双侧眼睑中度外翻。

g) 一侧上睑下垂完全覆盖瞳孔。

h) 一侧眼眶骨折致眼球内陷0.5 cm以上。

i) 一侧鼻泪管和内眦韧带断裂。

j) 鼻部离断或者缺损30%以上。

k) 耳廓离断、缺损或者挛缩畸形累计相当于一侧耳廓面积50%以上。

l) 口唇离断或者缺损致牙齿外露3枚以上。

m) 舌体离断或者缺损达舌系带。

n) 牙齿脱落或者牙折共7枚以上。

o) 损伤致张口困难Ⅲ度。

p) 面神经损伤致一侧面肌大部分瘫痪,遗留眼睑闭合不全和口角歪斜。

q) 容貌毁损(轻度)。

5.2.3 轻伤一级

a) 面部单个创口或瘢痕长度6.0 cm以上;多个创口或者瘢痕长度累计10.0 cm以上。

b) 面部块状瘢痕,单块面积4.0 cm²以上;多块面积累计7.0 cm²以上。

c) 面部片状细小瘢痕或者明显色素异常,面积累计30.0 cm²以上。

d) 眼睑缺失相当于一侧上眼睑1/4以上。

e) 一侧眼睑中度外翻;双侧眼睑轻度外翻。

f) 一侧上眼睑下垂覆盖瞳孔超过1/2。

g) 两处以上不同眶壁骨折;一侧眶壁骨折致眼球内陷0.2 cm以上。

h) 双侧泪器损伤伴溢泪。

i) 一侧鼻泪管断裂;一侧内眦韧带断裂。

j) 耳廓离断、缺损或者挛缩畸形累计相当于一侧耳廓面积30%以上。

k) 鼻部离断或者缺损15%以上。

l)口唇离断或者缺损致牙齿外露 1 枚以上。

m)牙齿脱落或者牙折共 4 枚以上。

n)损伤致张口困难Ⅱ度。

o)腮腺总导管完全断裂。

p)面神经损伤致一侧面肌部分瘫痪,遗留眼睑闭合不全或者口角歪斜。

5.2.4　轻伤二级

a)面部单个创口或者瘢痕长度 4.5 cm 以上;多个创口或者瘢痕长度累计 6.0 cm 以上。

b)面颊穿透创,皮肤创口或者瘢痕长度 1.0 cm 以上。

c)口唇全层裂创,皮肤创口或者瘢痕长度 1.0 cm 以上。

d)面部块状瘢痕,单块面积 3.0 cm² 以上或多块面积累计 5.0 cm² 以上。

e)面部片状细小瘢痕或者色素异常,面积累计 8.0 cm² 以上。

f)眶壁骨折(单纯眶内壁骨折除外)。

g)眼睑缺损。

h)一侧眼睑轻度外翻。

i)一侧上眼睑下垂覆盖瞳孔。

j)一侧眼睑闭合不全。

k)一侧泪器损伤伴溢泪。

l)耳廓创口或者瘢痕长度累计 6.0 cm 以上。

m)耳廓离断、缺损或者挛缩畸形累计相当于一侧耳廓面积 15% 以上。

n)鼻尖或者一侧鼻翼缺损。

o)鼻骨粉碎性骨折;双侧鼻骨骨折;鼻骨骨折合并上颌骨额突骨折;鼻骨骨折合并鼻中隔骨折;双侧上颌骨额突骨折。

p)舌缺损。

q)牙齿脱落或者牙折 2 枚以上。

r)腮腺、颌下腺或者舌下腺实质性损伤。

s)损伤致张口困难Ⅰ度。

t)颌骨骨折(牙槽突骨折及一侧上颌骨额突骨折除外)。

u)颧骨骨折。

5.2.5　轻微伤

a)面部软组织创。

b)面部损伤留有瘢痕或者色素改变。

c)面部皮肤擦伤,面积 2.0 cm² 以上;面部软组织挫伤;面部划伤 4.0 cm 以上。

d)眶内壁骨折。

e)眼部挫伤;眼部外伤后影响外观。

f)耳廓创。

g) 鼻骨骨折;鼻出血。

h) 上颌骨额突骨折。

i) 口腔黏膜破损;舌损伤。

j) 牙齿脱落或者缺损;牙槽突骨折;牙齿松动2枚以上或者Ⅲ度松动1枚以上。

5.3 听器听力损伤

5.3.1 重伤一级

a) 双耳听力障碍(≥91 dB HL)。

5.3.2 重伤二级

a) 一耳听力障碍(≥91 dB HL)。

b) 一耳听力障碍(≥81 dB HL),另一耳听力障碍(≥41 dB HL)。

c) 一耳听力障碍(≥81 dB HL),伴同侧前庭平衡功能障碍。

d) 双耳听力障碍(≥61 dB HL)。

e) 双侧前庭平衡功能丧失,睁眼行走困难,不能并足站立。

5.3.3 轻伤一级

a) 双耳听力障碍(≥41 dB HL)。

b) 双耳外耳道闭锁。

5.3.4 轻伤二级

a) 外伤性鼓膜穿孔6周不能自行愈合。

b) 听骨骨折或者脱位;听骨链固定。

c) 一耳听力障碍(≥41 dB HL)。

d) 一侧前庭平衡功能障碍,伴同侧听力减退。

e) 一耳外耳道横截面1/2以上狭窄。

5.3.5 轻微伤

a) 外伤性鼓膜穿孔。

b) 鼓室积血。

c) 外伤后听力减退。

5.4 视器视力损伤

5.4.1 重伤一级

a) 一眼眼球萎缩或者缺失,另一眼盲目3级。

b) 一眼视野完全缺损,另一眼视野半径20°以下(视野有效值32%以下)。

c) 双眼盲目4级。

5.4.2 重伤二级

a) 一眼盲目3级。

b) 一眼重度视力损害,另一眼中度视力损害。

c) 一眼视野半径10°以下(视野有效值16%以下)。

d) 双眼偏盲;双眼残留视野半径30°以下(视野有效值48%以下)。

5.4.3　轻伤一级

a)外伤性青光眼,经治疗难以控制眼压。

b)一眼虹膜完全缺损。

c)一眼重度视力损害;双眼中度视力损害。

d)一眼视野半径30°以下(视野有效值48%以下);双眼视野半径50°以下(视野有效值80%以下)。

5.4.4　轻伤二级

a)眼球穿通伤或者眼球破裂伤;前房出血须手术治疗;房角后退;虹膜根部离断或者虹膜缺损超过1个象限;睫状体脱离;晶状体脱位;玻璃体积血;外伤性视网膜脱离;外伤性视网膜出血;外伤性黄斑裂孔;外伤性脉络膜脱离。

b)角膜斑翳或者血管翳;外伤性白内障;外伤性低眼压;外伤性青光眼。

c)瞳孔括约肌损伤致瞳孔显著变形或者瞳孔散大(直径0.6 cm以上)。

d)斜视;复视。

e)睑球粘连。

f)一眼矫正视力减退至0.5以下(或者较伤前视力下降0.3以上);双眼矫正视力减退至0.7以下(或者较伤前视力下降0.2以上);原单眼中度以上视力损害者,伤后视力降低一个级别。

g)一眼视野半径50°以下(视野有效值80%以下)。

5.4.5　轻微伤

a)眼球损伤影响视力。

5.5　颈部损伤

5.5.1　重伤一级

a)颈部大血管破裂。

b)咽喉部广泛毁损,呼吸完全依赖气管套管或者造口。

c)咽或者食管广泛毁损,进食完全依赖胃管或者造口。

5.5.2　重伤二级

a)甲状旁腺功能低下(重度)。

b)甲状腺功能低下,药物依赖。

c)咽部、咽后区、喉或者气管穿孔。

d)咽喉或者颈部气管损伤,遗留呼吸困难(3级)。

e)咽或者食管损伤,遗留吞咽功能障碍(只能进流食)。

f)喉损伤遗留发声障碍(重度)。

g)颈内动脉血栓形成,血管腔狭窄(50%以上)。

h)颈总动脉血栓形成,血管腔狭窄(25%以上)。

i)颈前三角区增生瘢痕,面积累计30.0 cm²以上。

5.5.3　轻伤一级

a)颈前部单个创口或者瘢痕长度 10.0 cm 以上;多个创口或者瘢痕长度累计 16.0 cm 以上。

b)颈前三角区瘢痕,单块面积 10.0 cm² 以上;多块面积累计 12.0 cm² 以上。

c)咽喉部损伤遗留发声或者构音障碍。

d)咽或者食管损伤,遗留吞咽功能障碍(只能进半流食)。

e)颈总动脉血栓形成;颈内动脉血栓形成;颈外动脉血栓形成;椎动脉血栓形成。

5.5.4　轻伤二级

a)颈前部单个创口或者瘢痕长度 5.0 cm 以上;多个创口或者瘢痕长度累计 8.0 cm 以上。

b)颈前部瘢痕,单块面积 4.0 cm² 以上,或者两块以上面积累计 6.0 cm² 以上。

c)甲状腺挫裂伤。

d)咽喉软骨骨折。

e)喉或者气管损伤。

f)舌骨骨折。

g)膈神经损伤。

h)颈部损伤出现窒息征象。

5.5.5　轻微伤

a)颈部创口或者瘢痕长度 1.0 cm 以上。

b)颈部擦伤面积 4.0 cm² 以上。

c)颈部挫伤面积 2.0 cm² 以上。

d)颈部划伤长度 5.0 cm 以上。

5.6　胸部损伤

5.6.1　重伤一级

a)心脏损伤,遗留心功能不全(心功能Ⅳ级)。

b)肺损伤致一侧全肺切除或者双肺三肺叶切除。

5.6.2　重伤二级

a)心脏损伤,遗留心功能不全(心功能Ⅲ级)。

b)心脏破裂;心包破裂。

c)女性双侧乳房损伤,完全丧失哺乳功能;女性一侧乳房大部分缺失。

d)纵隔血肿或者气肿,须手术治疗。

e)气管或者支气管破裂,须手术治疗。

f)肺破裂,须手术治疗。

g)血胸、气胸或者血气胸,伴一侧肺萎陷 70% 以上,或者双侧肺萎陷均在 50% 以上。

h)食管穿孔或者全层破裂,须手术治疗。

i)脓胸或者肺脓肿;乳糜胸;支气管胸膜瘘;食管胸膜瘘;食管支气管瘘。

　　j)胸腔大血管破裂。

　　k)膈肌破裂。

5.6.3　轻伤一级

　　a)心脏挫伤致心包积血。

　　b)女性一侧乳房损伤,丧失哺乳功能。

　　c)肋骨骨折6处以上。

　　d)纵隔血肿;纵隔气肿。

　　e)血胸、气胸或者血气胸,伴一侧肺萎陷30%以上,或者双侧肺萎陷均在20%以上。

　　f)食管挫裂伤。

5.6.4　轻伤二级

　　a)女性一侧乳房部分缺失或者乳腺导管损伤。

　　b)肋骨骨折2处以上。

　　c)胸骨骨折;锁骨骨折;肩胛骨骨折。

　　d)胸锁关节脱位;肩锁关节脱位。

　　e)胸部损伤,致皮下气肿1周不能自行吸收。

　　f)胸腔积血;胸腔积气。

　　g)胸壁穿透创。

　　h)胸部挤压出现窒息征象。

5.6.5　轻微伤

　　a)肋骨骨折;肋软骨骨折。

　　b)女性乳房擦挫伤。

5.7　腹部损伤

5.7.1　重伤一级

　　a)肝功能损害(重度)。

　　b)胃肠道损伤致消化吸收功能严重障碍,依赖肠外营养。

　　c)肾功能不全(尿毒症期)。

5.7.2　重伤二级

　　a)腹腔大血管破裂。

　　b)胃、肠、胆囊或者胆道全层破裂,须手术治疗。

　　c)肝、脾、胰或者肾破裂,须手术治疗。

　　d)输尿管损伤致尿外渗,须手术治疗。

　　e)腹部损伤致肠瘘或者尿瘘。

　　f)腹部损伤引起弥漫性腹膜炎或者感染性休克。

　　g)肾周血肿或者肾包膜下血肿,须手术治疗。

　　h)肾功能不全(失代偿期)。

　　i)肾损伤致肾性高血压。

j)外伤性肾积水;外伤性肾动脉瘤;外伤性肾动静脉瘘。

k)腹腔积血或者腹膜后血肿,须手术治疗。

5.7.3 轻伤一级

a)胃、肠、胆囊或者胆道非全层破裂。

b)肝包膜破裂;肝脏实质内血肿直径2.0 cm以上。

c)脾包膜破裂;脾实质内血肿直径2.0 cm以上。

d)胰腺包膜破裂。

e)肾功能不全(代偿期)。

5.7.4 轻伤二级

a)胃、肠、胆囊或者胆道挫伤。

b)肝包膜下或者实质内出血。

c)脾包膜下或者实质内出血。

d)胰腺挫伤。

e)肾包膜下或者实质内出血。

f)肝功能损害(轻度)。

g)急性肾功能障碍(可恢复)。

h)腹腔积血或者腹膜后血肿。

i)腹壁穿透创。

5.7.5 轻微伤

a)外伤性血尿。

5.8 盆部及会阴损伤

5.8.1 重伤一级

a)阴茎及睾丸全部缺失。

b)子宫及卵巢全部缺失。

5.8.2 重伤二级

a)骨盆骨折畸形愈合,致双下肢相对长度相差5.0 cm以上。

b)骨盆不稳定性骨折,须手术治疗。

c)直肠破裂,须手术治疗。

d)肛管损伤致大便失禁或者肛管重度狭窄,须手术治疗。

e)膀胱破裂,须手术治疗。

f)后尿道破裂,须手术治疗。

g)尿道损伤致重度狭窄。

h)损伤致早产或者死胎;损伤致胎盘早期剥离或者流产,合并轻度休克。

i)子宫破裂,须手术治疗。

j)卵巢或者输卵管破裂,须手术治疗。

k)阴道重度狭窄。

l)幼女阴道Ⅱ度撕裂伤。

m)女性会阴或者阴道Ⅲ度撕裂伤。

n)龟头缺失达冠状沟。

o)阴囊皮肤撕脱伤面积占阴囊皮肤面积50%以上。

p)双侧睾丸损伤,丧失生育能力。

q)双侧附睾或者输精管损伤,丧失生育能力。

r)直肠阴道瘘;膀胱阴道瘘;直肠膀胱瘘。

s)重度排尿障碍。

5.8.3 轻伤一级

a)骨盆2处以上骨折;骨盆骨折畸形愈合;髋臼骨折。

b)前尿道破裂,须手术治疗。

c)输尿管狭窄。

d)一侧卵巢缺失或者萎缩。

e)阴道轻度狭窄。

f)龟头缺失1/2以上。

g)阴囊皮肤撕脱伤面积占阴囊皮肤面积30%以上。

h)一侧睾丸或者附睾缺失;一侧睾丸或者附睾萎缩。

5.8.4 轻伤二级

a)骨盆骨折。

b)直肠或者肛管挫裂伤。

c)一侧输尿管挫裂伤;膀胱挫裂伤;尿道挫裂伤。

d)子宫挫裂伤;一侧卵巢或者输卵管挫裂伤。

e)阴道撕裂伤。

f)女性外阴皮肤创口或者瘢痕长度累计4.0 cm以上。

g)龟头部分缺损。

h)阴茎撕脱伤;阴茎皮肤创口或者瘢痕长度2.0 cm以上;阴茎海绵体出血并形成硬结。

i)阴囊壁贯通创;阴囊皮肤创口或者瘢痕长度累计4.0 cm以上;阴囊内积血,2周内未完全吸收。

j)一侧睾丸破裂、血肿、脱位或者扭转。

k)一侧输精管破裂。

l)轻度肛门失禁或者轻度肛门狭窄。

m)轻度排尿障碍。

n)外伤性难免流产;外伤性胎盘早剥。

5.8.5 轻微伤

a)会阴部软组织挫伤。

b)会阴创;阴囊创;阴茎创。

c)阴囊皮肤挫伤。

d)睾丸或者阴茎挫伤。

e)外伤性先兆流产。

5.9 脊柱四肢损伤

5.9.1 重伤一级

a)二肢以上离断或者缺失(上肢腕关节以上、下肢踝关节以上)。

b)二肢六大关节功能完全丧失。

5.9.2 重伤二级

a)四肢任一大关节强直畸形或者功能丧失50%以上。

b)臂丛神经干性或者束性损伤,遗留肌瘫(肌力3级以下)。

c)正中神经肘部以上损伤,遗留肌瘫(肌力3级以下)。

d)桡神经肘部以上损伤,遗留肌瘫(肌力3级以下)。

e)尺神经肘部以上损伤,遗留肌瘫(肌力3级以下)。

f)骶丛神经或者坐骨神经损伤,遗留肌瘫(肌力3级以下)。

g)股骨干骨折缩短5.0 cm以上、成角畸形30°以上或者严重旋转畸形。

h)胫腓骨骨折缩短5.0 cm以上、成角畸形30°以上或者严重旋转畸形。

i)膝关节挛缩畸形屈曲30°以上。

j)一侧膝关节交叉韧带完全断裂遗留旋转不稳。

k)股骨颈骨折或者髋关节脱位,致股骨头坏死。

l)四肢长骨骨折不愈合或者假关节形成;四肢长骨骨折并发慢性骨髓炎。

m)一足离断或者缺失50%以上;足跟离断或者缺失50%以上。

n)一足的第一趾和其余任何二趾离断或者缺失;一足除第一趾外,离断或者缺失4趾。

o)两足5个以上足趾离断或者缺失。

p)一足第一趾及其相连的跖骨离断或者缺失。

q)一足除第一趾外,任何三趾及其相连的跖骨离断或者缺失。

5.9.3 轻伤一级

a)四肢任一大关节功能丧失25%以上。

b)一节椎体压缩骨折超过1/3以上;二节以上椎体骨折;三处以上横突、棘突或者椎弓骨折。

c)膝关节韧带断裂伴半月板破裂。

d)四肢长骨骨折畸形愈合。

e)四肢长骨粉碎性骨折或者两处以上骨折。

f)四肢长骨骨折累及关节面。

g)股骨颈骨折未见股骨头坏死,已行假体置换。

h）骺板断裂。

i）一足离断或者缺失10%以上；足跟离断或者缺失20%以上。

j）一足的第一趾离断或者缺失；一足除第一趾外的任何二趾离断或者缺失。

k）三个以上足趾离断或者缺失。

l）除第一趾外任何一趾及其相连的跖骨离断或者缺失。

m）肢体皮肤创口或者瘢痕长度累计45.0 cm以上。

5.9.4　轻伤二级

a）四肢任一大关节功能丧失10%以上。

b）四肢重要神经损伤。

c）四肢重要血管破裂。

d）椎骨骨折或者脊椎脱位（尾椎脱位不影响功能的除外）；外伤性椎间盘突出。

e）肢体大关节韧带断裂；半月板破裂。

f）四肢长骨骨折；髌骨骨折。

g）骨骺分离。

h）损伤致肢体大关节脱位。

i）第一趾缺失超过趾间关节；除第一趾外，任何二趾缺失超过趾间关节；一趾缺失。

j）两节趾骨骨折；一节趾骨骨折合并一跖骨骨折。

k）两跖骨骨折或者一跖骨完全骨折；距骨、跟骨、骰骨、楔骨或者足舟骨骨折；跖跗关节脱位。

l）肢体皮肤一处创口或者瘢痕长度10.0 cm以上；两处以上创口或者瘢痕长度累计15.0 cm以上。

5.9.5　轻微伤

a）肢体一处创口或者瘢痕长度1.0 cm以上；两处以上创口或者瘢痕长度累计1.5 cm以上；刺创深达肌层。

b）肢体关节、肌腱或者韧带损伤。

c）骨挫伤。

d）足骨骨折。

e）外伤致趾甲脱落，甲床暴露；甲床出血。

f）尾椎脱位。

5.10　手损伤

5.10.1　重伤一级

a）双手离断、缺失或者功能完全丧失。

5.10.2　重伤二级

a）手功能丧失累计达一手功能36%。

b）一手拇指挛缩畸形不能对指和握物。

c）一手除拇指外，其余任何三指挛缩畸形，不能对指和握物。

d) 一手拇指离断或者缺失超过指间关节。

e) 一手示指和中指全部离断或者缺失。

f) 一手除拇指外的任何三指离断或者缺失均超过近侧指间关节。

5.10.3 轻伤一级

a) 手功能丧失累计达一手功能 16%。

b) 一手拇指离断或者缺失未超过指间关节。

c) 一手除拇指外的示指和中指离断或者缺失均超过远侧指间关节。

d) 一手除拇指外的环指和小指离断或者缺失均超过近侧指间关节。

5.10.4 轻伤二级

a) 手功能丧失累计达一手功能 4%。

b) 除拇指外的一个指节离断或者缺失。

c) 两节指骨线性骨折或者一节指骨粉碎性骨折(不含第 2 至 5 指末节)。

d) 舟骨骨折、月骨脱位或者掌骨完全性骨折。

5.10.5 轻微伤

a) 手擦伤面积 10.0 cm^2 以上或者挫伤面积 6.0 cm^2 以上。

b) 手一处创口或者瘢痕长度 1.0 cm 以上;两处以上创口或者瘢痕长度累计 1.5 cm 以上;刺伤深达肌层。

c) 手关节或者肌腱损伤。

d) 腕骨、掌骨或者指骨骨折。

e) 外伤致指甲脱落,甲床暴露;甲床出血。

5.11 体表损伤

5.11.1 重伤二级

a) 挫伤面积累计达体表面积 30%。

b) 创口或者瘢痕长度累计 200.0 cm 以上。

5.11.2 轻伤一级

a) 挫伤面积累计达体表面积 10%。

b) 创口或者瘢痕长度累计 40.0 cm 以上。

c) 撕脱伤面积 100.0 cm^2 以上。

d) 皮肤缺损 30.0 cm^2 以上。

5.11.3 轻伤二级

a) 挫伤面积达体表面积 6%。

b) 单个创口或者瘢痕长度 10.0 cm 以上;多个创口或者瘢痕长度累计 15.0 cm 以上。

c) 撕脱伤面积 50.0 cm^2 以上。

d) 皮肤缺损 6.0 cm^2 以上。

5.11.4 轻微伤

a)擦伤面积20.0 cm²以上或者挫伤面积15.0 cm²以上。

b)一处创口或者瘢痕长度1.0 cm以上;两处以上创口或者瘢痕长度累计1.5 cm以上;刺创深达肌层。

c)咬伤致皮肤破损。

5.12 其他损伤

5.12.1 重伤一级

a)深Ⅱ°以上烧烫伤面积达体表面积70%或者Ⅲ°面积达30%。

5.12.2 重伤二级

a)Ⅱ°以上烧烫伤面积达体表面积30%或者Ⅲ°面积达10%;面积低于上述程度但合并吸入有毒气体中毒或者严重呼吸道烧烫伤。

b)枪弹创,创道长度累计180.0 cm。

c)各种损伤引起脑水肿(脑肿胀),脑疝形成。

d)各种损伤引起休克(中度)。

e)挤压综合征(Ⅱ级)。

f)损伤引起脂肪栓塞综合征(完全型)。

g)各种损伤致急性呼吸窘迫综合征(重度)。

h)电击伤(Ⅱ°)。

i)溺水(中度)。

j)脑内异物存留;心脏异物存留。

k)器质性阴茎勃起障碍(重度)。

5.12.3 轻伤一级

a)Ⅱ°以上烧烫伤面积达体表面积20%或者Ⅲ°面积达5%。

b)损伤引起脂肪栓塞综合征(不完全型)。

c)器质性阴茎勃起障碍(中度)。

5.12.4 轻伤二级

a)Ⅱ°以上烧烫伤面积达体表面积5%或者Ⅲ°面积达0.5%。

b)呼吸道烧伤。

c)挤压综合征(Ⅰ级)。

d)电击伤(Ⅰ°)。

e)溺水(轻度)。

f)各种损伤引起休克(轻度)。

g)呼吸功能障碍,出现窒息征象。

h)面部异物存留;眶内异物存留;鼻窦异物存留。

i)胸腔内异物存留;腹腔内异物存留;盆腔内异物存留。

j)深部组织内异物存留。

k) 骨折内固定物损坏需要手术更换或者修复。

l) 各种置入式假体装置损坏需要手术更换或者修复。

m) 器质性阴茎勃起障碍(轻度)。

5.12.5 轻微伤

a) 身体各部位骨皮质的砍(刺)痕;轻微撕脱性骨折,无功能障碍。

b) 面部Ⅰ°烧烫伤面积10.0 cm²以上;浅Ⅱ°烧烫伤。

c) 颈部Ⅰ°烧烫伤面积15.0 cm²以上;浅Ⅱ°烧烫伤面积2.0 cm²以上。

d) 体表Ⅰ°烧烫伤面积20.0 cm²以上;浅Ⅱ°烧烫伤面积4.0 cm²以上;深Ⅱ°烧烫伤。

6 附则

6.1 伤后因其他原因死亡的个体,其生前损伤比照本标准相关条款综合鉴定。

6.2 未列入本标准中的物理性、化学性和生物性等致伤因素造成的人体损伤,比照本标准中的相应条款综合鉴定。

6.3 本标准所称的损伤是指各种致伤因素所引起的人体组织器官结构破坏或者功能障碍。反应性精神病、癔症等,均为内源性疾病,不宜鉴定损伤程度。

6.4 本标准未作具体规定的损伤,可以遵循损伤程度等级划分原则,比照本标准相近条款进行损伤程度鉴定。

6.5 盲管创、贯通创,其创道长度可视为皮肤创口长度,并参照皮肤创口长度相应条款鉴定损伤程度。

6.6 牙折包括冠折、根折和根冠折,冠折须暴露髓腔。

6.7 骨皮质的砍(刺)痕或者轻微撕脱性骨折(无功能障碍)的,不构成本标准所指的轻伤。

6.8 本标准所称大血管是指胸主动脉、主动脉弓分支、肺动脉、肺静脉、上腔静脉和下腔静脉、腹主动脉、髂总动脉、髂外动脉、髂外静脉。

6.9 本标准四肢大关节是指肩、肘、腕、髋、膝、踝六大关节。

6.10 本标准四肢重要神经是指臂丛及其分支神经(包括正中神经、尺神经、桡神经和肌皮神经等)和腰骶丛及其分支神经(包括坐骨神经、腓总神经、腓浅神经和胫神经等)。

6.11 本标准四肢重要血管是指与四肢重要神经伴行的同名动、静脉。

6.12 本标准幼女或者儿童是指年龄不满14周岁的个体。

6.13 本标准所称的假体是指植入体内替代组织器官功能的装置,如:颅骨修补材料、人工晶体、义眼座、固定义齿(种植牙)、阴茎假体、人工关节、起搏器、支架等,但可摘式义眼、义齿等除外。

6.14 移植器官损伤参照相应条款综合鉴定。

6.15 本标准所称组织器官包括再植或者再造成活的。

6.16 组织器官缺失是指损伤当时完全离体或者仅有少量皮肤和皮下组织相连,或者因损伤经手术切除的。器官离断(包括牙齿脱落),经再植、再造手术成功的,按损伤当时情形鉴定损伤程度。

6.17 对于两个部位以上同类损伤可以累加,比照相关部位数值规定高的条款进行评定。

6.18 本标准所涉及的体表损伤数值,0~6岁按50%计算,7~10岁按60%计算,11~14岁按80%计算。

6.19 本标准中出现的数字均含本数。

附录 A

(规范性附录)
损伤程度等级划分原则

A.1 重伤一级

　　各种致伤因素所致的原发性损伤或者由原发性损伤引起的并发症,严重危及生命;遗留肢体严重残废或者重度容貌毁损;严重丧失听觉、视觉或者其他重要器官功能。

A.2 重伤二级

　　各种致伤因素所致的原发性损伤或者由原发性损伤引起的并发症,危及生命;遗留肢体残废或者轻度容貌毁损;丧失听觉、视觉或者其他重要器官功能。

A.3 轻伤一级

　　各种致伤因素所致的原发性损伤或者由原发性损伤引起的并发症,未危及生命;遗留组织器官结构、功能中度损害或者明显影响容貌。

A.4 轻伤二级

　　各种致伤因素所致的原发性损伤或者由原发性损伤引起的并发症,未危及生命;遗留组织器官结构、功能轻度损害或者影响容貌。

A.5 轻微伤

　　各种致伤因素所致的原发性损伤,造成组织器官结构轻微损害或者轻微功能障碍。

A.6 等级限度

　　重伤二级是重伤的下限,与重伤一级相衔接,重伤一级的上限是致人死亡;轻伤二级是轻伤的下限,与轻伤一级相衔接,轻伤一级的上限与重伤二级相衔接;轻微伤的上限与轻伤二级相衔接,未达轻微伤标准的,不鉴定为轻微伤。

附录 B

（规范性附录）
功能损害判定基准和使用说明

B.1 颅脑损伤

B.1.1 智能(IQ)减退

极重度智能减退:IQ 低于 25;语言功能丧失;生活完全不能自理。

重度智能减退:IQ 25～39 之间;语言功能严重受损,不能进行有效的语言交流;生活大部分不能自理。

中度智能减退:IQ 40～54 之间;能掌握日常生活用语,但词汇贫乏,对周围环境辨别能力差,只能以简单的方式与人交往;生活部分不能自理,能做简单劳动。

轻度智能减退:IQ 55～69 之间;无明显语言障碍,对周围环境有较好的辨别能力,能比较恰当地与人交往;生活能自理,能做一般非技术性工作。

边缘智能状态:IQ 70～84 之间;抽象思维能力或者思维广度、深度机敏性显示不良;不能完成高级复杂的脑力劳动。

B.1.2 器质性精神障碍

有明确的颅脑损伤伴不同程度的意识障碍病史,并且精神障碍发生和病程与颅脑损伤相关。症状表现为:意识障碍;遗忘综合征;痴呆;器质性人格改变;精神病性症状;神经症样症状;现实检验能力或者社会功能减退。

B.1.3 生活自理能力

生活自理能力主要包括以下五项:

(1)进食。

(2)翻身。

(3)大、小便。

(4)穿衣、洗漱。

(5)自主行动。

生活完全不能自理:是指上述五项均需依赖护理者。

生活大部分不能自理:是指上述五项中三项以上需依赖护理者。

生活部分不能自理:是指上述五项中一项以上需依赖护理者。

B.1.4 肌瘫(肌力)

0 级:肌肉完全瘫痪,毫无收缩。

1 级:可看到或者触及肌肉轻微收缩,但不能产生动作。

2 级:肌肉在不受重力影响下,可进行运动,即肢体能在床面上移动,但不能抬高。

3级:在和地心引力相反的方向中尚能完成其动作,但不能对抗外加的阻力。

4级:能对抗一定的阻力,但较正常人为低。

5级:正常肌力。

B.1.5　非肢体瘫的运动障碍

非肢体瘫的运动障碍包括肌张力增高,共济失调,不自主运动或者震颤等。根据其对生活自理影响的程度划分为轻、中、重三度。

重度:不能自行进食,大、小便,洗漱,翻身和穿衣,需要他人护理。

中度:上述动作困难,但在他人帮助下可以完成。

轻度:完成上述动作虽有一些困难,但基本可以自理。

B.1.6　外伤性迟发性癫痫应具备的条件

(1)确证的头部外伤史。

(2)头部外伤90日后仍被证实有癫痫的临床表现。

(3)脑电图检查(包括常规清醒脑电图检查、睡眠脑电图检查或者较长时间连续同步录像脑电图检查等)显示异常脑电图。

(4)影像学检查确证颅脑器质性损伤。

B.1.7　肛门失禁

重度:大便不能控制;肛门括约肌收缩力很弱或者丧失;肛门括约肌收缩反射很弱或者消失;直肠内压测定,肛门注水法<20 cmH$_2$O。

轻度:稀便不能控制;肛门括约肌收缩力较弱;肛门括约肌收缩反射较弱;直肠内压测定,肛门注水法20~30 cmH$_2$O。

B.1.8　排尿障碍

重度:出现真性重度尿失禁或者尿潴留残余尿≥50 mL。

轻度:出现真性轻度尿失禁或者尿潴留残余尿<50 mL。

B.2　头面部损伤

B.2.1　眼睑外翻

重度外翻:睑结膜严重外翻,穹隆部消失。

中度外翻:睑结膜和睑板结膜外翻。

轻度外翻:睑结膜与眼球分离,泪点脱离泪阜。

B.2.2　容貌毁损

重度:面部瘢痕畸形,并有以下六项中四项者。①眉毛缺失;②双睑外翻或者缺失;③外耳缺失;④鼻缺失;⑤上、下唇外翻或者小口畸形;⑥颏颈粘连。

中度:具有以下六项中三项者。①眉毛部分缺失;②眼睑外翻或者部分缺失;③耳廓部分缺失;④鼻翼部分缺失;⑤唇外翻或者小口畸形;⑥颈部瘢痕畸形。

轻度:含中度畸形六项中二项者。

B.2.3　面部及中心区

面部的范围是指前额发际下,两耳屏前与下颌下缘之间的区域,包括额部、眶部、鼻部、口唇部、颏部、颧部、颊部、腮腺咬肌部。

面部中心区:以眉弓水平线为上横线,以下唇唇红缘中点处作水平线为下横线,以双侧外眦处作两条垂直线,上述四条线围绕的中央部分为中心区。

B.2.4 面瘫(面神经麻痹)

本标准涉及的面瘫主要是指外周性(核下性)面神经损伤所致。

完全性面瘫:是指面神经5个分支(颞支、颧支、颊支、下颌缘支和颈支)支配的全部颜面肌肉瘫痪,表现为:额纹消失,不能皱眉;眼睑不能充分闭合,鼻唇沟变浅;口角下垂,不能示齿,鼓腮,吹口哨,饮食时汤水流逸。

不完全性面瘫:是指面神经颧支、下颌支或者颞支和颊支损伤出现部分上述症状和体征。

B.2.5 张口困难分级

张口困难Ⅰ度:大张口时,只能垂直置入示指和中指。

张口困难Ⅱ度:大张口时,只能垂直置入示指。

张口困难Ⅲ度:大张口时,上、下切牙间距小于示指之横径。

B.3 听器听力损伤

听力损失计算应按照世界卫生组织推荐的听力减退分级的频率范围,取0.5、1、2、4 kHz四个频率气导听阈级的平均值。如所得均值不是整数,则小数点后之尾数采用4舍5入法进为整数。

纯音听阈级测试时,如某一频率纯音气导最大声输出仍无反应时,以最大声输出值作为该频率听阈级。

听觉诱发电位测试时,若最大输出声强仍引不出反应波形的,以最大输出声强为反应阈值。在听阈评估时,听力学单位一律使用听力级(dB HL)。一般情况下,受试者听觉诱发电位反应阈要比其行为听阈高10~20 dB(该差值又称"校正值"),即受试者的行为听阈等于其听觉诱发电位反应阈减去"校正值"。听觉诱发电位检测实验室应建立自己的"校正值",如果没有自己的"校正值",则取平均值(15 dB)作为"校正值"。

纯音气导听阈级应考虑年龄因素,按照《纯音气导阈的年龄修正值》(GB7582-87)听阈级偏差的中值(50%)进行修正,其中4000 Hz的修正值参考2000 Hz的数值。

B.4 视觉器官损伤
B.4.1 盲及视力损害分级
B.4.2 视野缺损
B.5 颈部损伤
B.5.1 甲状腺功能低下

重度:临床症状严重;T3、T4或者FT3、FT4低于正常值,TSH>50 μU/L。

中度:临床症状较重;T3、T4或者FT3、FT4正常,TSH>50 μU/L。

轻度:临床症状较轻;T3、T4或者FT3、FT4正常,TSH轻度增高但<50 μU/L。

B.5.2 甲状旁腺功能低下(以下分级需结合临床症状分析)

重度:空腹血钙<6 mg/dL。

中度:空腹血钙6～7 mg/dL。

轻度:空腹血钙7.1～8 mg/dL。

B.5.3 发声功能障碍

重度:声哑、不能出声。

轻度:发音过弱、声嘶、低调、粗糙、带鼻音。

B.5.4 构音障碍

严重构音障碍:表现为发音不分明,语不成句,难以听懂,甚至完全不能说话。

轻度构音障碍:表现为发音不准,吐字不清,语调速度、节律等异常,鼻音过重。

B.6 胸部损伤

B.6.1 心功能分级

Ⅰ级:体力活动不受限,日常活动不引起过度的乏力、呼吸困难或者心悸。即心功能代偿期。

Ⅱ级:体力活动轻度受限,休息时无症状,日常活动即可引起乏力、心悸、呼吸困难或者心绞痛。亦称Ⅰ度或者轻度心衰。

Ⅲ级:体力活动明显受限,休息时无症状,轻于日常的活动即可引起上述症状。亦称Ⅱ度或者中度心衰。

Ⅳ级:不能从事任何体力活动,休息时亦有充血性心衰或心绞痛症状,任何体力活动后加重。亦称Ⅲ度或者重度心衰。

B.6.2 呼吸困难

1级:与同年龄健康者在平地一同步行无气短,但登山或者上楼时呈气短。

2级:平路步行1000 m无气短,但不能与同龄健康者保持同样速度,平路快步行走呈现气短,登山或者上楼时气短明显。

3级:平路步行100 m即有气短。

4级:稍活动(如穿衣、谈话)即气短。

B.6.3 窒息征象

临床表现为面、颈、上胸部皮肤出现针尖大小的出血点,以面部与眼眶部为明显;球睑结膜下出现出血斑点。

B.7 腹部损伤

B.7.1 肝功能损害

B.7.2 肾功能不全

B.7.3 会阴及阴道撕裂

Ⅰ度:会阴部黏膜、阴唇系带、前庭黏膜、阴道黏膜等处有撕裂,但未累及肌层及筋膜。

Ⅱ度:撕裂伤累及盆底肌肉筋膜,但未累及肛门括约肌。

Ⅲ度:肛门括约肌全部或者部分撕裂,甚至直肠前壁亦被撕裂。

B.8 其他损伤

B.8.1 烧烫伤分度

B.8.2 电击伤

Ⅰ度:全身症状轻微,只有轻度心悸。触电肢体麻木,全身无力,如极短时间内脱离电源,稍休息可恢复正常。

Ⅱ度:触电肢体麻木,面色苍白,心跳、呼吸增快,甚至昏厥、意识丧失,但瞳孔不散大。对光反射存在。

Ⅲ度:呼吸浅而弱、不规则,甚至呼吸骤停。心律不齐,有室颤或者心搏骤停。

B.8.3 溺水

重度:落水后3~4分钟,神志昏迷,呼吸不规则,上腹部膨胀,心音减弱或者心跳、呼吸停止。淹溺到死亡的时间一般为5~6分钟。

中度:落水后1~2分钟,神志模糊,呼吸不规则或者表浅,血压下降,心跳减慢,反射减弱。

轻度:刚落水片刻,神志清,血压升高,心率、呼吸增快。

B.8.4 挤压综合征

系人体肌肉丰富的四肢与躯干部位因长时间受压(例如暴力挤压)或者其他原因造成局部循环障碍,结果引起肌肉缺血性坏死,出现肢体明显肿胀、肌红蛋白尿及高血钾等为特征的急性肾功能衰竭。

Ⅰ级:肌红蛋白尿试验阳性,肌酸磷酸激酶(CPK)增高,而无肾衰等周身反应者。

Ⅱ级:肌红蛋白尿试验阳性,肌酸磷酸激酶(CPK)明显升高,血肌酐和尿素氮增高,少尿,有明显血浆渗入组织间隙,致有效血容量丢失,出现低血压者。

Ⅲ级:肌红蛋白尿试验阳性,肌酸磷酸激酶(CPK)显著升高,少尿或者尿闭,休克,代谢性酸中毒及高血钾者。

B.8.5 急性呼吸窘迫综合征

急性呼吸窘迫综合征(ARDS)须具备以下条件:

(1)有发病的高危因素。

(2)急性起病,呼吸频率数和/或呼吸窘迫。

(3)低氧血症,$PaO_2/FiO_2 \leqslant 200$ mmHg。

(4)胸部X线检查两肺浸润影。

(5)肺毛细血管楔压(PCWP)$\leqslant 18$ mmHg,或者临床上除外心源性肺水肿。

凡符合以上5项可诊断为ARDS。

(本书省略了附录B中的表格)

附录二 人体损伤致残程度分级

（最高人民法院、最高人民检察院、公安部、国家安全部、司法部 2016 年 4 月 18 日发布）

1 范围

本标准规定了人体损伤致残程度分级的原则、方法、内容和等级划分。

本标准适用于人身损害致残程度等级鉴定。

2 规范性引用文件

下列文件对本标准的应用是必不可少的。凡是注日期的引用文件，仅注日期的版本适用于本标准；凡是不注日期的引用文件，其最新版本（包括所有的修改单）适用于本标准。

GB/T 16180—2014 劳动能力鉴定 职工工伤与职业病致残等级

GB/T 31147 人身损害护理依赖程度评定

3 术语和定义

3.1 损伤

各种因素造成的人体组织器官结构破坏和/或功能障碍。

3.2 残疾

人体组织器官结构破坏或者功能障碍，以及个体在现代临床医疗条件下难以恢复的生活、工作、社会活动能力不同程度的降低或者丧失。

4 总则

4.1 鉴定原则

应以损伤治疗后果或者结局为依据，客观评价组织器官缺失和/或功能障碍程度，科学分析损伤与残疾之间的因果关系，实事求是地进行鉴定。

受伤人员符合两处以上致残程度等级者，鉴定意见中应该分别写明各处的致残程度等级。

4.2 鉴定时机

应在原发性损伤及其与之确有关联的并发症治疗终结或者临床治疗效果稳定后进行鉴定。

4.3 伤病关系处理

当损伤与原有伤、病共存时，应分析损伤与残疾后果之间的因果关系。根据损伤在残疾后果中的作用力大小确定因果关系的不同形式，可依次分别表述为：完全作用、主要作用、同等作用、次要作用、轻微作用、没有作用。

除损伤"没有作用"以外，均应按照实际残情鉴定致残程度等级，同时说明损伤与残疾后果之间的因果关系；判定损伤"没有作用"的，不应进行致残程度鉴定。

4.4 致残等级划分

本标准将人体损伤致残程度划分为 10 个等级,从一级(人体致残率 100%)到十级(人体致残率 10%),每级致残率相差 10%。致残程度等级划分依据见附录 A。

4.5 判断依据

依据人体组织器官结构破坏、功能障碍及其对医疗、护理的依赖程度,适当考虑由于残疾引起的社会交往和心理因素影响,综合判定致残程度等级。

5 致残程度分级

5.1 一级

5.1.1 颅脑、脊髓及周围神经损伤

1)持续性植物生存状态;

2)精神障碍或者极重度智能减退,日常生活完全不能自理;

3)四肢瘫(肌力 3 级以下)或者三肢瘫(肌力 2 级以下);

4)截瘫(肌力 2 级以下)伴重度排便功能障碍与重度排尿功能障碍。

5.1.2 颈部及胸部损伤

1)心功能不全,心功能Ⅳ级;

2)严重器质性心律失常,心功能Ⅲ级;

3)心脏移植术后,心功能Ⅲ级;

4)心肺联合移植术后;

5)肺移植术后呼吸困难(极重度)。

5.1.3 腹部损伤

1)原位肝移植术后肝衰竭晚期;

2)双肾切除术后或者孤肾切除术后,需透析治疗维持生命;肾移植术后肾衰竭。

5.1.4 脊柱、骨盆及四肢损伤

1)三肢缺失(上肢肘关节以上,下肢膝关节以上);

2)二肢缺失(上肢肘关节以上,下肢膝关节以上),第三肢各大关节功能丧失均达 75%;

3)二肢缺失(上肢肘关节以上,下肢膝关节以上),第三肢任二大关节均强直固定或者功能丧失均达 90%。

5.2 二级

5.2.1 颅脑、脊髓及周围神经损伤

1)精神障碍或者重度智能减退,日常生活随时需有人帮助;

2)三肢瘫(肌力 3 级以下);

3)偏瘫(肌力 2 级以下);

4)截瘫(肌力 2 级以下);

5)非肢体瘫运动障碍(重度)。

5.2.2　头面部损伤

　　1)容貌毁损(重度);

　　2)上颌骨或者下颌骨完全缺损;

　　3)双眼球缺失或者萎缩;

　　4)双眼盲目5级;

　　5)双侧眼睑严重畸形(或者眼睑重度下垂,遮盖全部瞳孔),伴双眼盲目3级以上。

5.2.3　颈部及胸部损伤

　　1)呼吸困难(极重度);

　　2)心脏移植术后;

　　3)肺移植术后。

5.2.4　腹部损伤

　　1)肝衰竭晚期;

　　2)肾衰竭;

　　3)小肠大部分切除术后,消化吸收功能丧失,完全依赖肠外营养。

5.2.5　脊柱、骨盆及四肢损伤

　　1)双上肢肘关节以上缺失,或者一上肢肘关节以上缺失伴一下肢膝关节以上缺失;

　　2)一肢缺失(上肢肘关节以上,下肢膝关节以上),其余任二肢体各有二大关节功能丧失均达75%;

　　3)双上肢各大关节均强直固定或者功能丧失均达90%。

5.2.6　体表及其他损伤

　　1)皮肤瘢痕形成达体表面积90%;

　　2)重型再生障碍性贫血。

5.3　三级

5.3.1　颅脑、脊髓及周围神经损伤

　　1)精神障碍或者重度智能减退,不能完全独立生活,需经常有人监护;

　　2)完全感觉性失语或者混合性失语;

　　3)截瘫(肌力3级以下)伴排便或者排尿功能障碍;

　　4)双手全肌瘫(肌力2级以下),伴双腕关节功能丧失均达75%;

　　5)重度排便功能障碍伴重度排尿功能障碍。

5.3.2　头面部损伤

　　1)一眼球缺失、萎缩或者盲目5级,另一眼盲目3级;

　　2)双眼盲目4级;

　　3)双眼视野接近完全缺损,视野有效值≤4%(直径≤5°);

　　4)吞咽功能障碍,完全依赖胃管进食。

5.3.3　颈部及胸部损伤

　　1)食管闭锁或者切除术后,摄食依赖胃造口或者空肠造口;

2）心功能不全,心功能Ⅲ级。

5.3.4　腹部损伤

1）全胰缺失；

2）一侧肾切除术后,另一侧肾功能重度下降；

3）小肠大部分切除术后,消化吸收功能严重障碍,大部分依赖肠外营养。

5.3.5　盆部及会阴部损伤

1）未成年人双侧卵巢缺失或者萎缩,完全丧失功能；

2）未成年人双侧睾丸缺失或者萎缩,完全丧失功能；

3）阴茎接近完全缺失(残留长度≤1.0 cm)。

5.3.6　脊柱、骨盆及四肢损伤

1）二肢缺失(上肢腕关节以上,下肢膝关节以上)；

2）一肢缺失(上肢腕关节以上,下肢膝关节以上),另一肢各大关节均强直固定或者功能丧失均达90%；

3）双上肢各大关节功能丧失均达75%；双下肢各大关节均强直固定或者功能丧失均达90%；一上肢与一下肢各大关节均强直固定或者功能丧失均达90%。

5.4　四级

5.4.1　颅脑、脊髓及周围神经损伤

1）精神障碍或者中度智能减退,日常生活能力严重受限,间或需要帮助；

2）外伤性癫痫(重度)；

3）偏瘫(肌力3级以下)；

4）截瘫(肌力3级以下)；

5）阴茎器质性勃起障碍(重度)。

5.4.2　头面部损伤

1）符合容貌毁损(重度)标准之三项者；

2）上颌骨或者下颌骨缺损达1/2；

3）一眼球缺失、萎缩或者盲目5级,另一眼重度视力损害；

4）双眼盲目3级；

5）双眼视野极度缺损,视野有效值≤8%(直径≤10°)；

6）双耳听力障碍≥91 dB HL。

5.4.3　颈部及胸部损伤

1）严重器质性心律失常,心功能Ⅱ级；

2）一侧全肺切除术后；

3）呼吸困难(重度)。

5.4.4　腹部损伤

1）肝切除2/3以上；

2）肝衰竭中期；

3）胰腺大部分切除，胰岛素依赖；

4）肾功能重度下降；

5）双侧肾上腺缺失；

6）永久性回肠造口。

5.4.5 盆部及会阴部损伤

1）膀胱完全缺失或者切除术后，行永久性输尿管腹壁造瘘或者肠代膀胱并永久性造口。

5.4.6 脊柱、骨盆及四肢损伤

1）一上肢腕关节以上缺失伴一下肢踝关节以上缺失，或者双下肢踝关节以上缺失；

2）双下肢各大关节功能丧失均达 75%；一上肢与一下肢各大关节功能丧失均达 75%；

3）手功能丧失分值达 150 分。

5.4.7 体表及其他损伤

1）皮肤瘢痕形成达体表面积 70%；

2）放射性皮肤癌。

5.5 五级

5.5.1 颅脑、脊髓及周围神经损伤

1）精神障碍或者中度智能减退，日常生活能力明显受限，需要指导；

2）完全运动性失语；

3）完全性失用、失写、失读或者失认等；

4）双侧完全性面瘫；

5）四肢瘫（肌力 4 级以下）；

6）单肢瘫（肌力 2 级以下）；

7）非肢体瘫运动障碍（中度）；

8）双手大部分肌瘫（肌力 2 级以下）；

9）双足全肌瘫（肌力 2 级以下）；

10）排便伴排尿功能障碍，其中一项达重度。

5.5.2 头面部损伤

1）符合容貌毁损（重度）标准之二项者；

2）一眼球缺失、萎缩或者盲目 5 级，另一眼中度视力损害；

3）双眼重度视力损害；

4）双眼视野重度缺损，视野有效值≤16%（直径≤20°）；

5）一侧眼睑严重畸形（或者眼睑重度下垂，遮盖全部瞳孔），伴另一眼盲目 3 级以上；

6）双耳听力障碍≥81 dB HL；

7）一耳听力障碍≥91 dB HL，另一耳听力障碍≥61 dB HL；

8）舌根大部分缺损；

9)咽或者咽后区损伤遗留吞咽功能障碍,只能吞咽流质食物。

5.5.3　颈部及胸部损伤

1)未成年人甲状腺损伤致功能减退,药物依赖;

2)甲状旁腺功能损害(重度);

3)食管狭窄,仅能进流质食物;

4)食管损伤,肠代食管术后。

5.5.4　腹部损伤

1)胰头合并十二指肠切除术后;

2)一侧肾切除术后,另一侧肾功能中度下降;

3)肾移植术后,肾功能基本正常;

4)肾上腺皮质功能明显减退;

5)全胃切除术后;

6)小肠部分切除术后,消化吸收功能障碍,部分依赖肠外营养;

7)全结肠缺失。

5.5.5　盆部及会阴部损伤

1)永久性输尿管腹壁造口;

2)尿瘘难以修复;

3)直肠阴道瘘难以修复;

4)阴道严重狭窄(仅可容纳一中指);

5)双侧睾丸缺失或者完全萎缩,丧失生殖功能;

6)阴茎大部分缺失(残留长度≤3.0 cm)。

5.5.6　脊柱、骨盆及四肢损伤

1)一上肢肘关节以上缺失;

2)一肢缺失(上肢腕关节以上,下肢膝关节以上),另一肢各大关节功能丧失均达50%或者其余肢体任二大关节功能丧失均达75%;

3)手功能丧失分值≥120分。

5.6　六级

5.6.1　颅脑、脊髓及周围神经损伤

1)精神障碍或者中度智能减退,日常生活能力部分受限,但能部分代偿,部分日常生活需要帮助;

2)外伤性癫痫(中度);

3)尿崩症(重度);

4)一侧完全性面瘫;

5)三肢瘫(肌力4级以下);

6)截瘫(肌力4级以下)伴排便或者排尿功能障碍;

7)双手部分肌瘫(肌力3级以下);

8)一手全肌瘫(肌力 2 级以下),伴相应腕关节功能丧失 75% 以上;

9)双足全肌瘫(肌力 3 级以下);

10)阴茎器质性勃起障碍(中度)。

5.6.2　头面部损伤

1)符合容貌毁损(中度)标准之四项者;

2)面部中心区条状瘢痕形成(宽度达 0.3 cm),累计长度达 20.0 cm;

3)面部片状细小瘢痕形成或者色素显著异常,累计达面部面积的 80%;

4)双侧眼睑严重畸形;

5)一眼球缺失、萎缩或者盲目 5 级,另一眼视力≤0.5;

6)一眼重度视力损害,另一眼中度视力损害;

7)双眼视野中度缺损,视野有效值≤48%(直径≤60°);

8)双侧前庭平衡功能丧失,睁眼行走困难,不能并足站立;

9)唇缺损或者畸形,累计相当于上唇 2/3 以上。

5.6.3　颈部及胸部损伤

1)双侧喉返神经损伤,影响功能;

2)一侧胸廓成形术后,切除 6 根以上肋骨;

3)女性双侧乳房完全缺失;

4)心脏瓣膜置换术后,心功能不全;

5)心功能不全,心功能Ⅱ级;

6)器质性心律失常安装永久性起搏器后;

7)严重器质性心律失常;

8)两肺叶切除术后。

5.6.4　腹部损伤

1)肝切除 1/2 以上;

2)肝衰竭早期;

3)胰腺部分切除术后伴功能障碍,需药物治疗;

4)肾功能中度下降;

5)小肠部分切除术后,影响消化吸收功能,完全依赖肠内营养。

5.6.5　盆部及会阴部损伤

1)双侧卵巢缺失或者萎缩,完全丧失功能;

2)未成年人双侧卵巢萎缩,部分丧失功能;

3)未成年人双侧睾丸萎缩,部分丧失功能;

4)会阴部瘢痕挛缩伴阴道狭窄;

5)睾丸或者附睾损伤,生殖功能重度损害;

6)双侧输精管损伤难以修复;

7)阴茎严重畸形,不能实施性交行为。

5.6.6 脊柱、骨盆及四肢损伤

1) 脊柱骨折后遗留 30°以上侧弯或者后凸畸形；

2) 一肢缺失(上肢腕关节以上,下肢膝关节以上)；

3) 双足跖跗关节以上缺失；

4) 手或者足功能丧失分值≥90 分。

5.6.7 体表及其他损伤

1) 皮肤瘢痕形成达体表面积50%；

2) 非重型再生障碍性贫血。

5.7 七级

5.7.1 颅脑、脊髓及周围神经损伤

1) 精神障碍或者轻度智能减退,日常生活有关的活动能力极重度受限；

2) 不完全感觉性失语；

3) 双侧大部分面瘫；

4) 偏瘫(肌力 4 级以下)；

5) 截瘫(肌力 4 级以下)；

6) 单肢瘫(肌力 3 级以下)；

7) 一手大部分肌瘫(肌力 2 级以下)；

8) 一足全肌瘫(肌力 2 级以下)；

9) 重度排便功能障碍或者重度排尿功能障碍。

5.7.2 头面部损伤

1) 面部中心区条状瘢痕形成(宽度达0.3 cm),累计长度达15.0 cm；

2) 面部片状细小瘢痕形成或者色素显著异常,累计达面部面积的50%；

3) 双侧眼睑重度下垂,遮盖全部瞳孔；

4) 一眼球缺失或者萎缩；

5) 双眼中度视力损害；

6) 一眼盲目 3 级,另一眼视力≤0.5；

7) 双眼偏盲；

8) 一侧眼睑严重畸形(或者眼睑重度下垂,遮盖全部瞳孔)合并该眼盲目 3 级以上；

9) 一耳听力障碍≥81 dB HL,另一耳听力障碍≥61 dB HL；

10) 咽或者咽后区损伤遗留吞咽功能障碍,只能吞咽半流质食物；

11) 上颌骨或者下颌骨缺损达 1/4；

12) 上颌骨或者下颌骨部分缺损伴牙齿缺失 14 枚以上；

13) 颌面部软组织缺损,伴发涎漏。

5.7.3 颈部及胸部损伤

1) 甲状腺功能损害(重度)；

2) 甲状旁腺功能损害(中度)；

3）食管狭窄,仅能进半流质食物;食管重建术后并发反流性食管炎;

4）颏颈粘连(中度);

5）女性双侧乳房大部分缺失或者严重畸形;

6）未成年或者育龄女性双侧乳头完全缺失;

7）胸廓畸形,胸式呼吸受限;

8）一肺叶切除,并肺段或者肺组织楔形切除术后。

5.7.4　腹部损伤

1）肝切除 1/3 以上;

2）一侧肾切除术后;

3）胆道损伤胆肠吻合术后,反复发作逆行性胆道感染;

4）未成年人脾切除术后;

5）小肠部分(包括回盲部)切除术后;

6）永久性结肠造口;

7）肠瘘长期不愈(1 年以上)。

5.7.5　盆部及会阴部损伤

1）永久性膀胱造口;

2）膀胱部分切除术后合并轻度排尿功能障碍;

3）原位肠代膀胱术后;

4）子宫大部分切除术后;

5）睾丸损伤,血睾酮降低,需药物替代治疗;

6）未成年人一侧睾丸缺失或者严重萎缩;

7）阴茎畸形,难以实施性交行为;

8）尿道狭窄(重度)或者成形术后;

9）肛管或者直肠损伤,排便功能重度障碍或者肛门失禁(重度);

10）会阴部瘢痕挛缩致肛门闭锁,结肠造口术后。

5.7.6　脊柱、骨盆及四肢损伤

1）双下肢长度相差 8.0 cm 以上;

2）一下肢踝关节以上缺失;

3）四肢任一大关节(踝关节除外)强直固定于非功能位;

4）四肢任二大关节(踝关节除外)功能丧失均达 75%;

5）一手除拇指外,余四指完全缺失;

6）双足足弓结构完全破坏;

7）手或者足功能丧失分值≥60 分。

5.8　八级

5.8.1　颅脑、脊髓及周围神经损伤

1）精神障碍或者轻度智能减退,日常生活有关的活动能力重度受限;

2)不完全运动性失语;不完全性失用、失写、失读或者失认;

3)尿崩症(中度);

4)一侧大部分面瘫,遗留眼睑闭合不全和口角歪斜;

5)单肢瘫(肌力4级以下);

6)非肢体瘫运动障碍(轻度);

7)一手大部分肌瘫(肌力3级以下);

8)一足全肌瘫(肌力3级以下);

9)阴茎器质性勃起障碍(轻度)。

5.8.2　头面部损伤

1)容貌毁损(中度);

2)符合容貌毁损(重度)标准之一项者;

3)头皮完全缺损,难以修复;

4)面部条状瘢痕形成,累计长度达30.0 cm;面部中心区条状瘢痕形成(宽度达0.2 cm),累计长度达15.0 cm;

5)面部块状增生性瘢痕形成,累计面积达15.0 cm²;面部中心区块状增生性瘢痕形成,单块面积达7.0 cm²或者多块累计面积达9.0 cm²;

6)面部片状细小瘢痕形成或者色素异常,累计面积达100.0 cm²;

7)一眼盲目4级;

8)一眼视野接近完全缺损,视野有效值≤4%(直径≤5°);

9)双眼外伤性青光眼,经手术治疗;

10)一侧眼睑严重畸形(或者眼睑重度下垂,遮盖全部瞳孔)合并该眼重度视力损害;

11)一耳听力障碍≥91 dB HL;

12)双耳听力障碍≥61 dB HL;

13)双侧鼻翼大部分缺损,或者鼻尖大部分缺损合并一侧鼻翼大部分缺损;

14)舌体缺损达舌系带;

15)唇缺损或者畸形,累计相当于上唇1/2以上;

16)脑脊液漏经手术治疗后持续不愈;

17)张口受限Ⅲ度;

18)发声功能或者构音功能障碍(重度);

19)咽成形术后咽下运动异常。

5.8.3　颈部及胸部损伤

1)甲状腺功能损害(中度);

2)颈总动脉或者颈内动脉严重狭窄支架置入或者血管移植术后;

3)食管部分切除术后,并后遗胸腔胃;

4)女性一侧乳房完全缺失;女性双侧乳房缺失或者毁损,累计范围相当于一侧乳房3/4以上;

5）女性双侧乳头完全缺失；

6）肋骨骨折 12 根以上并后遗 6 处畸形愈合；

7）心脏或者大血管修补术后；

8）一肺叶切除术后；

9）胸廓成形术后,影响呼吸功能；

10）呼吸困难(中度)。

5.8.4　腹部损伤

1）腹壁缺损≥腹壁的 1/4；

2）成年人脾切除术后；

3）胰腺部分切除术后；

4）胃大部分切除术后；

5）肠部分切除术后,影响消化吸收功能；

6）胆道损伤,胆肠吻合术后；

7）损伤致肾性高血压；

8）肾功能轻度下降；

9）一侧肾上腺缺失；

10）肾上腺皮质功能轻度减退。

5.8.5　盆部及会阴部损伤

1）输尿管损伤行代替术或者改道术后；

2）膀胱大部分切除术后；

3）一侧输卵管和卵巢缺失；

4）阴道狭窄；

5）一侧睾丸缺失；

6）睾丸或者附睾损伤,生殖功能轻度损害；

7）阴茎冠状沟以上缺失；

8）阴茎皮肤瘢痕形成,严重影响性交行为。

5.8.6　脊柱、骨盆及四肢损伤

1）二椎体压缩性骨折(压缩程度均达 1/3)；

2）三个以上椎体骨折,经手术治疗后；

3）女性骨盆骨折致骨产道变形,不能自然分娩；

4）股骨头缺血性坏死,难以行关节假体置换术；

5）四肢长骨开放性骨折并发慢性骨髓炎、大块死骨形成,长期不愈(1 年以上)；

6）双上肢长度相差 8.0 cm 以上；

7）双下肢长度相差 6.0 cm 以上；

8）四肢任一大关节(踝关节除外)功能丧失 75% 以上；

9）一踝关节强直固定于非功能位；

10）一肢体各大关节功能丧失均达 50%；

11）一手拇指缺失达近节指骨 1/2 以上并相应掌指关节强直固定；

12）一足足弓结构完全破坏，另一足足弓结构部分破坏；

13）手或者足功能丧失分值≥40 分。

5.8.7　体表及其他损伤

1）皮肤瘢痕形成达体表面积 30%。

5.9　九级

5.9.1　颅脑、脊髓及周围神经损伤

1）精神障碍或者轻度智能减退，日常生活有关的活动能力中度受限；

2）外伤性癫痫（轻度）；

3）脑叶部分切除术后；

4）一侧部分面瘫，遗留眼睑闭合不全或者口角歪斜；

5）一手部分肌瘫（肌力 3 级以下）；

6）一足大部分肌瘫（肌力 3 级以下）；

7）四肢重要神经损伤（上肢肘关节以上，下肢膝关节以上），遗留相应肌群肌力 3 级以下；

8）严重影响阴茎勃起功能；

9）轻度排便或者排尿功能障碍。

5.9.2　头面部损伤

1）头皮瘢痕形成或者无毛发，达头皮面积 50%；

2）颅骨缺损 25.0 cm² 以上，不宜或者无法手术修补；

3）容貌毁损（轻度）；

4）面部条状瘢痕形成，累计长度达 20.0 cm；面部条状瘢痕形成（宽度达 0.2 cm），累计长度达 10.0 cm，其中至少 5.0 cm 以上位于面部中心区；

5）面部块状瘢痕形成，单块面积达 7.0 cm²，或者多块累计面积达 9.0 cm²；

6）面部片状细小瘢痕形成或者色素异常，累计面积达 30.0 cm²；

7）一侧眼睑严重畸形；一侧眼睑重度下垂，遮盖全部瞳孔；双侧眼睑轻度畸形；双侧眼睑下垂，遮盖部分瞳孔；

8）双眼泪器损伤均后遗溢泪；

9）双眼角膜斑翳或者血管翳，累及瞳孔区；双眼角膜移植术后；

10）双眼外伤性白内障；儿童人工晶体植入术后；

11）一眼盲目 3 级；

12）一眼重度视力损害，另一眼视力≤0.5；

13）一眼视野极度缺损，视野有效值≤8%（直径≤10°）；

14）双眼象限性视野缺损；

15）一侧眼睑轻度畸形（或者眼睑下垂，遮盖部分瞳孔）合并该眼中度视力损害；

16）一眼眶骨折后遗眼球内陷 5 mm 以上；

17）耳廓缺损或者畸形，累计相当于一侧耳廓；

18）一耳听力障碍≥81 dB HL；

19）一耳听力障碍≥61 dB HL，另一耳听力障碍≥41 dB HL；

20）一侧鼻翼或者鼻尖大部分缺损或者严重畸形；

21）唇缺损或者畸形，露齿 3 枚以上（其中 1 枚露齿达 1/2）；

22）颌骨骨折，经牵引或者固定治疗后遗留功能障碍；

23）上颌骨或者下颌骨部分缺损伴牙齿缺失或者折断 7 枚以上；

24）张口受限Ⅱ度；

25）发声功能或者构音功能障碍（轻度）。

5.9.3 颈部及胸部损伤

1）颈前三角区瘢痕形成，累计面积达 50.0 cm²；

2）甲状腺功能损害（轻度）；

3）甲状旁腺功能损害（轻度）；

4）气管或者支气管成形术后；

5）食管吻合术后；

6）食管腔内支架置入术后；

7）食管损伤，影响吞咽功能；

8）女性双侧乳房缺失或者毁损，累计范围相当于一侧乳房 1/2 以上；

9）女性一侧乳房大部分缺失或者严重畸形；

10）女性一侧乳头完全缺失或者双侧乳头部分缺失（或者畸形）；

11）肋骨骨折 12 根以上，或者肋骨部分缺失 4 根以上；肋骨骨折 8 根以上并后遗 4 处畸形愈合；

12）心功能不全，心功能Ⅰ级；

13）冠状动脉移植术后；

14）心脏室壁瘤；

15）心脏异物存留或者取出术后；

16）缩窄性心包炎；

17）胸导管损伤；

18）肺段或者肺组织楔形切除术后；

19）肺脏异物存留或者取出术后。

5.9.4 腹部损伤

1）肝部分切除术后；

2）脾部分切除术后；

3）外伤性胰腺假性囊肿术后；

4）一侧肾部分切除术后；

5）胃部分切除术后；

6）肠部分切除术后；

7）胆道损伤胆管外引流术后；

8）胆囊切除术后；

9）肠梗阻反复发作；

10）膈肌修补术后遗留功能障碍（如膈肌麻痹或者膈疝）。

5.9.5　盆部及会阴部损伤

1）膀胱部分切除术后；

2）输尿管狭窄成形术后；

3）输尿管狭窄行腔内扩张术或者腔内支架置入术后；

4）一侧卵巢缺失或者丧失功能；

5）一侧输卵管缺失或者丧失功能；

6）子宫部分切除术后；

7）一侧附睾缺失；

8）一侧输精管损伤难以修复；

9）尿道狭窄（轻度）；

10）肛管或者直肠损伤,排便功能轻度障碍或者肛门失禁（轻度）。

5.9.6　脊柱、骨盆及四肢损伤

1）一椎体粉碎性骨折,椎管内骨性占位；

2）一椎体并相应附件骨折,经手术治疗后；二椎体压缩性骨折；

3）骨盆两处以上骨折或者粉碎性骨折,严重畸形愈合；

4）青少年四肢长骨骨骺粉碎性或者压缩性骨折；

5）四肢任一大关节行关节假体置换术后；

6）双上肢前臂旋转功能丧失均达75%；

7）双上肢长度相差6.0 cm以上；

8）双下肢长度相差4.0 cm以上；

9）四肢任一大关节（踝关节除外）功能丧失50%以上；

10）一踝关节功能丧失75%以上；

11）一肢体各大关节功能丧失均达25%；

12）双足拇趾功能丧失均达75%；一足5趾功能均完全丧失；

13）双足跟骨粉碎性骨折畸形愈合；

14）双足足弓结构部分破坏；一足足弓结构完全破坏；

15）手或者足功能丧失分值≥25分。

5.9.7　体表及其他损伤

1）皮肤瘢痕形成达体表面积10%。

5.10　十级

5.10.1　颅脑、脊髓及周围神经损伤

1）精神障碍或者轻度智能减退,日常生活有关的活动能力轻度受限;

2）颅脑损伤后遗脑软化灶形成,伴有神经系统症状或者体征;

3）一侧部分面瘫;

4）嗅觉功能完全丧失;

5）尿崩症(轻度);

6）四肢重要神经损伤,遗留相应肌群肌力4级以下;

7）影响阴茎勃起功能;

8）开颅术后。

5.10.2　头面部损伤

1）面颅骨部分缺损或者畸形,影响面容;

2）头皮瘢痕形成或者无毛发,面积达40.0 cm²;

3）面部条状瘢痕形成(宽度达0.2 cm),累计长度达6.0 cm,其中至少3.0 cm位于面部中心区;

4）面部条状瘢痕形成,累计长度达10.0 cm;

5）面部块状瘢痕形成,单块面积达3.0 cm²,或者多块累计面积达5.0 cm²;

6）面部片状细小瘢痕形成或者色素异常,累计面积达10.0 cm²;

7）一侧眼睑下垂,遮盖部分瞳孔;一侧眼睑轻度畸形;一侧睑球粘连影响眼球运动;

8）一眼泪器损伤后遗溢泪;

9）一眼眶骨折后遗眼球内陷2 mm以上;

10）复视或者斜视;

11）一眼角膜斑翳或者血管翳,累及瞳孔区;一眼角膜移植术后;

12）一眼外伤性青光眼,经手术治疗;一眼外伤性低眼压;

13）一眼外伤后无虹膜;

14）一眼外伤性白内障;一眼无晶体或者人工晶体植入术后;

15）一眼中度视力损害;

16）双眼视力≤0.5;

17）一眼视野中度缺损,视野有效值≤48%(直径≤60°);

18）一耳听力障碍≥61 dB HL;

19）双耳听力障碍≥41 dB HL;

20）一侧前庭平衡功能丧失,伴听力减退;

21）耳廓缺损或者畸形,累计相当于一侧耳廓的30%;

22）鼻尖或者鼻翼部分缺损深达软骨;

23）唇外翻或者小口畸形;

24）唇缺损或者畸形,致露齿;

25）舌部分缺损；

26）牙齿缺失或者折断7枚以上；牙槽骨部分缺损，合并牙齿缺失或者折断4枚以上；

27）张口受限Ⅰ度；

28）咽或者咽后区损伤影响吞咽功能。

5.10.3　颈部及胸部损伤

1）颏颈粘连畸形松解术后；

2）颈前三角区瘢痕形成，累计面积达25.0 cm²；

3）一侧喉返神经损伤，影响功能；

4）器质性声音嘶哑；

5）食管修补术后；

6）女性一侧乳房部分缺失或者畸形；

7）肋骨骨折6根以上，或者肋骨部分缺失2根以上；肋骨骨折4根以上并后遗2处畸形愈合；

8）肺修补术后；

9）呼吸困难（轻度）。

5.10.4　腹部损伤

1）腹壁疝，难以手术修补；

2）肝、脾或者胰腺修补术后；

3）胃、肠或者胆道修补术后；

4）膈肌修补术后。

5.10.5　盆部及会阴部损伤

1）肾、输尿管或者膀胱修补术后；

2）子宫或者卵巢修补术后；

3）外阴或者阴道修补术后；

4）睾丸破裂修补术后；

5）一侧输精管破裂修复术后；

6）尿道修补术后；

7）会阴部瘢痕挛缩，肛管狭窄；

8）阴茎头部分缺失。

5.10.6　脊柱、骨盆及四肢损伤

1）枢椎齿状突骨折，影响功能；

2）一椎体压缩性骨折（压缩程度达1/3）或者粉碎性骨折；一椎体骨折经手术治疗后；

3）四处以上横突、棘突或者椎弓根骨折，影响功能；

4）骨盆两处以上骨折或者粉碎性骨折，畸形愈合；

5）一侧髌骨切除；

6）一侧膝关节交叉韧带、半月板伴侧副韧带撕裂伤经手术治疗后，影响功能；

7）青少年四肢长骨骨折累及骨骺；

8）一上肢前臂旋转功能丧失 75% 以上；

9）双上肢长度相差 4.0 cm 以上；

10）双下肢长度相差 2.0 cm 以上；

11）四肢任一大关节（踝关节除外）功能丧失 25% 以上；

12）一踝关节功能丧失 50% 以上；

13）下肢任一大关节骨折后遗创伤性关节炎；

14）肢体重要血管循环障碍，影响功能；

15）一手小指完全缺失并第 5 掌骨部分缺损；

16）一足拇趾功能丧失 75% 以上；一足 5 趾功能丧失均达 50%；双足拇趾功能丧失均达 50%；双足除拇趾外任何 4 趾功能均完全丧失；

17）一足跟骨粉碎性骨折畸形愈合；

18）一足足弓结构部分破坏；

19）手或者足功能丧失分值≥10 分。

5.10.7 体表及其他损伤

1）手部皮肤瘢痕形成或者植皮术后，范围达一手掌面积 50%；

2）皮肤瘢痕形成达体表面积 4%；

3）皮肤创面长期不愈超过 1 年，范围达体表面积 1%。

6 附则

6.1 遇有本标准致残程度分级系列中未列入的致残情形，可根据残疾的实际情况，依据本标准附录 A 的规定，并比照最相似等级的条款，确定其致残程度等级。

6.2 同一部位和性质的残疾，不应采用本标准条款两条以上或者同一条款两次以上进行鉴定。

6.3 本标准中四肢大关节是指肩、肘、腕、髋、膝、踝六大关节。

6.4 本标准中牙齿折断是指冠折 1/2 以上，或者牙齿部分缺失致牙髓腔暴露。

6.5 移植、再植或者再造成活组织器官的损伤应根据实际后遗功能障碍程度参照相应分级条款进行致残程度等级鉴定。

6.6 永久性植入式假体（如颅骨修补材料、种植牙、人工支架等）损坏引起的功能障碍可参照相应分级条款进行致残程度等级鉴定。

6.7 本标准中四肢重要神经是指臂丛及其分支神经（包括正中神经、尺神经、桡神经和肌皮神经等）和腰骶丛及其分支神经（包括坐骨神经、腓总神经和胫神经等）。

6.8 本标准中四肢重要血管是指与四肢重要神经伴行的同名动、静脉。

6.9 精神分裂症或者心境障碍等内源性疾病不是外界致伤因素直接作用所致，不宜作为致残程度等级鉴定的依据,但应对外界致伤因素与疾病之间的因果关系进行说明。

6.10   本标准所指未成年人是指年龄未满18周岁者。

6.11   本标准中涉及面部瘢痕致残程度需测量长度或者面积的数值时,0~6周岁者按标准规定值50%计,7~14周岁者按80%计。

6.12   本标准中凡涉及数量、部位规定时,注明"以上""以下"者,均包含本数(有特别说明的除外)。

    (本书省略了附录 A、附录 B、附录 C)

附录三   人身损害误工期、护理期、营养期评定规范

(中华人民共和国公共安全行业标准   GA/T 1193—2014)

1   范围

本标准规定了人身损害误工期、护理期、营养期评定的原则、方法和内容。

本标准适用于人身伤害、道路交通事故、工伤事故、医疗损害等人身损害赔偿中受伤人员的误工期、护理期和营养期评定。

2   术语和定义

下列术语和定义适用于本文件。

2.1   误工期   loss of working time period

人体损伤后经过诊断、治疗达到临床医学一般原则所承认的治愈(即临床症状和体征消失)或体征固定所需要的时间。

2.2   护理期   nursing period

人体损伤后,在医疗或者功能康复期间生活自理困难,全部或部分需要他人帮助的时间。

2.3   营养期   vegetative period

人体损伤后,需要补充必要的营养物质,以提高治疗质量或者加速损伤康复的时间。

2.4   评定   assessment

运用专门知识,评价确定人身损害误工期(2.1)、护理期(2.2)和营养期(2.3)的过程。

2.5   评定意见   assessment conclusion

评定人运用专门知识对人身损害误工期(2.1)、护理期(2.2)和营养期(2.3)进行分析所得出的综合性判断。

3　总则

3.1　目的

本标准为人身损害误工期、护理期和营养期的评定提供依据。

3.2　评定原则

人身损害误工期、护理期和营养期的确定应以原发性损伤及后果为依据,包括损伤当时的伤情、损伤后的并发症和后遗症等,并结合治疗方法及效果,全面分析个体的年龄、体质等因素,进行综合评定;具体见附录 A、附录 B。

3.3　评定时机

评定时机应以外伤直接所致的损伤或确因损伤所致的并发症经过诊断、治疗达到临床医学一般原则所承认的症状及体征稳定为准。

4　头部损伤

4.1　头皮血肿

4.1.1　头皮下血肿:误工 7～15 日,无需护理和营养。

4.1.2　帽状腱膜下血肿/骨膜下血肿。

　　a)一般情况下:误工 15～30 日,护理 1～7 日,营养 1～7 日。

　　b)需穿刺抽血/加压包扎:误工 30～60 日,护理 1～15 日,营养 7～15 日。

4.2　头皮创

4.2.1　钝器创口长度小于或等于 6 cm、锐器创口长度小于或等于 8 cm:误工 20～30 日,护理 1～7 日,营养 1～7 日。

4.2.2　钝器创口长度大于 6 cm、锐器创口长度大于 8 cm:误工 45～60 日,护理 1～7 日,营养 7～15 日。

4.3　头皮撕脱伤

4.3.1　撕脱面积小于或等于 20 cm^2:误工 60～90 日,护理 7～15 日,营养 15～20 日。

4.3.2　撕脱面积大于 20 cm^2:误工 90～120 日,护理 15～60 日,营养 20～60 日。

4.4　头皮缺损

4.4.1　头皮缺损小于或等于 10 cm^2:误工 30～60 日,护理 7～15 日,营养 15～20 日。

4.4.2　头皮缺损大于 10 cm^2:误工 60～120 日,护理 15～90 日,营养 20～60 日。

4.5　颅盖骨骨折

4.5.1　单纯线状骨折:误工 30～60 日,护理 15～20 日,营养 20～30 日。

4.5.2　凹陷骨折/多发粉碎骨折:

　　a)非手术修复:误工 90～120 日,护理和营养期可根据临床治疗情况确定;

　　b)手术修复:误工 120～150 日,护理和营养期可根据临床治疗情况确定。

4.6　颅底骨折

4.6.1　单纯颅底骨折:误工 60～90 日,护理 15～20 日,营养 20～30 日。

4.6.2　伴有脑脊液漏和/或神经损伤:误工 90～120 日,护理 30～60 日,营养 30～60 日。

4.6.3 手术治疗:根据临床治疗情况确定。

4.7　闭合型颅脑损伤

4.7.1 轻型:误工 30~45 日,原则上不考虑护理、营养。

4.7.2 中型:误工 90~180 日,护理 30~60 日,营养 30~60 日。

4.7.3 重型:根据临床治疗情况确定。

4.7.4 极重型:根据临床治疗情况确定。

4.8　开放型颅脑损伤

4.8.1 不伴有神经系统体征:误工 30~90 日,护理 20~30 日,营养 30~60 日。

4.8.2 伴有神经系统体征:根据临床治疗情况确定。

4.9　颅脑损伤并发症及后遗症

根据临床治疗情况确定。

涉及外伤性智力缺损或者精神障碍者,原则上,误工期可在原损伤条款的基础上加 90 日,上限可至评残前一日止;营养期同原损伤的条款,护理期视临床情况确定。

5　面部损伤

5.1　眼部损伤

5.1.1 眼睑损伤:

　　a)眼睑血肿:误工 7~15 日,无需护理和营养;

　　b)眼睑裂伤:误工 20~30 日,护理 1~7 日,营养 1~7 日;

　　c)合并眼睑闭合不全/上睑下垂:误工 30~90 日,护理 7~20 日,营养 7~15 日;

　　d)行眼睑内、外翻手术治疗:误工 90~120 日,护理 20~30 日,营养 30~45 日。

5.1.2 眼肌损伤:误工 30~90 日,护理 15~30 日,营养 7~15 日。

5.1.3 泪器损伤:

　　a)泪小管、泪囊、泪腺损伤:误工 30~45 日,护理 7~15 日,营养 1~7 日;

　　b)鼻泪管损伤:

　　1)非手术治疗:误工 30~45 日,护理 7~15 日,营养 7~15 日;

　　2)手术治疗:根据临床治疗情况确定。

5.1.4 结膜损伤:

　　a)出血或充血:误工 15~30 日,无需护理和营养;

　　b)睑球粘连伴眼球运动障碍:误工 45~60 日,护理 30~45 日,营养 15~30 日;

　　c)双眼损伤:根据临床治疗情况确定。

5.1.5 角膜损伤:

　　a)无后遗症:误工 15~30 日,无需护理和营养;

　　b)行角膜移植术:误工 60~120 日,护理 30~60 日,营养 30~45 日。

5.1.6 虹膜睫状体损伤:

　　a)外伤性虹膜睫状体炎:误工 30~60 日,护理 7~15 日,营养 7~15 日;

b）外伤性瞳孔散大/虹膜根部离断：误工 30～60 日，护理 7～15 日，营养 7～15 日；

c）前房出血：误工 30～60 日，护理 15～30 日，营养 15～30 日；出血致角膜血染：误工 60～90 日，护理 30～45 日，营养 30～45 日；

d）睫状体脱离：根据临床治疗情况确定。

5.1.7　巩膜裂伤：

a）单纯巩膜裂伤：误工 45～60 日，护理 20～45 日，营养 20～45 日；

b）伴眼内容物脱出：误工 120～180 日，护理 45～60 日，营养 30～60 日。

5.1.8　晶状体损伤：

a）晶状体脱位：误工 60～90 日，护理 15～30 日，营养 7～15 日；

b）外伤性白内障：误工 60～120 日，护理 15～30 日，营养 7～15 日；

c）白内障手术治疗：误工 120～150 日，护理 15～45 日，营养 15～45 日。

5.1.9　玻璃体损伤：

a）玻璃体出血：误工 30～60 日，护理 15～30 日，营养 15～30 日；

b）玻璃体切割术：误工 120～180 日，护理 15～45 日，营养 15～45 日。

5.1.10　眼底损伤：

a）视网膜震荡、出血：误工 15～30 日，一般无需护理和营养；较为严重的损伤，治疗期间考虑护理和营养；

b）视网膜脱离或脉络膜脱离：根据临床治疗情况确定；

c）黄斑裂孔：误工 30～90 日，护理 30～45 日，营养 30～45 日；

d）外伤性视网膜病变：误工 90～120 日，护理 30～45 日，营养 30～45 日。

5.1.11　视神经损伤：误工 90～120 日，护理 30～45 日，营养 30～45 日。

5.1.12　眼球摘除：误工 30～60 日，护理 15～20 日，营养 15～20 日。

5.1.13　外伤性青光眼：误工 30～180 日，护理和营养根据临床治疗情况确定。

5.1.14　交感性眼炎、化脓性眼内炎：误工 90～180 日，护理 45～60 日，营养 60～90 日。

5.1.15　眼球后血肿：误工 45～60 日，护理和营养根据临床治疗情况确定。

5.1.16　眼球内异物或眼眶内异物：根据临床治疗情况确定。

5.1.17　眶壁骨折：

a）非手术治疗：误工 60～90 日，护理 15～30 日，营养 30～45 日；

b）手术治疗：根据临床治疗情况确定。

5.2　耳部损伤

5.2.1　耳廓损伤：

a）耳廓血肿：误工 15～20 日，护理 1～7 日，营养 1～15 日；

b）耳廓撕裂创、耳廓切割伤：误工 15～30 日，护理 7～15 日，营养 7～15 日；

c）耳廓部分或全部离断：误工 15～30 日，护理 7～15 日，营养 7～15 日；

d）化脓性耳廓软骨膜炎：误工 45～60 日，护理和营养根据临床治疗情况确定。

5.2.2　外耳道损伤：

　　a）单纯性外耳道损伤：误工20～30日，无需护理和营养；

　　b）合并乳突损伤或下颌骨损伤：误工90～120日，护理45～60日，营养45～60日。

5.2.3　鼓膜穿孔：

　　a）自行愈合：误工15～30日，无需护理，营养1～7日；

　　b）手术修补术：误工30～90日，护理1～7日，营养1～7日。

5.2.4　听骨链损伤：

　　a）听小骨脱位、骨折：误工30～60日，护理和营养根据临床治疗情况确定；

　　b）手术治疗：误工90～120日，护理和营养根据临床治疗情况确定。

5.2.5　内耳损伤：

　　a）迷路震荡：误工60～90日，护理7～15日，营养7～15日；

　　b）内耳窗膜破裂：误工90～120日，护理30～60日，营养15～30日。

5.3　鼻部损伤

5.3.1　鼻部皮肤创：误工15～30日，无需护理，营养1～7日。

5.3.2　鼻翼缺损：误工60～90日，护理7～30日，营养7～15日。

5.3.3　鼻骨骨折（鼻骨开放性骨折）：

　　a）线状骨折：误工20～30日，无需护理，营养1～7日；

　　b）粉碎性骨折/手术治疗：误工30～60日，护理20～30日，营养20～30日。

5.3.4　鼻窦损伤：误工60～90日，护理1～7日，营养7～15日。

5.4　颌面部、口腔损伤

5.4.1　颌面部皮肤擦伤、挫伤：误工15～20日，无需护理，营养1～7日。

5.4.2　颌面部皮肤创：

　　a）创口长度单条小于或等于3.5 cm或累计小于或等于5 cm：误工15～30日，护理1～7日，营养1～7日；

　　b）创口长度单条大于3.5 cm或累计大于5 cm：误工20～45日，护理1～7日，营养7～15日；

　　c）颌面部穿通伤：误工30～60日，护理1～7日，营养7～15日。

5.4.3　上、下颌骨骨折：

　　a）单纯线状骨折：误工60～90日，护理15～30日，营养30～60日；

　　b）粉碎性骨折：误工90～120日，护理30～60日，营养60～90日。

5.4.4　颧骨、颧弓骨折：

　　a）单纯线状骨折：误工60日，护理15～30日，营养20～30日；

　　b）粉碎性骨折：误工120日，护理20～30日，营养30～60日。

5.4.5　牙槽骨骨折：误工30～60日，护理7～15日，营养15～30日。

5.4.6　牙齿损伤：

　　a）牙齿脱落或折断：误工30～45日，护理1～7日，营养15～30日；

b)复位固定:误工 60 ~ 90 日,护理 7 ~ 15 日,营养 30 ~ 45 日。

5.4.7 颞颌关节损伤[颌关节单纯脱位、颌关节哆开性脱位、颞下颌关节脱位、颞下颌(关节)(韧带)扭伤]:误工 60 ~ 90 日,护理 7 ~ 15 日,营养 20 ~ 30 日。

5.4.8 舌损伤:误工 30 ~ 90 日,护理 1 ~ 7 日,营养 15 ~ 30 日。

5.4.9 腮腺损伤:误工 30 ~ 120 日,护理 7 ~ 15 日,营养 7 ~ 20 日。

5.4.10 面神经损伤:误工 90 ~ 120 日,护理 7 ~ 30 日,营养 7 ~ 30 日。

5.4.11 三叉神经损伤:误工 120 ~ 150 日,护理 7 ~ 30 日,营养 7 ~ 30 日。

6 颈部损伤

6.1 颈部皮肤创

误工 15 ~ 60 日,护理 1 ~ 7 日,营养 1 ~ 7 日。

6.2 咽部损伤

误工 20 ~ 30 日,护理 7 ~ 20 日,营养 7 ~ 20 日。

6.3 喉损伤

6.3.1 喉挫伤不伴有软骨骨折:误工 7 ~ 15 日,无需护理和营养。

6.3.2 喉切割伤:误工 30 ~ 60 日,护理和营养根据临床治疗情况确定。

6.3.3 喉损伤伴有软骨骨折:误工 60 ~ 90 日,护理和营养根据临床治疗情况确定。

6.3.4 喉烫伤或烧灼伤:误工 90 ~ 180 日,护理和营养根据临床治疗情况确定。

6.4 甲状腺损伤(甲状腺开放性伤口、甲状腺区扭伤和劳损)

6.4.1 甲状腺功能轻度损伤:误工 45 ~ 60 日,护理 15 ~ 30 日,营养 15 ~ 30 日。

6.4.2 甲状腺功能中度损伤:误工 90 ~ 120 日,护理和营养根据临床治疗情况确定。

6.4.3 甲状腺功能重度损伤:误工 150 ~ 180 日,护理和营养根据临床治疗情况确定。

6.4.4 伴有喉返神经损伤:误工 150 ~ 180 日,护理和营养根据临床治疗情况确定。

6.5 甲状旁腺损伤

6.5.1 甲状旁腺功能轻度损伤:误工 45 ~ 60 日,护理 15 ~ 30 日,营养 15 ~ 30 日。

6.5.2 甲状旁腺功能中度损伤:误工 90 ~ 120 日,护理和营养根据临床治疗情况确定。

6.5.3 甲状旁腺功能重度损伤:误工 150 ~ 180 日,护理和营养根据临床治疗情况确定。

7 胸部损伤

7.1 胸部软组织损伤

7.1.1 擦伤/挫伤:误工 15 ~ 30 日,无需护理,营养 1 ~ 7 日。

7.1.2 皮肤创长度小于或等于 20 cm:误工 15 ~ 30 日,护理 1 ~ 7 日,营养 1 ~ 15 日。

7.1.3 皮肤创长度大于 20 cm:误工 30 ~ 60 日,护理 1 ~ 15 日,营养 15 ~ 30 日。

7.1.4 胸壁异物存留:误工 30 ~ 60 日,护理 1 ~ 15 日,营养 15 ~ 30 日。

7.2 肋骨骨折

7.2.1 一处骨折:误工 30 ~ 40 日,护理 7 ~ 15 日,营养 15 ~ 30 日。

7.2.2 多根、多处骨折:误工 60 ~ 120 日,护理 30 ~ 60 日,营养 30 ~ 60 日。

7.3　胸骨骨折

误工 60～120 日,护理 20～30 日,营养 30～60 日。

7.4　气胸

7.4.1　小量(肺压缩三分之一以下):误工 15～30 日,护理 7～15 日,营养 7～15 日。

7.4.2　中量(肺压缩三分之二以下):误工 30～90 日,护理 15～30 日,营养 15～30 日。

7.4.3　大量(肺压缩三分之二以上):误工 90～120 日,护理 30～45 日,营养 30～45 日。

7.5　血胸

7.5.1　小量(胸腔积血 500 mL 以下):误工 30～60 日,护理 7～15 日,营养 7～15 日。

7.5.2　中量(胸腔积血 500～1 500 mL):误工 60～90 日,护理 15～30 日,营养 15～30 日。

7.5.3　大量(胸腔积血 1 500 mL 以上):误工 90～120 日,护理 20～30 日,营养 30～45 日。

7.6　肺损伤

7.6.1　肺挫伤:误工 30～90 日,护理 15～20 日,营养 15～20 日。

7.6.2　肺裂伤修补术:误工 60～90 日,护理 30～60 日,营养 30～60 日。

7.6.3　肺叶切除:误工 90～120 日,护理 30～60 日,营养 30～60 日。

7.6.4　一侧全肺切除:误工 120～180 日,护理 30～60 日,营养 60～90 日。

7.6.5　肺爆震伤:误工 90～120 日,护理 30～60 日,营养 30～60 日。

7.6.6　肺内异物存留或肺内异物摘除术:误工 60～90 日,护理 30～60 日,营养 30～60 日。

7.7　食管损伤

7.7.1　保守治疗:误工 30～60 日,护理 30～60 日,营养 20～30 日。

7.7.2　手术治疗:误工 90～120 日,护理 60～120 日,营养 60～90 日。

7.8　气管、支气管损伤

7.8.1　保守治疗:误工 30～60 日,护理 30～60 日,营养 20～30 日。

7.8.2　手术治疗:误工 90～120 日,护理 60～120 日,营养 60～90 日。

7.9　心脏损伤

误工 120～210 日,护理 90～120 日,营养 60～90 日。

7.10　胸内大血管损伤

根据临床治疗情况确定。

7.11　胸导管损伤

误工 60～90 日,护理和营养根据临床治疗情况确定。

7.12　纵隔气肿、脓肿、纵隔炎

误工 90～180 日,护理和营养根据临床治疗情况确定。

7.13　膈肌损伤

7.13.1　膈疝形成:误工 30～60 日,护理 30～60 日,营养 45～60 日。

7.13.2　手术治疗:误工 90 ~ 120 日,护理和营养根据临床治疗情况确定。

7.14　乳房损伤

误工 30 ~ 60 日,护理 1 ~ 15 日,营养 7 ~ 30 日。

8　腹部损伤

8.1　腹部软组织损伤

8.1.1　皮肤擦、挫伤:误工 15 ~ 30 日,无需护理,营养 1 ~ 7 日。

8.1.2　皮肤创长度小于或等于 20 cm:误工 15 ~ 30 日,护理 1 ~ 7 日,营养 1 ~ 15 日。

8.1.3　皮肤创长度大于 20 cm:误工 30 ~ 60 日,护理 1 ~ 15 日,营养 15 ~ 30 日。

8.1.4　腹壁异物存留:误工 45 ~ 60 日,护理 7 ~ 15 日,营养 15 ~ 30 日。

8.1.5　腹部穿通伤行腹部探查术:误工 45 ~ 60 日,护理和营养根据临床治疗情况确定。

8.2　肝脏损伤

8.2.1　非手术治疗:误工 60 ~ 90 日,护理 15 ~ 30 日,营养 30 ~ 60 日。

8.2.2　修补术或部分切除术:误工 90 ~ 150 日,护理 30 ~ 60 日,营养 60 ~ 90 日。

8.3　脾损伤

8.3.1　非手术治疗:误工 60 日,护理 15 ~ 30 日,营养 30 ~ 60 日。

8.3.2　部分切除或全脾摘除术:误工 90 ~ 120 日,护理 30 ~ 60 日,营养 60 ~ 90 日。

8.3.3　延迟性脾破裂:误工、护理和营养根据临床治疗情况确定。

8.4　胰腺损伤

8.4.1　挫伤:误工 60 ~ 90 日,护理 20 ~ 30 日,营养 30 ~ 60 日。

8.4.2　修补术:误工 90 ~ 180 日,护理 30 ~ 60 日,营养 60 ~ 120 日。

8.4.3　部分切除或全胰腺切除术:误工 90 ~ 180 日,护理 60 ~ 90 日,营养 60 ~ 90 日。

8.4.4　假性囊肿:误工 90 ~ 180 日,护理 60 ~ 90 日,营养 60 ~ 90 日。

8.5　肾损伤

8.5.1　挫伤:误工 30 ~ 90 日,护理 15 ~ 20 日,营养 15 ~ 20 日。

8.5.2　破裂:误工 90 ~ 120 日,护理 30 ~ 60 日,营养 30 ~ 90 日。

8.6　腹部空腔脏器损伤

8.6.1　空腔脏器修补术:误工 60 ~ 90 日,护理 30 ~ 60 日,营养 60 ~ 120 日。

8.6.2　空腔脏器部分切除术:误工 90 ~ 120 日,护理 30 ~ 60 日,营养 60 ~ 120 日。

8.6.3　腹部探查术:误工 60 ~ 90 日,护理 30 ~ 45 日,营养 45 ~ 60 日。

8.7　膀胱、输尿管、尿道损伤

8.7.1　挫伤:误工 15 ~ 30 日,护理 15 ~ 30 日,营养 7 ~ 15 日。

8.7.2　破裂:误工 30 ~ 90 日,护理 30 ~ 60 日,营养 30 ~ 60 日。

8.7.3　手术治疗:误工 60 ~ 150 日,护理 40 ~ 60 日,营养 45 ~ 60 日。

8.8　输卵管、卵巢、子宫损伤(创伤性子宫穿孔、创伤性子宫破裂、子宫损伤通入体腔开放性伤口)

8.8.1   挫伤:误工 15～30 日,护理 15～30 日,营养 7～15 日。

8.8.2   破裂:误工 30～90 日,护理 30～60 日,营养 30～60 日。

8.8.3   手术治疗:误工 60～90 日,护理 45～60 日,营养 45～60 日。

8.9   腹膜后血肿

　　误工 60～90 日,护理和营养根据临床治疗情况确定。

9   脊柱、骨盆部损伤

9.1   脊柱骨折

9.1.1   非手术治疗:误工 45～150 日,护理 45～60 日,营养 45～60 日。

9.1.2   手术治疗:误工 120～180 日,护理 60～90 日,营养 60～90 日。

9.2   椎间关节脱位

　　误工 45～60 日,护理 30～45 日,营养 20～30 日。

9.3   外伤性椎间盘突出

9.3.1   非手术治疗:误工 60～120 日,护理 30～60 日,营养 30～60 日。

9.3.2   手术治疗:误工 90～150 日,护理 60～90 日,营养 60～90 日。

9.4   脊髓损伤

9.4.1   脊髓震荡:误工 30～60 日,护理 30～45 日,营养 20～30 日。

9.4.2   脊髓挫伤、脊髓压迫:根据临床治疗情况确定。

9.5   骨盆骨折

9.5.1   稳定型骨折:误工 60～120 日,护理 20～30 日,营养 30～60 日。

9.5.2   不稳定型骨折:误工 120～180 日,护理 60～90 日,营养 60～90 日。

9.6   阴茎损伤

9.6.1   挫伤:误工 1～30 日,护理 1～7 日,营养 1～15 日。

9.6.2   裂伤:误工 15～60 日,护理 1～30 日,营养 1～30 日。

9.6.3   脱位:误工 30～60 日,护理 30～60 日,营养 30～60 日。

9.6.4   断裂或缺损:误工 30～90 日,护理 45～60 日,营养 45～60 日。

9.7   阴囊损伤

9.7.1   阴囊血肿、鞘膜积血:误工 15～60 日,护理 7～30 日,营养 7～30 日。

9.7.2   阴囊撕裂伤(阴囊开放性伤口):误工 30～90 日,护理 20～30 日,营养 20～
30 日。

9.8   睾丸损伤

9.8.1   睾丸挫伤或脱位:误工 30～60 日,护理 20～30 日,营养 20～30 日。

9.8.2   睾丸破裂:误工 60～90 日,护理 30～60 日,营养 30～60 日。

9.8.3   一侧睾丸切除:误工 60～90 日,护理 45～60 日,营养 45～60 日。

9.9   女性外阴裂伤

　　误工 60～90 日,护理 20～30 日,营养 20～30 日。

9.10　阴道损伤

误工 60～90 日,护理 20～30 日,营养 20～30 日。

9.11　外伤性流产、早产

误工 60～90 日,护理 20～30 日,营养 30～60 日。

10　肢体与关节损伤

10.1　肢体软组织损伤

10.1.1　皮肤擦、挫伤:误工 7～15 日,无需护理,营养 1～7 日。

10.1.2　皮肤创长度小于或等于 20 cm:误工 15～20 日,护理 1～7 日,营养 1～15 日。

10.1.3　皮肤创长度大于 20 cm:误工 20～30 日,护理 1～15 日,营养 15～30 日。

10.2　骨折

10.2.1　锁骨骨折:

　　a)非手术治疗:误工 60～120 日,护理 30～60 日,营养 60～90 日;

　　b)手术治疗:误工 90～120 日,护理 30～60 日,营养 60～90 日。

10.2.2　肩胛骨骨折:

　　a)非手术治疗:误工 60～120 日,护理 30～60 日,营养 30～60 日;

　　b)手术治疗:误工 90～180 日,护理 30～60 日,营养 60～90 日。

10.2.3　肱骨骨折:

　　a)非手术治疗:误工 60～180 日,护理 30～60 日,营养 60～90 日;

　　b)手术治疗:误工 90～270 日,护理 60～90 日,营养 60～90 日。

10.2.4　尺骨鹰嘴骨折:

　　a)非手术治疗:误工 60～90 日,护理 30～60 日,营养 30～60 日;

　　b)手术治疗:误工 90～120 日,护理 30～60 日,营养 60～90 日。

10.2.5　尺桡骨折:

　　a)非手术治疗:误工 90～120 日,护理 30～60 日,营养 60～90 日;

　　b)手术治疗:误工 90～180 日,护理 30～60 日,营养 60～90 日。

10.2.6　腕骨骨折:

　　a)骨折:误工 90～180 日,护理 30～60 日,营养 20～30 日;

　　b)脱位:误工 120～180 日,护理 30～60 日,营养 20～30 日。

10.2.7　指、掌骨骨折:

　　a)非手术治疗:误工 45～60 日,护理 20～30 日,营养 20～30 日;

　　b)手术治疗:误工 30～90 日,护理 20～30 日,营养 20～30 日。

10.2.8　股骨颈骨折:

　　a)非手术治疗:误工 240～365 日,护理 120～180 日,营养 30～90 日;

　　b)手术治疗:误工 180～365 日,护理 90～150 日,营养 90～180 日。

10.2.9 股骨粗隆间骨折:

a)非手术治疗:误工 180～270 日,护理 120～180 日,营养 30～90 日;

b)手术治疗:误工 180～270 日,护理 90～180 日,营养 90～180 日。

10.2.10 股骨干骨折:

a)非手术治疗:误工 90～180 日,护理 60～120 日,营养 30～90 日;

b)手术治疗:误工 90～300 日,护理 60～120 日,营养 60～90 日。

10.2.11 股骨远端骨折:

a)非手术治疗:误工 90～180 日,护理 60～120 日,营养 30～90 日;

b)手术治疗:误工 120～270 日,护理 60～120 日,营养 30～90 日。

10.2.12 髌骨骨折:

a)非手术治疗:误工 120～150 日,护理 30～60 日,营养 30～60 日;

b)手术治疗:误工 120～180 日,护理 60～90 日,营养 30～60 日。

10.2.13 胫骨平台骨折:

a)非手术治疗:误工 90～150 日,护理 60～90 日,营养 30～60 日;

b)手术治疗:误工 120～180 日,护理 60～90 日,营养 30～60 日。

10.2.14 胫腓骨骨折:

a)胫骨骨折:误工 120～180 日,护理 30～90 日,营养 60～90 日;

b)腓骨骨折:误工 60～90 日,护理 30～60 日,营养 30～60 日;

c)胫腓骨双骨折:误工 120～180 日,护理 30～90 日,营养 60～90 日;

d)开放性骨折:误工 150～180 日,护理 60～90 日,营养 60～90 日;

e)胫骨近端粉碎性骨折:误工 150～180 日,护理 60～90 日,营养 60～90 日。

10.2.15 踝部骨折:

a)单踝骨折:误工 90～120 日,护理 30～60 日,营养 60～90 日;

b)双踝骨折:误工 90～180 日,护理 30～60 日,营养 60～90 日;

c)三踝骨折:误工 90～180 日,护理 30～60 日,营养 60～90 日。

10.2.16 舟、楔骨骨折:误工 120 日,护理 30～60 日,营养 60～90 日。

10.2.17 跟、距骨骨折:

a)单纯骨折:误工 90～180 日,护理 60～90 日,营养 60～90 日;

b)累及关节面:误工 90～240 日,护理 60～90 日,营养 90～120 日;

c)手术治疗:误工 90～240 日,护理 60～90 日,营养 60～90 日。

10.2.18 跖、趾骨及其他跗骨骨折

a)非手术治疗:误工 90～120 日,护理 30～60 日,营养 60～90 日;

b)手术治疗:误工 120～150 日,护理 30～60 日,营养 60～90 日。

10.3 关节脱位

10.3.1 肩关节脱位:

a)非手术治疗:误工 60～90 日,护理 30～60 日,营养 20～30 日;

b)手术治疗:误工 60 ~ 180 日,护理 30 ~ 60 日,营养 20 ~ 30 日。

10.3.2　肘关节脱位:

a)非手术治疗:误工 60 ~ 90 日,护理 30 ~ 60 日,营养 20 ~ 30 日;

b)手术治疗:误工 60 ~ 180 日,护理 30 ~ 60 日,营养 60 ~ 90 日。

10.3.3　髋关节脱位:

a)非手术治疗:误工 90 ~ 150 日,护理 30 ~ 90 日,营养 30 ~ 60 日;

b)手术治疗:误工 90 ~ 180 日,护理 30 ~ 90 日,营养 60 ~ 90 日。

10.3.4　其他关节脱位:

a)胸锁/肩锁关节脱位:误工 60 ~ 180 日,护理 30 ~ 60 日,营养 30 日;

b)腕部脱位:误工 60 ~ 180 日,护理 30 ~ 60 日,营养 20 ~ 30 日;

c)掌指/指间关节脱位:误工 60 ~ 90 日,护理 30 ~ 60 日,营养 30 日;

d)距骨脱位:误工 60 ~ 120 日,护理 30 ~ 90 日,营养 20 ~ 30 日;

e)跗间/跗跖关节脱位:误工 60 ~ 120 日,护理 30 ~ 90 日,营养 20 ~ 30 日;

f)跖趾/趾间关节脱位:误工 60 ~ 90 日,护理 30 ~ 90 日,营养 20 ~ 30 日;

g)趾间关节/跗足关节骨折脱位:误工 60 ~ 180 日,护理 30 ~ 90 日,营养 60 ~ 90 日。

10.4　四肢大关节韧带损伤

误工 60 ~ 120 日,护理 60 ~ 90 日,营养 30 ~ 60 日。

10.5　主要肌腱断裂

误工 60 ~ 150 日,护理和营养根据治疗情况确定。

10.6　肢体离断

10.6.1　断肢:误工 120 ~ 180 日,护理 30 ~ 90 日,营养 90 日。断肢需持续治疗的,可视临床治疗情况确定。

10.6.2　断指:误工 60 ~ 90 日,护理 30 ~ 90 日,营养 30 ~ 60 日。多指离断可视临床治疗情况确定。

10.7　断肢(指、趾)再植

根据临床治疗恢复情况确定。

10.8　周围神经损伤

10.8.1　臂丛及其重要分支神经损伤(尺神经/桡神经/正中神经/腋神经/肌皮神经):误工 180 ~ 365 日,护理 30 ~ 150 日,营养 30 ~ 60 日。

10.8.2　腰、骶丛及其重要分支神经(坐骨神经/股神经/胫神经/腓总神经):误工 180 ~ 365 日,护理 30 ~ 150 日,营养 30 ~ 60 日。

10.9　四肢主要血管损伤

误工 90 ~ 180 日,护理 30 ~ 60 日,营养 30 ~ 60 日。

11 其他损伤

11.1 烧烫伤

11.1.1 轻度:误工 30~45 日,护理 1~30 日,营养 20~30 日。

11.1.2 中度:误工 60~90 日,护理 30~60 日,营养 60 日。

11.1.3 重度:误工 120 日,护理 60~120 日,营养 90~120 日。

11.1.4 特重度:根据临床治疗情况确定。

11.2 冻伤

11.2.1 局部冻伤:

　　a)Ⅰ度:误工 15~30 日,护理 1~30 日,营养 1~30 日;

　　b)Ⅱ度:误工 30~45 日,护理 15~30 日,营养 30~60 日;

　　c)Ⅲ度:误工 60~90 日,护理 60~90 日,营养 60~90 日;

　　d)Ⅳ度:误工 120~150 日,护理 60~90 日,营养 60~90 日。

11.2.2 全身冻伤:根据临床治疗情况确定。

11.3 其他物理化学生物因素损伤

　　参照有关条款。

11.4 损伤致皮下软组织出血

　　出血达全身体表面积的 30% 以上,误工 60~120 日,护理和营养根据临床治疗情况确定。

11.5 损伤致创伤性休克、失血性休克或感染性休克

　　误工 60~90 日,护理和营养根据临床治疗情况确定。

11.6 损伤致异物存留在脑、心等重要器官内

　　误工 90~120 日,护理和营养根据临床治疗情况确定。

11.7 损伤致挤压综合征

　　误工 90~120 日,护理和营养根据临床治疗情况确定。

附录 A

(规范性附录)
判定基准的补充

A.1 本标准中的"误工期、护理期、营养期"是指本次损伤/事故所致的期限,需排除既往损伤、疾病。

A.2 本标准中的"误工期、护理期、营养期"为各类损伤/事故的一般性期限,在具体案件的评定中,应遵循个性化为主、循证化为辅的原则,考虑不同个体的自身情况、损伤情况、临床治疗、恢复等因素具体分析,综合评定,不可机械照搬。

A.3 人身损害后的临床"误工期、护理期、营养期"低于本标准期限的,按临床实际发生的期限计算。

A.4 多处损伤,不能将多处损伤的"误工期、护理期、营养期"进行简单累加;一般以"误工期、护理期、营养期"较长的损伤为主,并结合其他损伤的期限综合考虑,必要时酌情延长。

A.5 对于一些损伤后恢复期较长,但已进入调解程序或诉讼程序的,"误工期、护理期、营养期"鉴定的上限可以至伤残鉴定前 1 日。

A.6 "误工期、护理期、营养期"原则上不超过 24 个月。

A.7 遇有本标准以外的损伤,应根据临床治疗情况,或比照本标准相类似损伤所需的"误工期、护理期、营养期"进行评定。

A.8 继发性损伤、合并症、并发症或需二期治疗的,根据临床治疗恢复情况确定。

A.9 由于个体差异、潜在疾病、年龄等因素介入导致"误工期、护理期、营养期"有所变化的,应根据具体情况综合评定。

附录 B

(规范性附录)
损伤分级的依据

B.1 颅脑损伤分级

B.1.1 轻型颅脑损伤:无颅骨骨折,昏迷时间不超过 0.5 h,有轻度头痛、头晕等症状。神经系统检查和脑脊液检查均正常。

B.1.2 中型颅脑损伤:相当于轻的脑挫裂伤,有或无颅骨骨折,蛛网膜下腔出血,无脑受压征象。昏迷时间不超过 12 h,有轻度神经系统病理体征,体温、脉搏、呼吸及血压均有轻度改变。

B.1.3 重型颅脑损伤:相当于广泛的脑挫裂伤,脑干损伤或急性颅内血肿,深昏迷在 12 h 以上。有明显的神经系统病理体征,如瘫痪、脑疝综合征、去大脑强直等,有明显的体温、脉搏、呼吸和血压变化。

B.1.4 特重型颅脑损伤:伤后立即出现深昏迷,去大脑强直或伴有其他脏器损伤、休克等。迅速出现脑疝、双瞳孔散大、生命体征严重紊乱等,甚至出现呼吸停止。

B.2 烧烫伤程度分级

B.2.1 成人烧烫伤程度划分:

a) 轻度烧烫伤:烧烫伤总面积小于或等于 10%,Ⅲ度烧烫伤面积小于或等于 5%;

b) 中度烧烫伤:烧烫伤总面积 10%~30%,Ⅲ度烧烫伤面积 5%~10%;

c) 重度烧烫伤:烧烫伤总面积 31%~50%,Ⅲ度烧烫伤面积 11%~20%;

d) 特重度烧烫伤:烧烫伤总面积大于 50%,Ⅲ度烧烫伤面积大于 20%。

B.2.2   小儿烧烫伤程度划分：

  a)轻度烧烫伤:烧烫伤总面积小于或等于10%,无Ⅲ度烧烫伤；

  b)中度烧烫伤:烧烫伤总面积10%~29%,Ⅲ度烧烫伤面积小于或等于5%；

  c)重度烧烫伤:烧烫伤总面积30%~49%,Ⅲ度烧烫伤面积5%~14%；

  d)特重度烧烫伤:烧烫伤总面积大于50%,Ⅲ度烧烫伤面积大于15%。

B.3   甲状腺功能低下程度分级

B.3.1   轻度甲状腺功能低下：

  a)临床症状较轻；

  b)B.M.R.(基础代谢率)-20%~-10%；

  c)吸碘率15%~20%(24 h)；

  d)参考 T3(三碘甲状腺原氨酸)、T4(甲状腺素)检查和甲状腺同位素扫描。

B.3.2   中度甲状腺功能低下：

  a)临床症状较重；

  b)B.M.R.-30%~-20%；

  c)吸碘率10%~15%(24 h)；

  d)参考 T3、T4 检查和甲状腺同位素扫描。

B.3.3   重度甲状腺功能低下：

  a)临床症状严重；

  b)B.M.R.<-30%；

  c)吸碘率<10%(24 h)；

  d)参考 T3、T4 检查和甲状腺同位素扫描。

B.4   甲状旁腺功能低下程度分级

B.4.1   轻度甲状旁腺功能低下:空腹血钙7~8 mg/dL。

B.4.2   中度甲状旁腺功能低下:空腹血钙6~7 mg/dL。

B.4.3   重度甲状旁腺功能低下:空腹血钙<6 mg/dL。

附录四　人身损害护理依赖程度评定

（中华人民共和国公共安全行业标准　GA/T 800—2008）

1   范围

  本标准规定了人身损害躯体伤残者和精神障碍者,日常生活是否需要护理依赖及其程度的评定原则和方法。

本标准适用于因人为伤害、交通事故、意外伤害等因素所造成的人身伤残、精神障碍护理依赖程度的评定。

国家和其他行业已有规定的,执行其相关规定。

2 术语和定义

下列术语和定义适用于本标准。

2.1 躯体残疾者 the disabled due to body injury

因各种伤害因素造成人体组织器官不可恢复的结构破坏或功能障碍,不能进行一般人所能从事的工作、学习或其他活动的人。

2.2 精神障碍者 the mentally disorderred

因各种伤害因素造成人的大脑功能失调或结构改变,导致感知、情感、思维、意志和行为等精神活动出现不同程度受损的人。

2.3 日常生活活动能力 activities of daily living(ADL)

人体日常生活必须反复进行的、基本的、具有共同性身体动作的能力。包括:进食,床上活动,穿衣,修饰,洗澡,大、小便及行走等。

2.4 日常生活自理能力 abilities of taking care of oneself

人体在正常思维支配下,为满足基本生理、生活需要,必须反复进行的一系列身体动作或活动的能力。包括:进食、更衣、修饰、整理个人卫生、使用日常生活工具、自主外出行走等。

2.5 躯体移动能力 abilities of body moving

人体自主在床上移动,上、下床,室内或室外行走,上、下楼梯等能力。

2.6 日常生活活动能力丧失 loss of ADL

躯体残疾者因各种损害因素导致日常生活活动能力部分或全部永久性丧失。

2.7 日常生活自理能力丧失 loss of abilities for taking care of oneself

精神障碍者因感知、思维、情感、行为、意志、智力等出现异常,部分或全部丧失料理自己日常生活能力。

2.8 护理依赖 dependence on being nursed

躯体残疾者和精神障碍者需经他人护理、帮助以维系日常生活。

2.9 护理依赖程度 dependence levels of being nursed

躯体残疾者或精神障碍者需要他人帮助的程度。

2.10 他人接触身体的帮助 help with touch for the disabled by injury

躯体残疾者需要他人给予抱、抬、搬、背等帮助。

2.11 治疗终结 medical treatment finality

临床医学一般原则所承认的临床症状和体征消失或固定。

3 总则

3.1 评定原则

护理依赖程度的评定应遵循实事求是的原则,以伤害因素对人体直接造成的损害及并发症导致日常活动能力或日常生活自理能力丧失为依据,综合评定。

3.2 评定要求

3.2.1 对被评定人应进行客观、全面、详细的查体,必要时应做相应的辅助检查。

3.2.2 除被评定人主诉及其近亲属的陈诉外,被评定人还应有客观临床体征,并与辅助检查、病历记载相符合。

3.2.3 被评定人原有疾病或残疾需要护理依赖的,必要时确定本次损伤因素的参与度。见附录 A。

3.2.4 被评定人同时有躯体残疾和精神残疾的,应分别评定,按护理依赖程度较重的定级。

3.3 评定时机

3.3.1 躯体残疾者护理依赖程度评定,应在其治疗终结后进行。

3.3.2 精神障碍者护理依赖程度评定,应在其精神障碍至少经过一年以上治疗后进行。

3.4 评定等级及比例

3.4.1 护理依赖程度等级

护理依赖程度分以下三级:

a)完全护理依赖;

b)大部分护理依赖;

c)部分护理依赖。

3.4.2 护理依赖赔付比例

护理依赖赔付比例,参见附录 B。

3.5 护理依赖程度表述

护理依赖程度表述,参见附录 C。

3.6 评定人条件

由取得主检法医师、精神专科主治医师以上职称或取得司法鉴定人资格的人员担任。

3.7 列举数字

列举的数字"以上或以下"均包括本数。

4 躯体残疾者护理依赖程度评定

4.1 日常生活活动能力项目、评定分值和计算

4.1.1 日常生活活动能力项目

4.1.1.1 进食

拿取食物,放入口中,咀嚼,咽下。

4.1.1.2　床上活动

床上活动包括：

a）翻身；

b）平移；

c）起坐。

4.1.1.3　穿衣

穿衣包括：

a）穿脱上身衣服；

b）穿脱下身衣服。

4.1.1.4　修饰

修饰包括：

a）洗（擦）脸；

b）刷牙；

c）梳头；

d）剃须。

以上4项指使用放在身边的洗漱用具。

4.1.1.5　洗澡

进入浴室，完成洗澡。

4.1.1.6　床椅转移

从床上移动到椅子上或从椅子上移动到床上。

4.1.1.7　行走

行走包括：

a）平地行走；

b）上楼梯；

c）下楼梯。

4.1.1.8　小便始末

到规定地方，解系裤带，完成排尿。

4.1.1.9　大便始末

到规定地方，解系裤带，完成排便。

4.1.1.10　用厕

用厕包括：

a）蹲（坐）起；

b）拭净；

c）冲洗（倒掉）；

d）整理衣裤。

4.1.2 评定分值

躯体残疾者日常生活活动能力 10 项评定分值见附表 1。

附表 1　日常活动能力项目评定分值（100 分）

项目		评定分值/分
进食	能自主完成	10
	经常依靠他人帮助把食物拿取到面前或身边才能完成	5
	完全依靠他人拿取食物和接触身体的帮助才能完成，或需他人喂食	0
床上活动	能自主完成 4.1.1.2 的 a)、b)、c)	10
	需要他人看护或扶助才能完成，或只能完成 4.1.1.2 中的 1 项或 2 项，其余需依靠他人接触身体的帮助才能完成	5
	完全依靠他人接触身体的帮助才能完成 4.1.1.2 的 a)、b)、c)	0
穿衣	能自主完成 4.1.1.3 的 a)、b)	10
	只能完成 4.1.1.3 的 a)或 b)	5
	完全依靠他人接触身体的帮助才能完成 4.1.1.3 的 a)和 b)	0
修饰	能自主完成 4.1.1.4 的 a)、b)、c)、d)	5
	主要或完全依靠他人接触身体的帮助才能完成 4.1.1.4 的 a)、b)、c)、d)	0
洗澡	能自主完成	5
	主要或完全依靠他人接触身体的帮助才能完成	0
床椅转移	能自主完成	15
	借助残疾辅助器具或其他用具才能完成	10
	长期需依靠他人看护或扶助才能完成	5
	完全依靠他人接触身体的帮助才能完成	0
行走	能自主完成 4.1.1.7 的 a)、b)、c)	15
	借助残疾辅助器具或其他用具才能完成 4.1.1.7 的 a)、b)、c)	10
	借助残疾辅助器具只能完成 4.1.1.7 的 a)，其余需依靠他人看护或扶助才能完成	5
	完全依靠他人接触身体的帮助才能完成 4.1.1.7 的 a)、b)、c)	0
小便始末	能自主完成	10
	长期需他人看护或扶助才能去规定的地方完成小便过程	5
	长期在床上小便或长期依靠他人接触身体的帮助才能完成，并依靠他人帮助清理小便	0

续附表1

项目		评定分值/分
大便始末	能自主完成	10
	长期需他人看护或扶助才能去规定的地方完成大便过程	5
	长期在床上大便或长期依靠他人接触身体的帮助才能完成,并依靠他人帮助清理大便	0
用厕	能自主完成4.1.1.10的a)、b)、c)、d)	10
	只能完成4.1.1.10的a)、b)、c)、d)中的3项以下,其余需依靠他人接触身体帮助或借助其他设施、辅助用具才能完成	5
	完全依靠他人接触身体帮助才能完成4.1.1.10的a)、b)、c)、d)	0

注:看护,是指为了防止躯体残疾者在进行床椅转移、行走、上、下楼梯、大、小便等日常生活活动时出现摔倒、跌下等危险,而需他人经常照看。

扶助,是指躯体残疾者在进行日常生活活动时,需他人在旁边实施搀扶、护持等帮助,以防止躯体残疾者出现行走不稳、摔倒、跌下等危险。

上述二种情况,躯体残疾者日常生活活动主要是靠自身的能力完成。

4.1.3 计算

4.1.3.1 根据躯体残疾者完成日常生活活动能力项目的情况,客观确定每项分值。

4.1.3.2 将各项分值相加得出总分值。

4.2 护理依赖程度评定

4.2.1 护理依赖

4.2.1.1 日常生活活动能力项目总分值为100分。

4.2.1.2 总分值在61分以上,日常生活活动基本自理,为不需要护理依赖。

4.2.1.3 总分值在60分以下,为需要护理依赖。

4.2.2 护理依赖程度

4.2.2.1 总分值在60分～41分,为部分护理依赖。

4.2.2.2 总分值在40分～21分,为大部分护理依赖。

4.2.2.3 总分值在20分以下,为完全护理依赖。

5 精神障碍者护理依赖程度评定

5.1 日常生活自理能力项目、评定分值和计算

5.1.1 日常生活自理能力项目

5.1.1.1 进食

进食是指:

a)按时;

b)定量;

c)在规定地点完成进食。

以上3项无须他人提醒、引领、督促、控制或喂食,无厌食、拒食、绝食、暴饮暴食、不知饥饱等行为。

5.1.1.2 修饰

修饰包括:

a)梳头;

b)洗脸;

c)刷牙;

d)剃须。

以上4项不需他人帮助打水、准备洗漱用具等。

5.1.1.3 更衣

更衣是指;

a)穿脱衣服;

b)定时更换衣服;

c)按季节、天气、温度变化适时增减衣服。

5.1.1.4 理发、洗澡、剪指甲

理发、洗澡、剪指甲是指:

a)去理发店理发;

b)去洗浴处洗澡;

c)自己或要求他人帮助剪指甲。

5.1.1.5 整理个人卫生

整理个人卫生包括:

a)整理自己的床铺;

b)打扫室内卫生;

c)清洗衣物;

d)女性能自理经期卫生,使用更换卫生巾、清洗内裤等。

5.1.1.6 小便始末

小便始末是指:

a)到规定地方;

b)解系裤带,完成小便过程;

c)清理小便。

5.1.1.7 大便始末

大便始末是指:

a)到规定地方;

b)解系裤带,完成大便过程;

c)清理大便。

5.1.1.8 外出行走

外出行走是指：

a）自主外出；

b）通常能独自找回出发处；

c）需要他人陪同。

5.1.1.9 睡眠

睡眠是指：

a）按正常人的作息时间、规律睡眠；

b）不能按正常人的作息时间、规律睡眠，如昼夜颠倒、白天思睡、夜间不宁、晚上不睡、早晨不起等；

c）睡眠需要他人监护、帮助。

5.1.1.10 服药

服药是指：

a）保管药物；

b）定时服药；

c）定量服药。

5.1.1.11 使用日常生活用具

使用日常生活用具是指：

a）使用炉灶；

b）使用日用电器；

c）使用自来水。

5.1.1.12 乘车

乘车是指：

a）能乘坐交通工具，如公共汽车、出租车等。

b）需要他人陪同；

c）不能乘坐交通工具。

5.1.2 评定分值

精神障碍者日常生活自理能力12项评定分值见附表2。

附表2 日常生活自理能力项目评定分值

项目		评定分值
进食	能自主完成5.1.1.1的a)、b)、c)	10分
	经常依靠他人提醒、引领、督促、控制才能完成5.1.1.1的a)、b)、c)中的1项或2项	5分
	完全依靠他人督促、帮助才能完成5.1.1.1的a)、b)、c)，或需他人喂食	0分

续附表2

项目		评定分值
修饰	能保持外貌整洁,自主完成5.1.1.2的a)、b)、c)、d)中2项以上	10分
	经常需他人提醒、督促、帮助才能完成5.1.1.2的a)、b)、c)、d)中1项以上	5分
	完全依靠他人督促、帮助才能完成5.1.1.2的a)、b)和(或)c)、d)	0分
更衣	衣着得体,能自主完成5.1.1.3的a)、b)、c)	10分
	经常需他人提醒、督促、帮助才能完成5.1.1.3的a)、b)、c)	5分
	完全依靠他人帮助才能完成5.1.1.3的a)、b)、c)	0分
理发、洗澡、剪指甲	能自主完成5.1.1.4的a)、b)、c)	10分
	经常需他人提醒、督促、引领、帮助才能完成5.1.1.4的a)、b)、c)中1项以上	5分
	从不主动理发、洗澡、剪指甲,完全需要他人强制帮助才能完成5.1.1.4的a)、b)、c)	0分
整理个人卫生	能自主完成5.1.1.5的a)、b)、c),女性能自主完成5.1.1.5的d)	10分
	经常需他人提醒、指导才能完成5.1.1.5的a)、b)、c)中1项以上,女性在他人提醒、指导下才能完成5.1.1.5的d)	5分
	完全靠他人帮助才能完成5.1.1.5的a)、b)、c),女性完全依靠他人帮助才能完成5.1.1.5的d)	0分
小便始末	能自主完成5.1.1.6的a)、b)、c)	10分
	经常需他人提醒、督促、引领才能完成5.1.1.6的a),5.1.1.6的b)、c)基本能自主完成	5分
	完全依靠他人帮助才能完成5.1.1.6的a)、b)、c)	0分
大便始末	能自主完成5.1.1.7的a)、b)、c)	10分
	经常需他人提醒、督促、引领才能完成5.1.1.7的a),5.1.1.7的b)、c)基本能自主完成	5分
	完全依靠他人帮助才能完成5.1.1.7的a)、b)、c)	0分
外出行走	能自主完成5.1.1.8的a)、b)	10分
	完成5.1.1.8的a)、b)经常需要5.1.1.8的c),否则就有走失的危险;或从不外出	5分
	完成5.1.1.8的a)、b)必需5.1.1.8的c),否则就会丢失	0分

续附表2

项目		评定分值
睡眠	能自主完成5.1.1.9的a)或偶有异常睡眠但不需要5.1.1.9的c)	10分
	有5.1.1.9的b)所列举异常睡眠表现1种以上,经常需要5.1.1.9的c)	5分
	有5.1.1.9的b)所列举异常睡眠表现1种以上,长期需要5.1.1.9的c)	0分
服药	不需要服药,或需要服药,但能遵照医嘱自主完成5.1.1.10的a)、b)、c)	10分
	需要服药,能自主完成5.1.1.10的a),但5.1.1.10的b)、c)需他人提醒、督促、帮助才能完成	5分
	需要服药,均需他人帮助才能完成5.1.1.10的a)、b)、c)	0分
使用日常生活用具	能自主安全使用5.1.1.11的a)、b)、c)	10分
	经常需他人指导、监护才能使用5.1.1.11的a)、b)、c)中1项以上	5分
	从不使用5.1.1.11的a)、b)、c)或使用5.1.1.11的a)、b)、c)经常引发危险	0分
乘车	能自主完成5.1.1.12的a)	10分
	需要5.1.1.12的b)才能完成5.1.1.12的a)	5分
	5.1.1.12的c)或在有5.1.1.12的b)的情况下也难完成5.1.1.12的a)	0分

5.1.3　计算

5.1.3.1　根据精神障碍者完成日常生活自理能力项目的情况,客观确定每项分值。

5.1.3.2　将各项分值相加得出总分值。

5.2　护理依赖程度评定

5.2.1　护理依赖

5.2.1.1　日常生活自理能力项目总分值为120分。

5.2.1.2　总分值在81分以上,日常生活基本能够自理,为不需要护理依赖。

5.2.1.3　总分值在80分以下,为需要护理依赖。

5.2.2　护理依赖程度

5.2.2.1　总分值在80~61分,为部分护理依赖。

5.2.2.2　总分值在60~41分,为大部分护理理依赖。

5.2.2.3　总分值在40分以下,为完全护理依赖。

5.3 精神障碍者存在安全问题时护理依赖程度评定

5.3.1 适用于精神障碍者有造成自身、他人和公众安全危险的情况。

5.3.2 安全问题是指可能发生：

　　a）自杀

　　b）自伤；

　　c）打人；

　　d）毁物；

　　e）出走丢失；

　　f）其他可造成自身、他人和公众安全危险的情况。

5.3.3 精神障碍者经常有上述安全问题项目中1项以上，经治疗无明显改善，且时间持续一年以上，为需要大部分护理依赖。

附录 A

（规范性附录）
损伤参与度

A.1 损伤参与度

　　指损害因素对护理依赖后果作用的大小。

A.2 损伤参与度的表示及划分比例

A.2.1 损伤参与度采用百分比表示，分为：100%，75%，50%，25%，0 五种。

A.2.2 完全由损害因素及其并发症、后遗症造成，其原有疾病或残疾与所需护理依赖后果无因果关系的，损伤参与度为100%。

A.2.3 主要由损害因素及其并发症、后遗症造成，其原有疾病或残疾对所需护理依赖后果只起到加重和辅助作用的，损伤参与度为75%。

A.2.4 损害因素及其并发症、后遗症与其原有疾病或残疾共同造成护理依赖后果，且作用相当，难分主次的，损伤参与度为50%。

A.2.5 主要由原有疾病或残疾造成，损害因素及其并发症、后遗症对所需护理依赖后果只起到加重和辅助作用的，损伤参与度为25%。

A.2.6 完全由原有疾病或残疾造成，损害因素及其并发症、后遗症与所需护理依赖程度无明确因果关系的，损伤参与度为0。

附录 B

（资料性附录）

护理依赖赔付比例

护理依赖赔付比例是指各护理依赖程度等级所需护理费用的比例,分以下三等：

a)完全护理依赖 100%；

b)大部分护理依赖 80%；

c)部分护理依赖 50%。

附录 C

（资料性附录）

护理依赖程度的表述

C.1 护理依赖后果完全是由损害因素及其并发症、后遗症造成的,直接书写所需护理依赖的程度。如李某某需要完全护理依赖;张某某需要大部护理依赖;赵某某需要部分护理依赖。

C.2 护理依赖后果是由于损害因素及其并发症、后遗症与原有疾病或残疾共同造成的,必要时在所需护理依赖程度之后,加上损害因素所占损伤参与度的百分比。如李某某需要大部分护理依赖,损伤参与度为 50%。表示该被评定人所需大部分护理依赖,其 50% 是由于损害因素造成的。

C.3 护理依赖后果完全是由于原有疾病或残疾造成的,损伤参与度为 0,必要时说明损害因素与护理依赖无因果关系。

附录五　人身损害与疾病因果关系判定指南

（中华人民共和国司法行政行业标准　SF/T 0095—2021）

1　范围

本文件提供了人身损害与疾病因果关系判定法医学检验和鉴定方面的指导和建议,包括检验时机、检验方法、因果关系类型以及因果关系分析与判定基本方法。

本文件适用于法医学鉴定中各种因素所致人身损害及自身疾病或者既往损伤与后

果之间因果关系和原因力大小的判定。其他各种外因(如环境损害等)引起的人身损害后果与既往疾病并存时的因果关系判定,参照本文件执行。

2 规范性引用文件

下列文件中的内容通过文中的规范性引用而构成本文件必不可少的条款。其中,注日期的引用文件,仅该日期对应的版本适用于本文件;不注日期的引用文件,其最新版本(包括所有的修改单)适用于本文件。

SF/T 0111 法医临床检验规范

3 术语和定义

下列术语和定义适用于本文件。

3.1 人身损害 personal injury

侵害他人身体并造成人身或健康伤害的不良后果。

3.2 参与程度 degree of participation

人身损害(3.1)在现存后果中原因力大小的范围或者幅度。

4 总则

4.1 宜遵循实事求是的原则,从客观事实出发,研究并确定人身损害和疾病是否客观存在;明确损伤与疾病发生、发展和转归的过程,探索其时间间隔的延续性和病理变化的规律性。

4.2 当人身损害与既往伤、病共存时,宜运用医学和法医学的理论、技术和方法,全面审查病历资料并进行必要的法医学检验,全面分析并综合评定人身损害在现存后果中的原因力大小。

5 检验时机

5.1 伤病关系判定以原发性损伤为依据的,宜在损伤后早期进行检验和评定。

5.2 伤病关系判定以损伤后果为依据的,宜在治疗终结或者临床治疗效果稳定后检验。

6 检验方法

6.1 了解案情

包括了解案发经过、受伤过程和现场情况等。尽可能详细了解损伤和疾病等信息。

6.2 审阅资料

宜全面收集反映损害后临床诊治过程的病历资料(包括医学影像诊断资料和实验室检验资料),全面了解损害后出现的临床表现和治疗转归信息。

6.3 收集既往病历

宜了解并收集伤者既往病历资料,如:有无高血压病、冠心病、糖尿病和骨关节病等。

6.4 一般检查

针对个案情况,宜按照 SF/T 0111 的规定实施体格检查,对于损害与疾病部位相关的组织、器官和系统宜重点进行全面和细致的检查。

6.5 辅助检查

针对损害后病历资料反映的损伤与病症,宜有针对性地选择进行实验室检验和辅助性检查。

6.6 诊断

根据案情、病历资料、辅助检查和法医检验结果,必要时宜咨询临床医学专家,对原发性损伤、继发性改变和后遗症作出诊断。

7 因果关系类型

人身损害与疾病的因果关系类型按照损害在疾病中的原因力大小,分为完全作用、主要作用、同等作用、次要作用、轻微作用和没有作用六种类型。具体如下:

a)完全作用(完全原因):外界各种损害因素直接作用于人体健康的组织和器官,致组织和器官解剖学结构的连续性、完整性破坏,和/或出现功能障碍,现存的后果/疾病完全由损害因素造成;

b)主要作用(主要原因):外界各种损害因素直接作用于人体基本健康的组织和器官,致组织和器官解剖学结构的连续性、完整性破坏,和/或出现功能障碍,现存的后果/疾病主要由损害因素造成;

c)同等作用(同等原因):既有损害,又有疾病。损害与疾病因素两者独立存在均不能造成目前的后果,两者互为条件,相互影响,损害与疾病共同作用致成现存后果,且所起的作用基本相当;

d)次要作用(次要原因):既有损害,又有疾病。疾病在前,是主要原因;损害在后,为次要原因。即损害在原有器质性病变的基础上,使已存在疾病的病情加重;

e)轻微作用(轻微原因):既有损害,又有疾病。疾病在前,是主要原因;损害在后,为轻微原因。即损害在原有器质性病变的基础上,使已存在疾病的病情显现;

f)没有作用(没有因果关系):外界各种损害因素作用于人体患病组织和器官,没有造成组织和器官解剖学结构连续性、完整性破坏及功能障碍,不良后果完全系自身疾病所造成,与损害因素之间不存在因果关系。

8 因果关系分析与判定的基本方法

8.1 人体损伤程度鉴定中的因果关系包括:

a)若损伤与损害后果之间存在直接因果关系,为完全作用或主要作用,宜按照《人体损伤程度鉴定标准》相关条款评定损伤程度;

b)若损伤与损害后果之间存在同等因果关系,为同等作用(同等原因),则参见《人体损伤程度鉴定标准》的伤病关系处理原则,降低等级评定损伤程度;

c)若损伤与损害后果之间为次要作用或轻微作用,则只说明因果关系,不评定损伤程度;

d)若损伤与损害后果之间不存在因果关系,为没有因果关系,则不评定损伤程度;

e)在损伤程度鉴定中的伤病关系判定,不宜评定参与程度。

8.2 人体损伤致残程度鉴定中的因果关系包括：

a)若损伤与残疾之间存在因果关系（完全作用、主要作用、同等作用、次要作用或轻微作用），宜按照《人体损伤致残程度分级》相关条款评定残疾程度，并说明因果关系类型，必要时宜根据附录 A 判定损害参与程度；

b)若损伤与残疾之间不存在因果关系，则只说明因果关系，不评定致残等级。

8.3 其他人身损害鉴定中的因果关系

在医疗损害鉴定中，首先判定医疗过错与损害后果之间是否存在因果关系；若判定医疗过错与损害后果间存在因果关系，宜说明因果关系类型，必要时根据附录 A 判定医疗过错与损害后果的参与程度。

附 录 A

（规范性）
参与程度分级和判定规则

A.1 参与程度分级

按照人身损害在疾病后果中的原因力大小（因果关系类型），依次将人身损害参与程度分为以下六个等级：

a)完全因果关系:96% ~100%（建议 100%）；

b)主要因果关系:56% ~95%（建议 75%）；

c)同等因果关系:45% ~55%（建议 50%）；

d)次要因果关系:16% ~44%（建议 30%）；

e)轻微因果关系:5% ~15%（建议 10%）；

f)没有因果关系:0% ~4%（建议 0%）。

A.2 参与程度判定规则

首先宜根据第 7 章判定人身损害在疾病后果中的因果关系类型，然后再根据参与程度分级进行判定，具体如下：

a)人身损害与疾病存在直接因果关系，单独由损害引起的疾病或者后果，损害参与程度为 96% ~100%,建议为 100%；

b)人身损害与疾病存在直接因果关系，人身损害是主要原因，疾病是潜在的次要或者轻微因素，损害参与程度为 56% ~95%,建议为 75%；

c)既有人身损害，又有疾病，若损害与疾病两者独立存在均不能造成目前的后果，为两者兼而有之，作用基本相等，损害与疾病之间存在同等作用因果关系，损害参与程度为 45% ~55%,建议为 50%；

d)既有人身损害，又有疾病，若损害与疾病之间存在间接因果关系，损害为次要原因，损害参与程度为 16% ~44%,建议为 30%；

e)既有人身损害,又有疾病,若损害与疾病之间存在间接因果关系,损害为轻微原因,损害参与程度为5%～15%,建议为10%;

f)既有人身损害,又有疾病,若现存后果完全由疾病造成,即损伤与疾病之间不存在因果关系,外伤参与程度为0%～4%,建议为0%。

附录六　人身保险伤残评定标准

(中国保险行业协会、中国法医学会 2013 年 6 月 8 日联合发布)

前　　言

根据保险行业业务发展要求,制订本标准。

本标准制定过程中参照世界卫生组织《国际功能、残疾和健康分类》(以下简称"ICF")的理论与方法,建立新的残疾标准的理论架构、术语体系和分类方法。

本标准制定过程中参考了国内重要的伤残评定标准,如《劳动能力鉴定,职工工伤与职业病致残等级》《道路交通事故受伤人员伤残评定》等,符合国内相关的残疾政策,同时参考了国际上其他国家地区的伤残分级原则和标准。

本标准建立了保险行业人身保险伤残评定和保险金给付比例的基础,各保险公司应根据自身的业务特点,根据本标准的方法、内容和结构,开发保险产品,提供保险服务。

本标准规定了人身保险伤残程度的评定等级以及保险金给付比例的原则和方法,人身保险伤残程度分为一至十级,保险金给付比例分为100%至10%。

1　适用范围

本标准适用于意外险产品或包括意外责任的保险产品中的伤残保障,用于评定由意外伤害因素引起的伤残程度。

2　术语和定义

2.1　伤残:因意外伤害损伤所致的人体残疾。

2.2　身体结构:指身体的解剖部位,如器官、肢体及其组成部分。

2.3　身体功能:指身体各系统的生理功能。

3　标准内容结构

本标准参照 ICF 有关功能和残疾的分类理论与方法,建立"神经系统的结构和精神功能""眼、耳和有关的结构和功能""发声和言语的结构和功能""心血管、免疫和呼吸系统的结构和功能""消化、代谢和内分泌系统有关的结构和功能""泌尿和生殖系统有关的结构和功能""神经肌肉骨骼和运动有关的结构和功能""皮肤和有关的结构和功能"8 大类,共 281 项人身保险伤残条目。

本标准对功能和残疾进行了分类和分级,将人身保险伤残程度划分为一至十级,最重为第一级,最轻为第十级。

与人身保险伤残程度等级相对应的保险金给付比例分为十档,伤残程度第一级对应的保险金给付比例为100%,伤残程度第十级对应的保险金给付比例为10%,每级相差10%。

4　评定原则

4.1　确定伤残类别:评定伤残时,应根据人体的身体结构与功能损伤情况确定所涉及的伤残类别。

4.2　确定伤残等级:应根据伤残情况,在同类别伤残下,确定伤残等级。

4.3　确定保险金给付比例:应根据伤残等级对应的百分比,确定保险金给付比例。

4.4　多处伤残的评定原则:当同一保险事故造成两处或两处以上伤残时,应首先对各处伤残程度分别进行评定,如果几处伤残等级不同,以最重的伤残等级作为最终的评定结论;如果两处或两处以上伤残等级相同,伤残等级在原评定基础上最多晋升一级,最高晋升至第一级。同一部位和性质的伤残,不应采用本标准条文两条以上或者同一条文两次以上进行评定。

5　说明

本标准中"以上"均包括本数值或本部位。

人身保险伤残评定标准(行业标准)

说明:本标准对功能和残疾进行了分类和分级,将人身保险伤残程度划分为一至十级,最重为第一级,最轻为第十级。与人身保险伤残程度等级相对应的保险金给付比例分为十档,伤残程度第一级对应的保险金给付比例为100%,伤残程度第十级对应的保险金给付比例为10%,每级相差10%。

1　神经系统的结构和精神功能

1.1　脑膜的结构损伤

外伤性脑脊液鼻漏或耳漏	10 级

1.2　脑的结构损伤,智力功能障碍

损伤等级	颅内损伤缺损级别	日常生活状态	依赖状态
1 级	极度智力缺损(智商小于等于20)	完全不能自理	完全护理
2 级	重度智力缺损(智商小于等于34)	需随时有人帮助才能完成	完全护理

3级	重度智力缺损(智商小于等于34)	不能完全独立生活,需经常有人监护	大部分护理
4级	中度智力缺损(智商小于等于49)	日常生活能力严重受限,间或需要帮助	大部分护理

注:(1)护理依赖,应用"基本日常生活活动能力"的丧失程度来判断护理依赖程度。

(2)基本日常生活活动是指:①穿衣,自己能够穿衣及脱衣;②移动,自己从一个房间到另一个房间;③行动,自己上下床或上下轮椅;④如厕,自己控制进行大小便;⑤进食,自己从已准备好的碗或碟中取食物放入口中;⑥洗澡,自己进行淋浴或盆浴。

(3)护理依赖的程度分三级:①完全护理依赖指生活完全不能自理,上述六项基本日常生活活动均需护理者;②大部分护理依赖指生活大部不能自理,上述六项基本日常生活活动中三项或三项以上需要护理者;③部分护理依赖指部分生活不能自理,上述六项基本日常生活活动中一项或一项以上需要护理者。

1.3 意识功能障碍

意识功能是指意识和警觉状态下的一般精神功能,包括清醒和持续的觉醒状态。本标准中的意识功能障碍是指颅脑损伤导致植物状态。

颅脑损伤导致植物状态	1级

注:植物状态指由于严重颅脑损伤造成认知功能丧失,无意识活动,不能执行命令,保持自主呼吸和血压,有睡眠-醒觉周期,不能理解和表达语言,能自动睁眼或刺激下睁眼,可有无目的性眼球跟踪运动,丘脑下部及脑干功能基本保存。

2 眼、耳和有关的结构和功能

2.1 眼球损伤或视功能障碍

视功能是指与感受存在的光线和感受视觉刺激的形式、大小、形状和颜色等有关的感觉功能。本标准中的视功能障碍是指眼盲目或低视力。

双侧眼球缺失	1级
一侧眼球缺失,且另一侧眼盲目5级	1级
一侧眼球缺失,且另一侧眼盲目4级	2级
一侧眼球缺失,且另一侧眼盲目3级	3级
一侧眼球缺失,且另一侧眼低视力2级	4级
一侧眼球缺失,且另一侧眼低视力1级	5级
一侧眼球缺失	7级

2.2 视功能障碍

除眼盲目和低视力外,本标准中的视功能障碍还包括视野缺损。

双眼盲目5级	2级
双眼视野缺损,直径小于5°	2级
双眼盲目大于等于4级	3级
双眼视野缺损,直径小于10°	3级
双眼盲目大于等于3级	4级
双眼视野缺损,直径小于20°	4级
双眼低视力大于等于2级	5级
双眼低视力大于等于1级	6级
双眼视野缺损,直径小于60°	6级
一眼盲目5级	7级
一眼视野缺损,直径小于5°	7级
一眼盲目大于等于4级	8级
一眼视野缺损,直径小于10°	8级
一眼盲目大于等于3级	9级
一眼视野缺损,直径小于20°	9级
一眼低视力大于等于1级	10级
一眼视野缺损,直径小于60°	10级

注:(1)视力和视野

级别		低视力及盲目分级标准	
		最好矫正视力低于	最低矫正视力等于或优于
低视力	1	0.3	0.1
	2	0.1	0.05(三米指数)
盲目	3	0.05	0.02(一米指数)
	4	0.02	光感
	5	无光感	

如果中心视力好而视野缩小,以中央注视点为中心,视野直径小于20°而大于10°者为盲目3级;如直径小于10°者为盲目4级。

本标准视力以矫正视力为准,经治疗而无法恢复者。

(2)视野缺损指因损伤导致眼球注视前方而不转动所能看到的空间范围缩窄,以致难以从事正常工作、学习或其他活动。

2.3 眼球的晶状体结构损伤

外伤性白内障	10 级

注:外伤性白内障,凡未做手术者,均适用本条;外伤性白内障术后遗留相关视功能障碍,参照有关条款评定伤残等级。

2.4 眼睑结构损伤

双侧眼睑显著缺损	8 级
双侧眼睑外翻	8 级
双侧眼睑闭合不全	8 级
一侧眼睑显著缺损	9 级
一侧眼睑外翻	9 级
一侧眼睑闭合不全	9 级

注:眼睑显著缺损指闭眼时眼睑不能完全覆盖角膜。

2.5 耳廓结构损伤或听功能障碍

听功能是指与感受存在的声音和辨别方位、音调、音量和音质有关的感觉功能。

双耳听力损失大于等于 91 dB,且双侧耳廓缺失	2 级
双耳听力损失大于等于 91 dB,且一侧耳廓缺失	3 级
一耳听力损失大于等于 91 dB,另一耳听力损失大于等于 71 dB,且一侧耳廓缺失,另一侧耳廓缺失大于等于 50%	3 级
双耳听力损失大于等于 71 dB,且双侧耳廓缺失	3 级
双耳听力损失大于等于 71 dB,且一侧耳廓缺失	4 级
双耳听力损失大于等于 56 dB,且双侧耳廓缺失	4 级
一耳听力损失大于等于 91 dB,另一耳听力损失大于等于 71 dB,且一侧耳廓缺失大于等于 50%	4 级
双耳听力损失大于等于 71 dB,且一侧耳廓缺失大于等于 50%	5 级
双耳听力损失大于等于 56 dB,且一侧耳廓缺失	5 级
双侧耳廓缺失	5 级
一侧耳廓缺失,且另一侧耳廓缺失大于等于 50%	6 级
一侧耳廓缺失	8 级
一侧耳廓缺失大于等于 50%	9 级

2.6 听功能障碍

双耳听力损失大于等于 91 dB	4 级
双耳听力损失大于等于 81 dB	5 级
一耳听力损失大于等于 91 dB，且另一耳听力损失大于等于 71 dB	5 级
双耳听力损失大于等于 71 dB	6 级
一耳听力损失大于等于 91 dB，且另一耳听力损失大于等于 56 dB	6 级
一耳听力损失大于等于 91 dB，且另一耳听力损失大于等于 41 dB	7 级
一耳听力损失大于等于 71 dB，且另一耳听力损失大于等于 56 dB	7 级
一耳听力损失大于等于 71 dB，且另一耳听力损失大于等于 41 dB	8 级
一耳听力损失大于等于 91 dB	8 级
一耳听力损失大于等于 56 dB，且另一耳听力损失大于等于 41 dB	9 级
一耳听力损失大于等于 71 dB	9 级
双耳听力损失大于等于 26 dB	10 级
一耳听力损失大于等于 56 dB	10 级

3 发声和言语的结构和功能

3.1 鼻的结构损伤

外鼻部完全缺失	5 级
外鼻部大部分缺损	7 级
鼻尖及一侧鼻翼缺损	8 级
双侧鼻腔或鼻咽部闭锁	8 级
一侧鼻翼缺损	9 级
单侧鼻腔或鼻孔闭锁	10 级

3.2 口腔的结构损伤

舌缺损大于全舌的 2/3	3 级
舌缺损大于全舌的 1/3	6 级
口腔损伤导致牙齿脱落大于等于 16 枚	9 级
口腔损伤导致牙齿脱落大于等于 8 枚	10 级

3.3 发声和言语的功能障碍

本标准中的发声和言语的功能障碍是指语言功能丧失。

语言功能完全丧失	8 级

注:语言功能完全丧失指构成语言的口唇音、齿舌音、口盖音和喉头音的四种语言功能中,有三种以上不能构声、或声带全部切除,或因大脑语言中枢受伤害而患失语症,并须有资格的耳鼻喉科医师出具医疗诊断证明,但不包括任何心理障碍引致的失语。

4 心血管、免疫和呼吸系统的结构和功能

4.1 心脏的结构损伤或功能障碍

胸部损伤导致心肺联合移植	1 级
胸部损伤导致心脏贯通伤修补术后,心电图有明显改变	3 级
胸部损伤导致心肌破裂修补	8 级

4.2 脾结构损伤

腹部损伤导致脾切除	8 级
腹部损伤导致脾部分切除	9 级
腹部损伤导致脾破裂修补	10 级

4.3 肺的结构损伤

胸部损伤导致一侧全肺切除	4 级
胸部损伤导致双侧肺叶切除	4 级
胸部损伤导致同侧双肺叶切除	5 级
胸部损伤导致肺叶切除	7 级

4.4 胸廓的结构损伤

本标准中的胸廓的结构损伤是指肋骨骨折或缺失。

胸部损伤导致大于等于 12 根肋骨骨折	8 级
胸部损伤导致大于等于 8 根肋骨骨折	9 级
胸部损伤导致大于等于 4 根肋骨缺失	9 级
胸部损伤导致大于等于 4 根肋骨骨折	10 级
胸部损伤导致大于等于 2 根肋骨缺失	10 级

5　消化、代谢和内分泌系统有关的结构和功能

5.1　咀嚼和吞咽功能障碍

咀嚼是指用后牙(如磨牙)碾、磨或咀嚼食物的功能。吞咽是指通过口腔、咽和食管把食物和饮料以适宜的频率和速度送入胃中的功能。

咀嚼、吞咽功能完全丧失	1 级

注:咀嚼、吞咽功能丧失指由于牙齿以外的原因引起器质障碍或功能障碍,以致不能做咀嚼、吞咽运动,除流质食物外不能摄取或吞咽的状态。

5.2　肠的结构损伤

腹部损伤导致小肠切除大于等于 90%	1 级
腹部损伤导致小肠切除大于等于 75%,合并短肠综合征	2 级
腹部损伤导致小肠切除大于等于 75%	4 级
腹部或骨盆部损伤导致全结肠、直肠、肛门结构切除,回肠造瘘	4 级
腹部或骨盆部损伤导致直肠、肛门切除,且结肠部分切除,结肠造瘘	5 级
腹部损伤导致小肠切除大于等于 50%,且包括回盲部切除	6 级
腹部损伤导致小肠切除大于等于 50%	7 级
腹部损伤导致结肠切除大于等于 50%	7 级
腹部损伤导致结肠部分切除	8 级
骨盆部损伤导致直肠、肛门损伤,且遗留永久性乙状结肠造口	9 级
骨盆部损伤导致直肠、肛门损伤,且瘢痕形成	10 级

5.3　胃结构损伤

腹部损伤导致全胃切除	4 级
腹部损伤导致胃切除大于等于 50%	7 级

5.4　胰结构损伤或代谢功能障碍

本标准中的代谢功能障碍是指胰岛素依赖。

腹部损伤导致胰完全切除	1 级
腹部损伤导致胰切除大于等于 50%,且伴有胰岛素依赖	3 级
腹部损伤导致胰头、十二指肠切除	4 级
腹部损伤导致胰切除大于等于 50%	6 级
腹部损伤导致胰部分切除	8 级

5.5　肝结构损伤

腹部损伤导致肝切除大于等于 75%	2 级
腹部损伤导致肝切除大于等于 50%	5 级
腹部损伤导致肝部分切除	8 级

6　泌尿和生殖系统有关的结构和功能

6.1　泌尿系统的结构损伤

腹部损伤导致双侧肾切除	1 级
腹部损伤导致孤肾切除	1 级
骨盆部损伤导致双侧输尿管缺失	5 级
骨盆部损伤导致双侧输尿管闭锁	5 级
骨盆部损伤导致一侧输尿管缺失,另一侧输尿管闭锁	5 级
骨盆部损伤导致膀胱切除	5 级
骨盆部损伤导致尿道闭锁	5 级
骨盆部损伤导致一侧输尿管缺失,另一侧输尿管严重狭窄	7 级
骨盆部损伤导致一侧输尿管闭锁,另一侧输尿管严重狭窄	7 级
腹部损伤导致一侧肾切除	8 级
骨盆部损伤导致双侧输尿管严重狭窄	8 级
骨盆部损伤导致一侧输尿管缺失,另一侧输尿管狭窄	8 级
骨盆部损伤导致一侧输尿管闭锁,另一侧输尿管狭窄	8 级
腹部损伤导致一侧肾部分切除	9 级
骨盆部损伤导致一侧输尿管缺失	9 级
骨盆部损伤导致一侧输尿管闭锁	9 级
骨盆部损伤导致尿道狭窄	9 级
骨盆部损伤导致膀胱部分切除	9 级
腹部损伤导致肾破裂修补	10 级
骨盆部损伤导致一侧输尿管严重狭窄	10 级
骨盆部损伤导致膀胱破裂修补	10 级

6.2　生殖系统的结构损伤

会阴部损伤导致双侧睾丸缺失	3 级
会阴部损伤导致双侧睾丸完全萎缩	3 级
会阴部损伤导致一侧睾丸缺失,另一侧睾丸完全萎缩	3 级
会阴部损伤导致阴茎体完全缺失	4 级
会阴部损伤导致阴道闭锁	5 级
会阴部损伤导致阴茎体缺失大于50%	5 级
会阴部损伤导致双侧输精管缺失	6 级
会阴部损伤导致双侧输精管闭锁	6 级
会阴部损伤导致一侧输精管缺失,另一侧输精管闭锁	6 级
胸部损伤导致女性双侧乳房缺失	7 级
骨盆部损伤导致子宫切除	7 级
胸部损伤导致女性一侧乳房缺失,另一侧乳房部分缺失	8 级
胸部损伤导致女性一侧乳房缺失	9 级
骨盆部损伤导致子宫部分切除	9 级
骨盆部损伤导致子宫破裂修补	10 级
会阴部损伤导致一侧睾丸缺失	10 级
会阴部损伤导致一侧睾丸完全萎缩	10 级
会阴部损伤导致一侧输精管缺失	10 级
会阴部损伤导致一侧输精管闭锁	10 级

7　神经肌肉骨骼和运动有关的结构和功能

7.1　头颈部的结构损伤

双侧上颌骨完全缺失	2 级
双侧下颌骨完全缺失	2 级
一侧上颌骨及对侧下颌骨完全缺失	2 级
同侧上、下颌骨完全缺失	3 级
上颌骨、下颌骨缺损,且牙齿脱落大于等于 24 枚	3 级
一侧上颌骨完全缺失	3 级
一侧下颌骨完全缺失	3 级
一侧上颌骨缺损大于等于 50%,且口腔、颜面部软组织缺损大于 20 cm^2	4 级
一侧下颌骨缺损大于等于 6 cm,且口腔、颜面部软组织缺损大于 20 cm^2	4 级

面颊部洞穿性缺损大于 20 cm²	4 级
上颌骨、下颌骨缺损,且牙齿脱落大于等于 20 枚	5 级
一侧上颌骨缺损大于 25%,小于 50%,且口腔、颜面部软组织缺损大于 10 cm²	5 级
一侧下颌骨缺损大于等于 4 cm,且口腔、颜面部软组织缺损大于 10 cm²	5 级
一侧上颌骨缺损等于 25%,且口腔、颜面部软组织缺损大于 10 cm²	6 级
面部软组织缺损大于 20 cm²,且伴发涎瘘	6 级
上颌骨、下颌骨缺损,且牙齿脱落大于等于 16 枚	7 级
上颌骨、下颌骨缺损,且牙齿脱落大于等于 12 枚	8 级
上颌骨、下颌骨缺损,且牙齿脱落大于等于 8 枚	9 级
上颌骨、下颌骨缺损,且牙齿脱落大于等于 4 枚	10 级
颅骨缺损大于等于 6 cm²	10 级

7.2 头颈部关节功能障碍

单侧颞下颌关节强直,张口困难Ⅲ度	6 级
双侧颞下颌关节强直,张口困难Ⅲ度	6 级
双侧颞下颌关节强直,张口困难Ⅱ度	8 级
一侧颞下颌关节强直,张口困难Ⅰ度	10 级

注:张口困难判定及测量方法是以患者自身的食指、中指、无名指并列垂直置入上、下中切牙切缘间测量。正常张口度指张口时上述三指可垂直置入上、下切牙切缘间(相当于 4.5 cm 左右);张口困难Ⅰ度指大张口时,只能垂直置入食指和中指(相当于 3 cm 左右);张口困难Ⅱ度指大张口时,只能垂直置入食指(相当于 1.7 cm 左右);张口困难Ⅲ度指大张口时,上、下切牙间距小于食指之横径。

7.3 上肢的结构损伤,手功能或关节功能障碍

双手完全缺失	4 级
双手完全丧失功能	4 级
一手完全缺失,另一手完全丧失功能	4 级
双手缺失(或丧失功能)大于等于 90%	5 级
双手缺失(或丧失功能)大于等于 70%	6 级
双手缺失(或丧失功能)大于等于 50%	7 级
一上肢三大关节中,有两个关节完全丧失功能	7 级
一上肢三大关节中,有一个关节完全丧失功能	8 级
双手缺失(或丧失功能)大于等于 30%	8 级
双手缺失(或丧失功能)大于等于 10%	9 级

双上肢长度相差大于等于 10 cm	9 级
双上肢长度相差大于等于 4 cm	10 级
一上肢三大关节中,因骨折累及关节面导致一个关节功能部分丧失	10 级

　　注:手缺失和丧失功能的计算,一手拇指占一手功能的 36%,其中末节和近节指节各占 18%;食指、中指各占一手功能的 18%,其中末节指节占 8%,中节指节占 7%,近节指节占 3%;无名指和小指各占一手功能的 9%,其中末节指节占 4%,中节指节占 3%,近节指节占 2%。一手掌占一手功能的 10%,其中第一掌骨占 4%,第二、第三掌骨各占 2%,第四、第五掌骨各占 1%。本标准中,双手缺失或丧失功能的程度是按前面方式累加计算的结果。

7.4　骨盆部的结构损伤

骨盆环骨折,且两下肢相对长度相差大于等于 8 cm	7 级
髋臼骨折,且两下肢相对长度相差大于等于 8 cm	7 级
骨盆环骨折,且两下肢相对长度相差大于等于 6 cm	8 级
髋臼骨折,且两下肢相对长度相差大于等于 6 cm	8 级
骨盆环骨折,且两下肢相对长度相差大于等于 4 cm	9 级
髋臼骨折,且两下肢相对长度相差大于等于 4 cm	9 级
骨盆环骨折,且两下肢相对长度相差大于等于 2 cm	10 级
髋臼骨折,且两下肢相对长度相差大于等于 2 cm	10 级

7.5　下肢的结构损伤,足功能或关节功能障碍

双足跗跖关节以上缺失	6 级
双下肢长度相差大于等于 8 cm	7 级
一下肢三大关节中,有两个关节完全丧失功能	7 级
双足足弓结构完全破坏	7 级
一足跗跖关节以上缺失	7 级
双下肢长度相差大于等于 6 cm	8 级
一足足弓结构完全破坏,另一足足弓结构破坏大于等于 1/3	8 级
双足十趾完全缺失	8 级
一下肢三大关节中,有一个关节完全丧失功能	8 级
双足十趾完全丧失功能	8 级
双下肢长度相差大于等于 4 cm	9 级
一足足弓结构完全破坏	9 级
双足十趾中,大于等于五趾缺失	9 级
一足五趾完全丧失功能	9 级

一足足弓结构破坏大于等于1/3	10 级
双足十趾中,大于等于两趾缺失	10 级
双下肢长度相差大于等于 2 cm	10 级
一下肢三大关节中,因骨折累及关节面导致一个关节功能部分丧失	10 级

注:(1)足弓结构破坏指意外损伤导致的足弓缺失或丧失功能。

(2)足弓结构完全破坏指足的内、外侧纵弓和横弓结构完全破坏,包括缺失和丧失功能;足弓1/3 结构破坏指足三弓的任一弓的结构破坏。

(3)足趾缺失指自趾关节以上完全切断。

7.6   四肢的结构损伤,肢体功能或关节功能障碍

三肢以上缺失(上肢在腕关节以上,下肢在踝关节以上)	1 级
三肢以上完全丧失功能	1 级
二肢缺失(上肢在腕关节以上,下肢在踝关节以上),且第三肢完全丧失功能	1 级
一肢缺失(上肢在腕关节以上,下肢在踝关节以上),且另二肢完全丧失功能	1 级
二肢缺失(上肢在肘关节以上,下肢在膝关节以上)	2 级
一肢缺失(上肢在肘关节以上,下肢在膝关节以上),且另一肢完全丧失功能	2 级
二肢完全丧失功能	2 级
一肢缺失(上肢在腕关节以上,下肢在踝关节以上),且另一肢完全丧失功能	3 级
二肢缺失(上肢在腕关节以上,下肢在踝关节以上)	3 级
两上肢或两下肢或一上肢及一下肢,各有三大关节中的两个关节完全丧失功能	4 级
一肢缺失(上肢在肘关节以上,下肢在膝关节以上)	5 级
一肢完全丧失功能	5 级
一肢缺失(上肢在腕关节以上,下肢在踝关节以上)	6 级
四肢长骨一骺板以上粉碎性骨折	9 级

注:(1)骺板,骺板的定义只适用于儿童,四肢长骨骺板骨折可能影响肢体发育,如果存在肢体发育障碍的,应当另行评定伤残等级。

(2)肢体丧失功能指意外损伤导致肢体三大关节(上肢腕关节、肘关节、肩关节或下肢踝关节、膝关节、髋关节)功能的丧失。

(3)关节功能的丧失指关节永久完全僵硬或麻痹或关节不能随意识活动。

7.7 脊柱结构损伤和关节活动功能障碍

本标准中的脊柱结构损伤是指颈椎或腰椎的骨折脱位,本标准中的关节活动功能障碍是指颈部或腰部活动度丧失。

脊柱骨折脱位导致颈椎或腰椎畸形愈合,且颈部或腰部活动度丧失大于等于75%	7 级
脊柱骨折脱位导致颈椎或腰椎畸形愈合,且颈部或腰部活动度丧失大于等于50%	8 级
脊柱骨折脱位导致颈椎或腰椎畸形愈合,且颈部或腰部活动度丧失大于等于25%	9 级

7.8 肌肉力量功能障碍

肌肉力量功能是指与肌肉或肌群收缩产生力量有关的功能。本标准中的肌肉力量功能障碍是指四肢瘫、偏瘫、截瘫或单瘫。

四肢瘫(三肢以上肌力小于等于3级)	1 级
截瘫(肌力小于等于2级)且大便和小便失禁	1 级
四肢瘫(二肢以上肌力小于等于2级)	2 级
偏瘫(肌力小于等于2级)	2 级
截瘫(肌力小于等于2级)	2 级
四肢瘫(二肢以上肌力小于等于3级)	3 级
偏瘫(肌力小于等于3级)	3 级
截瘫(肌力小于等于3级)	3 级
四肢瘫(二肢以上肌力小于等于4级)	4 级
偏瘫(一肢肌力小于等于2级)	5 级
截瘫(一肢肌力小于等于2级)	5 级
单瘫(肌力小于等于2级)	5 级
偏瘫(一肢肌力小于等于3级)	6 级
截瘫(一肢肌力小于等于3级)	6 级
单瘫(肌力小于等于3级)	6 级
偏瘫(一肢肌力小于等于4级)	7 级

截瘫(一肢肌力小于等于4级)	7级
单瘫(肌力小于等于4级)	8级

注:(1)偏瘫指一侧上下肢的瘫痪。

(2)截瘫指脊髓损伤后,受伤平面以下双侧肢体感觉、运动、反射等消失和膀胱、肛门括约肌功能丧失的病症。

(3)单瘫指一个肢体或肢体的某一部分瘫痪。

(4)肌力:为判断肢体瘫痪程度,将肌力分级划分为0～5级。0级:肌肉完全瘫痪,毫无收缩。1级:可看到或触及肌肉轻微收缩,但不能产生动作。2级:肌肉在不受重力影响下,可进行运动,即肢体能在床面上移动,但不能抬高。3级:在和地心引力相反的方向中尚能完成其动作,但不能对抗外加的阻力。4级:能对抗一定的阻力,但较正常人为低。5级:正常肌力。

8 皮肤和有关的结构和功能

8.1 头颈部皮肤结构损伤和修复功能障碍

皮肤的修复功能是指修复皮肤破损和其他损伤的功能。本标准中的皮肤修复功能障碍是指瘢痕形成。

头颈部Ⅲ度烧伤,面积大于等于全身体表面积的8%	2级
面部皮肤损伤导致瘢痕形成,且瘢痕面积大于等于面部皮肤面积的90%	2级
颈部皮肤损伤导致瘢痕形成,颈部活动度完全丧失	3级
面部皮肤损伤导致瘢痕形成,且瘢痕面积大于等于面部皮肤面积的80%	3级
颈部皮肤损伤导致瘢痕形成,颈部活动度丧失大于等于75%	4级
面部皮肤损伤导致瘢痕形成,且瘢痕面积大于等于面部皮肤面积的60%	4级
头颈部Ⅲ度烧伤,面积大于等于全身体表面积的5%,且小于8%	5级
颈部皮肤损伤导致瘢痕形成,颈部活动度丧失大于等于50%	5级
面部皮肤损伤导致瘢痕形成,且瘢痕面积大于等于面部皮肤面积的40%	5级
面部皮肤损伤导致瘢痕形成,且瘢痕面积大于等于面部皮肤面积的20%	6级
头部撕脱伤后导致头皮缺失,面积大于等于头皮面积的20%	6级
颈部皮肤损伤导致颈前三角区瘢痕形成,且瘢痕面积大于等于颈前三角区面积的75%	7级
面部皮肤损伤导致瘢痕形成,且瘢痕面积大于等于24 cm^2	7级
头颈部Ⅲ度烧伤,面积大于等于全身体表面积的2%,且小于5%	8级

颈部皮肤损伤导致颈前三角区瘢痕形成，且瘢痕面积大于等于颈前三角区面积的 50%	8 级
面部皮肤损伤导致瘢痕形成，且瘢痕面积大于等于 18 cm^2	8 级
面部皮肤损伤导致瘢痕形成，且瘢痕面积大于等于 12 cm^2 或面部线条状瘢痕大于等于 20 cm	9 级
面部皮肤损伤导致瘢痕形成，且瘢痕面积大于等于 6 cm^2 或面部线条状瘢痕大于等于 10 cm	10 级

注:(1)瘢痕,指创面愈合后的增生性瘢痕,不包括皮肤平整、无明显质地改变的萎缩性瘢痕或疤痕。

(2)面部的范围和瘢痕面积的计算:面部的范围指上至发际、下至下颌下缘、两侧至下颌支后缘之间的区域,包括额部、眼部、眶部、鼻部、口唇部、颏部、颧部、颊部和腮腺咬肌部。面部瘢痕面积的计算采用全面部和 5 等分面部以及实测瘢痕面积的方法,分别计算瘢痕面积。面部多处瘢痕,其面积可以累加计算。

(3)颈前三角区:两边为胸锁乳突肌前缘,底为舌骨体上缘及下颌骨下缘。

8.2 各部位皮肤结构损伤和修复功能障碍

皮肤损伤导致瘢痕形成，且瘢痕面积大于等于全身体表面积的 90%	1 级
躯干及四肢Ⅲ度烧伤，面积大于等于全身皮肤面积的 60%	1 级
皮肤损伤导致瘢痕形成，且瘢痕面积大于等于全身体表面积的 80%	2 级
皮肤损伤导致瘢痕形成，且瘢痕面积大于等于全身体表面积的 70%	3 级
躯干及四肢Ⅲ度烧伤，面积大于等于全身皮肤面积的 40%	3 级
皮肤损伤导致瘢痕形成，且瘢痕面积大于等于全身体表面积的 60%	4 级
皮肤损伤导致瘢痕形成，且瘢痕面积大于等于全身体表面积的 50%	5 级
躯干及四肢Ⅲ度烧伤，面积大于等于全身皮肤面积的 20%	5 级
皮肤损伤导致瘢痕形成，且瘢痕面积大于等于全身体表面积的 40%	6 级
腹部损伤导致腹壁缺损面积大于等于腹壁面积的 25%	6 级
皮肤损伤导致瘢痕形成，且瘢痕面积大于等于全身体表面积的 30%	7 级
躯干及四肢Ⅲ度烧伤，面积大于等于全身皮肤面积的 10%	7 级
皮肤损伤导致瘢痕形成，且瘢痕面积大于等于全身体表面积的 20%	8 级
皮肤损伤导致瘢痕形成，且瘢痕面积大于等于全身体表面积的 5%	9 级

注:(1)全身皮肤瘢痕面积的计算,按皮肤瘢痕面积占全身体表面积的百分数来计算,即中国新九分法。在 100% 的体表总面积中:头颈部占 9%(9×1)(头部、面部、颈部各占 3%);双上肢占 18%(9×2)(双上臂 7%,双前臂 6%,双手 5%);躯干前后包括会阴占 27%(9×3)(前躯 13%,后躯 13%,会阴 1%);双下肢(含臀部)占 46%(双臀 5%,双大腿 21%,双小腿 13%,双足 7%)(9×5+1)(女性双足和臀各占 6%)。

(2)烧伤面积和烧伤深度:烧伤面积的计算按中国新九分法,烧伤深度按三度四分法。Ⅲ度烧伤指烧伤深达皮肤全层甚至达到皮下、肌肉和骨骼。烧伤事故不包括冻伤、吸入性损伤(又称呼吸道烧伤)和电击伤。烧伤后按烧伤面积、深度评定伤残等级,待医疗终结后,可以依据造成的功能障碍程度、皮肤瘢痕面积大小评定伤残等级,最终的伤残等级以严重者为准。

附录七 道路交通事故受伤人员伤残评定

（中华人民共和国国家标准 GB 18667—2002）

1 范围

本标准规定了道路交通事故受伤人员伤残评定的原则、方法和内容。

本标准适用于道路交通事故受伤人员的伤残程度评定。

2 术语和定义

下列术语和定义适用于本标准。

2.1 道路交通事故受伤人员 the injured in road traffic accident

在道路交通事故中遭受各种暴力致伤的人员。

2.2 伤残 impairment

因道路交通事故损伤所致的人体残废。

包括：精神的、生理功能的和解剖结构的异常及其导致的生活、工作和社会活动能力的不同程度丧失。

2.3 评定 assessment

在客观检验的基础上，评价确定道路交通事故受伤人员伤残等级的过程。

2.4 评定人 assessor

办案机关依法指派或聘请符合评定人条件，承担道路交通事故受伤人员伤残评定的人员。

2.5 评定结论 assessment conclusion

评定人根据检验结果，按照伤残评定标准，运用专门知识进行分析所得出的综合性判断。

2.6 评定书 assessment report

评定人将检验结果、分析意见和评定结论制成的书面文书。

2.7 治疗终结 treatment finality

临床医学一般原则所承认的临床效果稳定。

3 评定总则

3.1 评定原则

伤残评定应以人体伤后治疗效果为依据，认真分析残疾与事故、损伤之间的关系，实事求是地评定。

3.2 评定时机

评定时机应以事故直接所致的损伤或确因损伤所致的并发症治疗终结为准。

对治疗终结意见不一致时,可由办案机关组织有关专业人员进行评定,确定其是否治疗终结。

3.3 评定人条件

评定人应当具有法医学鉴定资格的人员担任。

3.4 评定人权利和义务

3.4.1 评定人权利

a)有权了解与评定有关的案情和其他材料;

b)有权向当事人询问与评定有关的问题;

c)有权依照医学原则对道路交通事故受伤人员进行身体检查和要求进行必要的特殊仪器检查等;

d)有权因专门知识的限制或鉴定材料的不足而拒绝评定。

3.4.2 评定人义务

a)全面、细致、科学、客观地对道路交通事故受伤人员进行检验和记录;

b)正确及时地作出评定结论;

c)回答事故办案机关所提出的与评定有关的问题;

d)保守案件秘密;

e)严格遵守国家法律法规和有关回避原则的规定;

f)妥善保管提交评定的物品和材料。

3.5 评定书

3.5.1 评定人评定结束后,应制作评定书并签名。

3.5.2 评定书包括一般情况、案情介绍、病历摘抄、检验结果记录、分析意见和结论等内容。

3.6 伤残等级划分

本标准根据道路交通事故受伤人员的伤残状况,将受伤人员伤残程度划分为 10 级,从第 Ⅰ 级(100%)到第 X 级(10%),每级相差 10%。伤残等级划分依据见附录 A。

4 伤残等级

4.1 Ⅰ级伤残

4.1.1 颅脑、脊髓及周围神经损伤致:

a)植物状态;

b)极度智力缺损(智商 20 以下)或精神障碍,日常生活完全不能自理;

c)四肢瘫(三肢以上肌力 3 级以下);

d)截瘫(肌力 2 级以下)伴大便和小便失禁。

4.1.2　头面部损伤致：

　　a)双侧眼球缺失；

　　b)一侧眼球缺失,另一侧眼严重畸形伴盲目5级。

4.1.3　脊柱胸段损伤致严重畸形愈合,呼吸功能严重障碍。

4.1.4　颈部损伤致呼吸和吞咽功能严重障碍。

4.1.5　胸部损伤致：

　　a)肺叶切除或双侧胸膜广泛严重粘连或胸廓严重畸形,呼吸功能严重障碍；

　　b)心功能不全,心功能Ⅳ级；或心功能不全,心功能Ⅲ级伴明显器质性心律失常。

4.1.6　腹部损伤致：

　　a)胃、肠、消化腺等部分切除,消化吸收功能严重障碍,日常生活完全不能自理；

　　b)双侧肾切除或完全丧失功能,日常生活完全不能自理。

4.1.7　肢体损伤致：

　　a)三肢以上缺失(上肢在腕关节以上,下肢在踝关节以上)；

　　b)二肢缺失(上肢在肘关节以上,下肢在膝关节以上),另一肢丧失功能50%以上；

　　c)二肢缺失(上肢在腕关节以上,下肢在踝关节以上),第三肢完全丧失功能；

　　d)一肢缺失(上肢在肘关节以上,下肢在踝关节以上),第二肢完全丧失功能,第三肢丧失功能50%以上；

　　e)一肢缺失(上肢在腕关节以上,下肢在踝关节以上),另二肢完全丧失功能；

　　f)三肢完全丧失功能。

4.1.8　皮肤损伤致瘢痕形成达体表面积76%以上。

4.2　Ⅱ级伤残

4.2.1　颅脑、脊髓及周围神经损伤致：

　　a)重度智力缺损(智商34以下)或精神障碍,日常生活需随时有人帮助才能完成；

　　b)完全性失语；

　　c)双眼盲目5级；

　　d)四肢瘫(二肢以上肌力2级以下)；

　　e)偏瘫或截瘫(肌力2级以下)。

4.2.2　头面部损伤致：

　　a)一侧眼球缺失,另一眼盲目4级；或一侧眼球缺失,另一侧眼严重畸形伴盲目3级以上；

　　b)双侧眼睑重度下垂(或严重畸形)伴双眼盲目4级以上；或一侧眼睑重度下垂(或严重畸形),该眼盲目4级以上,另一眼盲目5级；

　　c)双眼盲目5级；

　　d)双耳极度听觉障碍伴双侧耳廓缺失(或严重畸形)；或双耳极度听觉障碍伴一侧耳廓缺失,另一侧耳廓严重畸形；

　　e)全面部瘢痕形成。

4.2.3 脊柱胸段损伤致严重畸形愈合,呼吸功能障碍。

4.2.4 颈部损伤致呼吸和吞咽功能障碍。

4.2.5 胸部损伤致:

a)肺叶切除或胸膜广泛严重粘连或胸廓畸形,呼吸功能障碍;

b)心功能不全,心功能Ⅲ级;或心功能不全,心功能Ⅱ级伴明显器质性心律失常。

4.2.6 腹部损伤致一侧肾切除或完全丧失功能,另一侧肾功能重度障碍。

4.2.7 肢体损伤致:

a)二肢缺失(上肢在肘关节以上,下肢在膝关节以上);

b)一肢缺失(上肢在肘关节以上,下肢在膝关节以上),另一肢完全丧失功能;

c)二肢以上完全丧失功能。

4.2.8 皮肤损伤致瘢痕形成达体表面积68%以上。

4.3 Ⅲ级伤残

4.3.1 颅脑、脊髓及周围神经损伤致:

a)重度智力缺损或精神障碍,不能完全独立生活,需经常有人监护;

b)严重外伤性癫痫,药物不能控制,大发作平均每月一次以上或局限性发作平均每月四次以上或小发作平均每周七次以上或精神运动性发作平均每月三次以上;

c)双侧严重面瘫,难以恢复;

d)严重不自主运动或共济失调;

e)四肢瘫(二肢以上肌力3级以下);

f)偏瘫或截瘫(肌力3级以下);

g)大便或小便失禁,难以恢复。

4.3.2 头面部损伤致:

a)一侧眼球缺失,另一眼盲目3级;或一侧眼球缺失,另一侧眼严重畸形伴低视力2级;

b)双侧眼睑重度下垂(或严重畸形)伴双眼盲目3级以上;或一侧眼睑重度下垂(或严重畸形),该眼盲目3级以上,另一眼盲目4级以上;

c)双眼盲目4级以上;

d)双眼视野接近完全缺损(直径小于5°);

e)上颌骨、下颌骨缺损,牙齿脱落24枚以上;

f)双耳极度听觉障碍伴一侧耳廓缺失(或严重畸形);

g)一耳极度听觉障碍,另一耳重度听觉障碍,伴一侧耳廓缺失(或严重畸形),另一侧耳廓缺失(或畸形)50%以上;

h)双耳重度听觉障碍伴双侧耳廓缺失(或严重畸形);或双耳重度听觉障碍伴一侧耳廓缺失,另一侧耳廓严重畸形;

i)面部瘢痕形成80%以上。

4.3.3 脊柱胸段损伤致严重畸形,严重影响呼吸功能。

4.3.4 颈部损伤致:

a)瘢痕形成,颈部活动度完全丧失;

b)严重影响呼吸和吞咽功能。

4.3.5 胸部损伤致:

a)肺叶切除或胸膜广泛粘连或胸廓畸形,严重影响呼吸功能;

b)心功能不全,心功能Ⅱ级伴器质性心律失常;或心功能Ⅰ级伴明显器质性心律失常。

4.3.6 腹部损伤致:

a)胃、肠、消化腺等部分切除,消化吸收功能障碍;

b)一侧肾切除或完全丧失功能,另一侧肾功能中度障碍;或双侧肾功能重度障碍。

4.3.7 盆部损伤致:

a)女性双侧卵巢缺失或完全萎缩;

b)大便和小便失禁,难以恢复。

4.3.8 会阴部损伤致双侧睾丸缺失或完全萎缩。

4.3.9 肢体损伤致:

a)二肢缺失(上肢在腕关节以上,下肢在踝关节以上);

b)一肢缺失(上肢在肘关节以上,下肢在膝关节以上),另一肢丧失功能50%以上;

c)一肢缺失(上肢在腕关节以上,下肢在踝关节以上),另一肢完全丧失功能;

d)一肢完全丧失功能,另一丧失功能50%以上。

4.3.10 皮肤损伤致瘢痕形成达体表面积60%以上。

4.4 Ⅳ级伤残

4.4.1 颅脑、脊髓及周围神经损伤致:

a)中度智力缺损(智商49以下)或精神障碍,日常生活能力严重受限,间或需要帮助;

b)严重运动性失语或严重感觉性失语;

c)四肢瘫(二肢以上肌力4级以下);

d)偏瘫或截瘫(肌力4级以下);

e)阴茎勃起功能完全丧失。

4.4.2 头面部损伤致:

a)一侧眼球缺失,另一眼低视力2级;或一侧眼球缺失,另一侧眼严重畸形伴低视力1级;

b)双侧眼睑重度下垂(或严重畸形)伴双眼低视力2级以上;或一侧眼睑重度下垂(或严重畸形),该眼低视力2级以上,另一眼低盲目3级以上;

c)双眼盲目3级以上;

d)双眼视野极度缺损(直径小于10°);

e) 双耳极度听觉障碍;

f) 一耳极度听觉障碍,另一耳重度听觉障碍伴一侧耳廓缺失(或畸形)50%以上;

g) 双耳重度听觉障碍伴一侧耳廓缺失(或严重畸形);

h) 双耳中等重度听觉障碍伴双侧耳廓缺失(或严重畸形);或双耳中等重度听觉障碍伴一侧耳廓缺失,另一侧耳廓严重畸形;

i) 面部瘢痕形成 60% 以上。

4.4.3 脊柱胸段损伤致严重畸形愈合,影响呼吸功能。

4.4.4 颈部损伤致:

a) 瘢痕形成,颈部活动度丧失 75% 以上;

b) 影响呼吸和吞咽功能。

4.4.5 胸部损伤致:

a) 肺叶切除或胸膜粘连或胸廓畸形,影响呼吸功能;

b) 明显器质性心律失常。

4.4.6 腹部损伤致一侧肾功能重度障碍,另一侧肾功能中度障碍。

4.4.7 会阴部损伤致阴茎体完全缺失或严重畸形。

4.4.8 外阴、阴道损伤致阴道闭锁。

4.4.9 肢体损伤致双手完全缺失或丧失功能。

4.4.10   皮肤损伤致瘢痕形成达体表面积 52% 以上。

4.5   V级伤残

4.5.1   颅脑、脊髓及周围神经损伤致:

a) 中度智力缺损或精神障碍,日常生活能力明显受限,需要指导;

b) 外伤性癫痫,药物不能完全控制,大发作平均每三月一次以上或局限性发作平均每月二次以上或小发作平均每周四次以上或精神运动性发作平均每月一次以上;

c) 严重失用或失认症;

d) 单侧严重面瘫,难以恢复;

e) 偏瘫或截瘫(一肢肌力 2 级以下);

f) 单瘫(肌力 2 级以下);

g) 大便或小便失禁,难以恢复。

4.5.2   头面部损伤致:

a) 一侧眼球缺失伴另一眼低视力 1 级;一侧眼球缺失伴一侧眼严重畸形且视力接近正常;

b) 双侧眼睑重度下垂(或严重畸形)伴双眼低视力 1 级;或一侧眼睑重度下垂(或严重畸形),该眼低视力 1 级以上,另一眼低视力 2 级以上;

c) 双眼低视力 2 级以上;

d) 双眼视野重度缺损(直径小于 20°);

e) 舌肌完全麻痹或舌体缺失(或严重畸形)50% 以上;

f)上颌骨、下颌骨缺损,牙齿脱落20枚以上;

g)一耳极度听觉障碍,另一耳重度听觉障碍;

h)双耳重度听觉障碍伴一侧耳廓缺失(或畸形)50%以上;

i)双耳中等重度听觉障碍伴一侧耳廓缺失(或严重畸形);

j)双侧耳廓缺失(或严重畸形);

k)外鼻部完全缺损(或严重畸形);

i)面部瘢痕形成40%以上。

4.5.3 脊柱胸段损伤致畸形愈合,影响呼吸功能。

4.5.4 颈部损伤致:

a)瘢痕形成,颈部活动度丧失50%以上;

b)影响呼吸功能。

4.5.5 胸部损伤致:

a)肺叶切除或胸膜粘连或胸廓畸形,轻度影响呼吸功能。

b)器质性心律失常。

4.5.6 腹部损伤致:

a)胃、肠、消化腺等部分切除,严重影响消化吸收功能;

b)一侧肾切除或完全丧失功能,另一侧肾功能轻度障碍。

4.5.7 盆部损伤致:

a)双侧输尿管缺失或闭锁;

b)膀胱切除;

c)尿道闭锁;

d)大便或小便失禁,难以恢复。

4.5.8 会阴部损伤致阴茎体大部分缺失(或畸形)。

4.5.9 外阴、阴道损伤致阴道严重狭窄,功能严重障碍。

4.5.10 肢体损伤致:

a)双手缺失(或丧失功能)90%以上;

b)一肢缺失(上肢在肘关节以上,下肢在膝关节以上);

c)一肢缺失(上肢在腕关节以上,下肢在踝关节以上),另一肢丧失功能50%以上;

d)一肢完全丧失功能。

4.5.11 皮肤损伤致瘢痕形成达体表面积44%以上。

4.6 Ⅵ级伤残

4.6.1 颅脑、脊髓及周围神经损伤致:

a)中度智力缺损或精神障碍,日常生活能力部分受限,但能部分代偿,部分日常生活需要帮助;

b)严重失读伴失写症;或中度运动性失语或中度感觉性失语;

　　c)偏瘫或截瘫(一肢肌力3级以下);

　　d)单瘫(肌力3级以下);

　　e)阴茎勃起功能严重障碍。

4.6.2　头面部损伤致:

　　a)一侧眼球缺失伴另一眼视力接近正常;或一侧眼球缺失伴另一侧眼严重畸形;

　　b)双侧眼睑重度下垂(或严重畸形)伴双眼视力接近正常;或一侧眼睑重度下垂(或严重畸形),该眼视力接近正常,另一眼低视力1级以上;

　　c)双眼低视力1级;

　　d)双眼视野中度缺损(直径小于60°);

　　e)颞下颌关节强直,牙关紧闭;

　　f)一耳极度听觉障碍,另一耳中等重度听觉障碍;或双耳重度听觉障碍;

　　g)一侧耳廓缺失(或严重畸形),另一侧耳廓缺失(或畸形)50%以上;

　　h)面部瘢痕形成面积20%以上;

　　i)面部大量细小瘢痕(或色素明显改变)75%以上。

4.6.3　脊柱损伤致颈椎或腰椎严重畸形愈合,颈部或腰部活动度完全丧失。

4.6.4　颈部损伤致瘢痕形成,颈部活动度丧失25%以上。

4.6.5　腹部损伤致一侧肾功能重度障碍,另一侧肾功能轻度障碍。

4.6.6　盆部损伤致:

　　a)双侧输卵管缺失或闭锁;

　　b)子宫全切。

4.6.7　会阴部损伤致双侧输精管缺失或闭锁。

4.6.8　外阴、阴道损伤致阴道狭窄,功能障碍。

4.6.9　肢体损伤致:

　　a)双手缺失(或丧失功能)70%以上;

　　b)双足跗跖关节以上缺失;

　　c)一肢缺失(上肢在腕关节以上,下肢在踝关节以上)。

4.6.10　皮肤损伤致瘢痕形成达体表面积36%以上。

4.7　Ⅶ级伤残

4.7.1　颅脑、脊髓及周围神经损伤致:

　　a)轻度智力缺损(智商70以下)或精神障碍,日常生活有关的活动能力严重受限;

　　b)外伤性癫痫,药物不能完全控制,大发作平均每六月一次以上或局限性发作平均每二月二次以上或小发作平均每周二次以上或精神运动性发作平均每二月一次以上;

　　c)中度失用或中度失认症;

　　d)严重构音障碍;

　　e)偏瘫或截瘫(一肢肌力4级);

　　f)单瘫(肌力4级);

　　g)半身或偏身型完全性感觉缺失。

4.7.2 头面部损伤致:

　　a)一侧眼球缺失;

　　b)双侧眼睑重度下垂(或严重畸形);

　　c)口腔或颞下颌关节损伤,重度张口受限;

　　d)上颌骨、下颌骨缺损,牙齿脱落16枚以上;

　　e)一耳极度听觉障碍,另一耳中度听觉障碍;或一耳重度听觉障碍,另一耳中等重度听觉障碍;

　　f)一侧耳廓缺失(或严重畸形),另一侧耳廓缺失(或畸形)10%以上;

　　g)外鼻部大部分缺损(或畸形);

　　h)面部瘢痕形成,面积24 cm^{2}以上;

　　i)面部大量细小瘢痕(或色素明显改变)50%以上;

　　j)头皮无毛发75%以上。

4.7.3 脊柱损伤致颈椎或腰椎畸形愈合,颈部或腰部活动度丧失75%以上。

4.7.4 颈部损伤致颈前三角区瘢痕形成75%以上。

4.7.5 胸部损伤致:

　　a)女性双侧乳房缺失(或严重畸形);

　　b)心功能不全,心功能Ⅱ级。

4.7.6 腹部损伤致双侧肾功能中度障碍。

4.7.7 盆部损伤致:

　　a)骨盆倾斜,双下肢长度相差8 cm以上;

　　b)女性骨盆严重畸形,产道破坏;

　　c)一侧输尿管缺失或闭锁,另一侧输尿管严重狭窄。

4.7.8 会阴部损伤致:

　　a)阴茎体部分缺失(或畸形);

　　b)阴茎包皮损伤,瘢痕形成,功能障碍。

4.7.9 肢体损伤致:

　　a)双手缺失(或丧失功能)50%以上;

　　b)双手感觉完全缺失;

　　c)双足足弓结构完全破坏;

　　d)一足跗跖关节以上缺失;

　　e)双下肢长度相差8 cm以上;

　　f)一肢丧失功能75%以上。

4.7.10 皮肤损伤致瘢痕形成达体表面积28%以上。

4.8 Ⅷ级伤残

4.8.1 颅脑、脊髓及周围神经损伤致：

a)轻度智力缺损或精神障碍,日常生活有关的活动能力部分受限;

b)中度失读伴失写症;

c)半身或偏身型深感觉缺失;

d)阴茎勃起功能障碍。

4.8.2 头面部损伤致：

a)一眼盲目 4 级以上;

b)一眼视野接近完全缺损(直径小于 5°);

c)上颌骨、下颌骨缺损,牙齿脱落 12 枚以上;

d)一耳极度听觉障碍;或一耳重度听觉障碍,另一耳中度听觉障碍;或双耳中等重度听觉障碍;

e)一侧耳廓缺失(或严重畸形);

f)鼻尖及一侧鼻翼缺损(或畸形);

g)面部瘢痕形成,面积 18 cm^2 以上;

h)面部大量细小瘢痕(或色素明显改变)25% 以上;

i)头皮无毛发 50% 以上;

j)颌面部骨或软组织缺损 32 cm^3 以上。

4.8.3 脊柱损伤致：

a)颈椎或腰椎畸形愈合,颈部或腰部活动度丧失 50% 以上;

b)胸椎或腰椎二椎体以上压缩性骨折。

4.8.4 颈部损伤致前三角区瘢痕形成 50% 以上。

4.8.5 胸部损伤致：

a)女性一侧乳房缺失(或严重畸形),另一侧乳房部分缺失(或畸形);

b)12 肋以上骨折。

4.8.6 腹部损伤致：

a)胃、肠、消化腺等部分切除,影响消化吸收功能;

b)脾切除;

c)一侧肾切除或肾功能重度障碍。

4.8.7 盆部损伤致：

a)骨盆倾斜,双下肢长度相差 6 cm 以上;

b)双侧输尿管严重狭窄,或一侧输尿管缺失(或闭锁),另一侧输尿管狭窄;

c)尿道严重狭窄。

4.8.8 会阴部损伤致：

a)阴茎龟头缺失(或畸形);

b)阴茎包皮损伤,瘢痕形成,严重影响功能。

4.8.9　外阴、阴道损伤致阴道狭窄,严重影响功能。

4.8.10　肢体损伤致:

    a)双手缺失(或丧失功能)30%以上;

    b)双手感觉缺失75%以上;

    c)一足弓结构完全破坏,另一足弓结构破坏1/3以上;

    d)双足十趾完全缺失或丧失功能;

    e)双下肢长度相差6 cm以上;

    f)一肢丧失功能50%以上;

4.8.11　皮肤损伤致瘢痕形成达体表面积20%以上。

4.9　Ⅸ级伤残

4.9.1　颅脑、脊髓及周围神经损伤致:

    a)轻度智力缺损或精神障碍,日常活动能力部分受限;

    b)外伤性癫痫,药物不能完全控制,大发作一年一次以上或局限性发作平均每六月三次以上或小发作平均每月四次以上或精神运动性发作平均每六月二次以上;

    c)严重失读或严重失写症;

    d)双侧轻度面瘫,难以恢复;

    e)半身或偏身型浅感觉缺失;

    f)严重影响阴茎勃起功能。

4.9.2　头面部损伤致:

    a)一眼盲目3级以上;

    b)双侧眼睑下垂(或畸形);或一侧眼睑重度下垂(或严重畸形);

    c)一眼视野极度缺损(直径小于10°);

    d)上颌骨、下颌骨缺损中,牙齿脱落8枚以上;

    e)口腔损伤,牙齿脱落16枚以上;

    f)口腔或颞下颌关节损伤,中度张口受限;

    g)舌尖缺失(或畸形);

    h)一耳重度听觉障碍;或一耳中等重度听觉障碍,另一耳中度听觉障碍;

    i)一侧耳廓缺失(或畸形)50%以上;

    j)一侧鼻翼缺损(或畸形);

    k)面部瘢痕形成,面积12 cm²以上,或面部线条状瘢痕20 cm以上;

    l)面部细小瘢痕(或色素明显改变)面积30 cm²以上;

    m)头皮无毛发25%以上;

    n)颌面部骨及软组织缺损16 cm³以上。

4.9.3　脊柱损伤致:

    a)颈椎或腰椎畸形愈合,颈部或腰部活动度丧失25%以上;

    b)胸椎或腰椎一椎体粉碎性骨折。

4.9.4　颈部损伤致：

　　a)严重声音嘶哑；

　　b)颈前三角区瘢痕形成25%以上。

4.9.5　胸部损伤致：

　　a)女性一侧乳房缺失（或严重畸形）；

　　b)8肋以上骨折或4肋以上缺失；

　　c)肺叶切除；

　　d)心功能不全，心功能Ⅰ级。

4.9.6　腹部损伤致：

　　a)胃、肠、消化腺等部分切除；

　　b)胆囊切除；

　　c)脾部分切除；

　　d)一侧肾部分切除或肾功能中度障碍。

4.9.7　盆部损伤致：

　　a)骨盆倾斜,双下肢长度相差4 cm以上；

　　b)骨盆严重畸形愈合；

　　c)尿道狭窄；

　　d)膀胱部分切除；

　　e)一侧输尿管缺失或闭锁；

　　f)子宫部分切除；

　　g)直肠、肛门损伤,遗留永久性乙状结肠造口。

4.9.8　会阴部损伤致：

　　a)阴茎龟头缺失(或畸形)50%以上；

　　b)阴囊损伤,瘢痕形成75%以上。

4.9.9　肢体损伤致：

　　a)双手缺失(或丧失功能)10%以上；

　　b)双手感觉缺失50%以上；

　　c)双上肢前臂旋转功能完全丧失；

　　d)双足十趾缺失(或丧失功能)50%以上；

　　e)一足足弓构破坏；

　　f)双上肢长度相差10 cm以上；

　　g)双下肢长度相差4 cm以上；

　　h)四肢长骨一骺板以上粉碎性骨折；

　　i)一肢丧失功能25%以上。

4.9.10　皮肤损伤致瘢痕形成达体表面积12%以上。

4.10 Ⅹ级伤残

4.10.1 颅脑、脊髓及周围神经损伤致:

 a)神经功能障碍,日常活动能力轻度受限;

 b)外伤性癫痫,药物能够控制,但遗留脑电图中度以上改变;

 c)轻度失语或构音障碍;

 d)单侧轻度面瘫,难以恢复;

 e)轻度不自主运动或共济失调;

 f)斜视、复视、视错觉、眼球震颤等视觉障碍;

 g)半身或偏身型浅感觉分离性缺失;

 h)一肢体完全性感觉缺失;

 i)节段性完全性感觉缺失;

 j)影响阴茎勃起功能。

4.10.2 头面部损伤致:

 a)一眼低视力1级;

 b)一侧眼睑下垂或畸形;

 c)一眼视野中度缺损(直径小于60°);

 d)泪小管损伤,遗留溢泪症状;

 e)眼内异物存留;

 f)外伤性白内障;

 g)外伤性脑脊液鼻漏或耳漏;

 h)上颌骨、下颌骨缺损,牙齿脱落4枚以上;

 i)口腔损伤,牙齿脱落8枚以上;

 j)口腔或颞下颌关节损伤,轻度张口受限;

 k)舌尖部分缺失(或畸形);

 l)一耳中等重度听觉障碍;或双耳中度听觉障碍;

 m)一侧耳廓缺失(或畸形)10%以上;

 n)鼻尖缺失(或畸形);

 o)面部瘢痕形成,面积6 cm²以上;或面部线条状瘢痕10 cm以上;

 p)面部细小瘢痕(或色素明显改变)面积15 cm²以上;

 q)头皮无毛发40 cm²以上;

 r)颅骨缺损4 cm²以上,遗留神经系统轻度症状和体征;或颅骨缺损6 cm²以上,无神经系统症状和体征;

 s)颌面部骨及软组织缺损8 cm³以上。

4.10.3 脊柱损伤致:

 a)颈椎或腰椎畸形愈合,颈部或腰部活动度丧失10%以上;

 b)胸椎畸形愈合,轻度影响呼吸功能;

c)胸椎或腰椎一椎体 1/3 以上压缩性骨折。

4.10.4　颈部损伤致：

a)瘢痕形成,颈部活动度丧失 10% 以上;

b)轻度影响呼吸和吞咽功能;

c)颈前三角区瘢痕面积 20 cm^2 以上。

4.10.5　胸部损伤致：

a)女性一侧乳房部分缺失(或畸形);

b)4 肋以上骨折;或 2 肋以上缺失;

c)肺破裂修补;

d)胸膜粘连或胸廓畸形。

4.10.6　腹部损伤致：

a)胃、肠、消化腺等破裂修补;

b)胆囊破裂修补;

c)肠系膜损伤修补;

d)脾破裂修补;

e)肾破裂修补或肾功能轻度障碍;

f)膈肌破裂修补。

4.10.7　盆部损伤致：

a)骨盆倾斜,双下肢长度相差 2 cm 以上;

b)骨盆畸形愈合;

c)一侧卵巢缺失或完全萎缩;

d)一侧输卵管缺失或闭锁;

e)子宫破裂修补;

f)一侧输尿管严重狭窄;

g)膀胱破裂修补;

h)尿道轻度狭窄;

i)直肠、肛门损伤,瘢痕形成,排便功能障碍。

4.10.8　会阴部损伤致：

a)阴茎龟头缺失(或畸形)25% 以上;

b)阴茎包皮损伤,瘢痕形成,影响功能;

c)一侧输精管缺失(或闭锁);

d)一侧睾丸缺失或完全萎缩;

e)阴囊损伤,瘢痕形成 50% 以上。

4.10.9　外阴、阴道损伤致阴道狭窄,影响功能。

4.10.10　肢体损伤致：

a)双手缺失(或丧失功能)5% 以上;

b）双手感觉缺失 25% 以上；

c）双上肢前臂旋转功能丧失 50% 以上；

d）一足足弓结构破坏 1/3 以上；

e）双足十趾缺失（或丧失功能）20% 以上；

f）双上肢长度相差 4 cm 以上；

g）双下肢长度相差 2 cm 以上；

h）四肢长骨一骺板以上线性骨折；

i）一肢丧失功能 10% 以上。

4.10.11　皮肤损伤致瘢痕形成达体表面积 4% 以上。

5　附则

5.1　遇有本标准以外的伤残程度者，可根据伤残的实际情况，比照本标准中最相似等级的伤残内容和附录 A 的规定，确定其相当的伤残等级。同一部位和性质的伤残，不应采用本标准条文两条以上或者同一条文两次以上进行评定。

5.2　受伤人员符合两处以上伤残等级者，评定结论中应当写明各处的伤残等级。两处以上伤残等级的综合计算方法可参见附录 B（本书略）。

5.3　评定道路交通事故受伤人员伤残程度时，应排除其原有伤、病等进行评定。

5.4　本标准各等级间有关伤残程度的区分见附录 C（本书略）。本标准中"以上""以下"等均包括本数。

附录 A

（规范性附录）
伤残等级划分依据

A1　Ⅰ级伤残划分依据

Ⅰ级伤残划分依据为：

a）日常生活完全不能自理；

b）意识消失；

c）各种活动均受到限制而卧床；

d）社会交往完全丧失。

A2　Ⅱ级伤残划分依据

Ⅱ级伤残划分依据为：

a）日常生活需要随时有人帮助；

b）仅限于床上或椅子上的活动；

c）不能工作；

d)社会交往极度困难。

A3 Ⅲ级伤残划分依据

Ⅲ级伤残划分依据为：

a)不能完全独立生活,需经常有人监护;

b)仅限于室内的活动;

c)明显职业受限;

d)社会交往困难。

A4 Ⅳ级伤残划分依据

Ⅳ级伤残划分依据为：

a)日常生活能力严重受限,间或需要帮助;

b)仅限于居住范围内的活动;

c)职业种类受限;

d)社会交往严重受限。

A5 Ⅴ级伤残划分依据

Ⅴ级伤残划分依据为：

a)日常生活能力明显受限,需要指导;

b)仅限于就近的活动;

c)需要明显减轻工作;

d)社会交往贫乏。

A6 Ⅵ级伤残划分依据

Ⅵ级伤残划分依据为：

a)日常生活能力部分受限,但能部分代偿,部分日常生活需要帮助;

b)各种活动降低;

c)不能胜任原工作;

d)社会交往狭窄。

A7 Ⅶ级伤残划分依据

Ⅶ级伤残划分依据为：

a)日常生活有关的活动能力严重受限;

b)短暂活动不受限,长时间活动受限;

c)不能从事复杂工作;

d)社会交往能力降低。

A8 Ⅷ级伤残划分依据

Ⅷ级伤残划分依据为：

a)日常生活有关的活动能力部分受限;

b)远距离活动受限;

c)能从事复杂工作,但效率明显降低;

d)社会交往受约束。

A9　Ⅸ级伤残划分依据

Ⅸ级伤残划分依据为：

a)日常生活能力部分受限；

b)工作和学习能力下降；

c)社会交往能力部分受限；

A10　Ⅹ级伤残划分依据

Ⅹ级伤残划分依据为：

a)日常活动能力轻度受限；

b)工作和学习能力有所下降；

c)社会交往能力轻度受限。

附录八　道路交通事故受伤人员治疗终结时间

（中华人民共和国公共安全行业标准　GA/T 1088—2013）

1　范围

本标准规定了道路交通事故受伤人员临床治愈、临床稳定、治疗终结的时间。

本标准适用于道路交通事故受伤人员治疗终结时间的鉴定,也可适用于道路交通事故人身损害赔偿调解。

2　规范性引用文件

下列文件对于本文件的应用是必不可少的。凡是注日期的引用文件,仅注日期的版本适用于本文件。凡是不注日期的引用文件,其最新版本(包括所有的修改单)适用于本文件。

GB 18667　道路交通事故受伤人员伤残评定

GA/T 521　人身损害受伤人员误工损失日评定准则

3　术语和定义

下列术语和定义适用于本文件。

3.1　临床治愈　clinical cure

道路交通事故直接导致的损伤或损伤引发的并发症经过治疗,症状和体征消失。

3.2　临床稳定　clinical stable condition

道路交通事故直接导致的损伤或损伤引发的并发症经过治疗,症状和体征基本稳定。

3.3　治疗终结　end of treatment

道路交通事故直接导致的损伤或损伤引发的并发症经过治疗,达到临床治愈或临床稳定。

3.4　治疗终结时间　treatment time

道路交通事故直接导致的损伤或损伤引发的并发症治疗终结所需要的时间。

4　一般规定

4.1　道路交通事故受伤人员治疗终结时间应按照实际治疗终结时间认定。治疗终结时间难以认定或有争议的,可按照本标准认定。

4.2　遇有本标准以外的损伤时,应根据损伤所需的实际治疗终结时间,或比照本标准相类似损伤所需的治疗终结时间确定治疗终结时间。

4.3　对于多处损伤或不同器官损伤,以损伤部位对应最长的治疗终结时间为治疗终结时间。

5　临床治愈、临床稳定和治疗终结时间

5.1　头皮损伤

5.1.1　头皮擦伤

5.1.1.1　临床治愈

头皮肿胀消退,创面愈合,组织缺损基本修复。

5.1.1.2　治疗终结时间

2 周。

5.1.2　头皮血肿

5.1.2.1　临床治愈

血肿消退,无感染。

5.1.2.2　治疗终结时间

符合下列情形的治疗终结时间为:

a)头皮下血肿 2 周;

b)帽状腱膜下血肿或骨膜下血肿,范围较小,经加压包扎即可吸收,1 个月;

c)帽状腱膜下血肿或骨膜下血肿,范围较大,需穿刺抽血和加压包扎,2 个月。

5.1.3　头皮裂伤

5.1.3.1　临床治愈

头皮裂伤愈合,肿胀消退,无感染。

5.1.3.2　治疗终结时间

符合下列情形的治疗终结时间为:

a)轻度裂伤(帽状腱膜完整或帽状腱膜受损长度小于 10 cm),2 个月;

b)重度裂伤(帽状腱膜受损长度大于或等于 10 cm), 3 个月。

5.1.4 头皮撕脱伤

5.1.4.1 临床治愈

头皮修复,创面愈合。

5.1.4.2 治疗终结时间

符合下列情形的治疗终结时间为:

a)轻度撕脱伤(撕脱面积小于或等于 100 cm^2),2 个月;

b)重度撕脱伤(撕脱面积大于 100 cm^2),4 个月。

5.2 颅骨损伤

5.2.1 颅盖骨折

5.2.1.1 临床治愈

符合下列情形的为临床治愈:

a)合并的头皮伤愈合;

b)引起脑受压或刺入脑内的凹陷骨片获得整复或摘除,伤口愈合,无并发症;

c)可有脑损伤后遗症状。

5.2.1.2 治疗终结时间

符合下列情形的治疗终结时间为:

a)闭合性线形骨折,3 个月;

b)粉碎性或开放性骨折,非手术治疗,4 个月;

c)开放性、凹陷性或粉碎性骨折,经手术治疗,6 个月。

5.2.2 颅底骨折

5.2.2.1 临床治愈

符合下列情形的为临床治愈:

a)软组织肿胀、淤血已消退;

b)脑局灶症状和神经功能障碍基本恢复。

5.2.2.2 临床稳定

遗留脑神经或脑损害症状趋于稳定。

5.2.2.3 治疗终结时间

3 个月。

5.2.3 颅底骨折伴脑脊液漏

5.2.3.1 临床治愈

符合下列情形的为临床治愈:

a)软组织肿胀、淤血已消退;

b)脑脊液漏已愈,无感染;

c)脑局灶症状和神经功能障碍基本恢复。

5.2.3.2 临床稳定

遗留脑神经或脑损害症状趋于稳定。

5.2.3.3　治疗终结时间

　　6个月。

5.3　脑损伤

5.3.1　脑震荡

5.3.1.1　临床治愈

　　神志清楚,症状基本消失。

5.3.1.2　治疗终结时间

　　2个月。

5.3.2　脑挫裂伤

5.3.2.1　临床治愈

　　符合下列情形的为临床治愈:

　　a)神志清楚,症状基本消失,颅内压正常;

　　b)无神经功能障碍。

5.3.2.2　临床稳定

　　符合下列情形的为临床稳定:

　　a)意识清醒,但存在认知功能障碍;

　　b)存在某些神经损害如部分性瘫痪等症状和体征,或尚存在某些精神症状;

　　c)生活基本自理或部分自理。

5.3.2.3　治疗终结时间

　　符合下列情形的治疗终结时间为:

　　a)局限性挫裂伤,6个月;

　　b)多发或广泛挫裂伤,8个月。

5.3.3　原发性脑干损伤或弥漫性轴索损伤

5.3.3.1　临床治愈

　　临床症状、体征基本消失。

5.3.3.2　临床稳定

　　符合下列情形的为临床稳定:

　　a)主要症状、体征消失,或遗留后遗症趋于稳定或生活基本能够自理;

　　b)尚遗有某些脑损害征象;

　　c)生活尚不能完全自理。

5.3.3.3　治疗终结时间

　　12个月。

5.3.4　颅内血肿(出血)

5.3.4.1　临床治愈

　　符合下列情形的为临床治愈:

　　a)经手术或非手术治疗后血肿消失;

b)脑受压已解除,颅内压正常,头痛等症状已消失;

c)遗有颅骨缺损。

5.3.4.2 临床稳定

符合下列情形的为临床稳定:

a)血肿消失,尚有轻度头痛、肢体无力等表现;

b)生活可以自理,尚有部分劳动能力。

5.3.4.3 治疗终结时间

符合下列情形的治疗终结时间为:

a)非手术治疗,4～6个月;

b)手术治疗,8个月。

5.3.5 脑肿胀

5.3.5.1 临床治愈

符合下列情形的为临床治愈:

a)神志清楚,症状基本消失,颅内压正常;

b)无神经功能缺失征象。

5.3.5.2 治疗终结时间

符合下列情形的治疗终结时间为:

a)轻度脑肿胀(脑室受压,无脑干、脑池受压),3个月;

b)中度脑肿胀(脑室和脑池受压),4个月;

c)严重脑肿胀(脑室或脑池消失),6个月。

5.3.6 开放性颅脑损伤

5.3.6.1 临床治愈

符合下列情形的为临床治愈:

a)伤口愈合,可遗留颅骨缺损,无颅内感染;

b)神志清楚,症状基本消失,颅内压正常;

c)无神经功能缺失征象。

5.3.6.2 临床稳定

符合下列情形的为临床稳定:

a)伤口愈合,尚遗留某些神经损害,包括肢体瘫痪、失语、癫痫等;

b)生活基本自理或部分自理。

5.3.6.3 治疗终结时间

8个月。

5.4 脑损伤后血管病变

5.4.1 外伤后脑梗死

5.4.1.1 临床治愈

意识清楚,血压平稳,肢体及言语功能恢复较好,能自理生活,可遗留轻度神经损害体征。

5.4.1.2 临床稳定

意识清楚,肢体及言语功能有不同程度改善,趋于稳定。

5.4.1.3 治疗终结时间

6~8个月。

5.4.2 外伤性脑动脉瘤

5.4.2.1 临床治愈

符合下列情形的为临床治愈:

a)经治疗后,病灶消失或大部分消失;

b)神经系统症状恢复正常或稳定。

5.4.2.2 临床稳定

符合下列情形的为临床稳定:

a)病灶部分消失;

b)神经系统症状缓解。

5.4.2.3 治疗终结时间

6个月。

5.5 面部皮肤损伤

5.5.1 临床治愈

伤口愈合,肿胀消退,组织缺损基本修复。

5.5.2 治疗终结时间

符合下列情形的治疗终结时间为:

a)皮肤挫伤治疗终结时间为2周;

b)浅表创或创长度小于或等于5 cm,治疗终结时间为3周;

c)创长度大于或等于6 cm,治疗终结时间为1.5个月;

d)重度撕脱伤(大于25 cm^2),治疗终结时间为3个月。

5.6 眼损伤

5.6.1 泪道损伤

5.6.1.1 临床治愈

泪道冲洗通畅,溢泪消失。

5.6.1.2 临床稳定

泪道冲洗较通畅,溢泪减轻。

5.6.1.3 治疗终结时间

6个月。

5.6.2 结膜损伤

5.6.2.1 临床治愈

伤口愈合,眼部刺激症状消失。

5.6.2.2 治疗终结时间

符合下列情形的治疗终结时间为：

a) 出血或充血,治疗终结时间为 1 个月；

b) 后遗粘连伴眼球运动障碍,治疗终结时间为 6 个月。

5.6.3 角膜损伤

5.6.3.1 临床治愈

上皮愈合,刺激症状消失,视力恢复。

5.6.3.2 临床稳定

上皮愈合,刺激症状消失,视力无进一步改善。

5.6.3.3 治疗终结时间

符合下列情形的治疗终结时间为：

a) 角膜擦伤为 1 个月；

b) 角膜挫伤为 3 个月；

c) 角膜裂伤为 4 个月。

5.6.4 虹膜睫状体损伤

5.6.4.1 临床治愈

单眼复视消失,前房积血吸收,角膜透明,视力恢复。

5.6.4.2 临床稳定

前房积血吸收,可遗留一定程度的复视或视力减退。

5.6.4.3 治疗终结时间

符合下列情形的治疗终结时间为：

a) 外伤性虹膜睫状体炎为 3 个月；

b) 瞳孔永久性散大,虹膜根部离断为 3 个月；

c) 前房出血为 3 个月；

d) 前房出血致角膜血染需行角膜移植术为 6 个月；

e) 睫状体脱离为 6 个月。

5.6.5 巩膜损伤

5.6.5.1 临床治愈

伤口愈合,根据损伤位置,视力有不同程度恢复。

5.6.5.2 临床稳定

伤口愈合,视力无进一步改善,但已趋于稳定。

5.6.5.3 治疗终结时间

符合下列情形的治疗终结时间为：

a) 单纯性巩膜裂伤为 3 个月；

b) 角巩膜裂伤,伴眼内容物脱出为 6 个月。

5.6.6   晶体损伤

5.6.6.1   临床治愈

手术伤口愈合,脱位之晶体被摘除,无明显刺激症状,无严重并发症,视力稳定。

5.6.6.2   治疗终结时间

符合下列情形的治疗终结时间为:

a)晶体脱位为 3 个月;

b)外伤性白内障为 6 个月。

5.6.7   玻璃体损伤

5.6.7.1   临床治愈

符合下列情形的为临床治愈:

a)玻璃体出血静止,出血全部或大部分吸收;

b)进行玻璃体手术者,伤口愈合,出血清除。

5.6.7.2   临床稳定

符合下列情形的为临床稳定:

a)出血部分吸收;

b)手术后伤口愈合,出血部分清除,有机化组织残留。

5.6.7.3   治疗终结时间

6 个月。

5.6.8   脉络膜破裂

5.6.8.1   临床治愈

伤口愈合,眼部刺激症状消失。

5.6.8.2   治疗终结时间

6 个月。

5.6.9   眼底损伤

5.6.9.1   临床治愈

眼底水肿消退,黄斑裂孔封闭。根据黄斑损伤情况,视力可有不同程度的恢复。

5.6.9.2   治疗终结时间

符合下列情形的治疗终结时间为:

a)视网膜震荡为 2 个月;

b)视网膜出血为 4 个月;

c)视网膜脱离或脉络膜脱离为 6 个月;

d) 黄斑裂孔为 6 个月;

e)外伤性视网膜病变为 6 个月。

5.6.10   眼球后血肿

5.6.10.1   临床治愈

血肿基本吸收,视力恢复正常或基本正常。

5.6.10.2 临床稳定

血肿基本吸收,视力未改善,但已趋于稳定。

5.6.10.3 治疗终结时间

3个月。

5.6.11 眼球内异物或眼眶内异物

5.6.11.1 临床治愈

异物取出,伤口愈合,眼部症状缓解,视力趋于稳定。

5.6.11.2 临床稳定

异物存留,眼部症状缓解,视力趋于稳定。

5.6.11.3 治疗终结时间

4个月。

5.6.12 视神经损伤

5.6.12.1 临床治愈

经治疗后视力恢复或基本恢复。

5.6.12.2 临床稳定

视力部分恢复或趋于稳定。

5.6.12.3 治疗终结时间

6个月。

5.6.13 眼眶骨折

5.6.13.1 临床治愈

骨折修复,眼球正位,复视基本消失。

5.6.13.2 治疗终结时间

符合下列情形的治疗终结时间为:

a)眼眶线形骨折为3个月;

b)眼眶粉碎性骨折为6个月。

5.7 耳损伤

5.7.1 耳廓损伤

5.7.1.1 临床治愈

伤口愈合,耳廓缺损创面已基本修复。

5.7.1.2 治疗终结时间

符合下列情形的治疗终结时间为:

a)耳廓创,无软骨损伤为2~3周;

b)耳廓创并软骨损伤为4~8周。

5.7.2 外耳道撕裂伤

5.7.2.1 临床治愈

伤口愈合。

5.7.2.2 治疗终结时间

2个月。

5.7.3 外伤性鼓膜穿孔

5.7.3.1 临床治愈

中耳无分泌物,鼓膜穿孔愈合。

5.7.3.2 治疗终结时间

符合下列情形的治疗终结时间为:

a)鼓膜穿孔自愈为2~4周;

b)鼓膜穿孔经手术修补为2~3个月。

5.7.4 听骨链脱位或断裂

5.7.4.1 临床治愈

复位或手术行听骨链重建。

5.7.4.2 治疗终结时间

2~3个月。

5.7.5 内耳损伤

5.7.5.1 临床治愈

骨折已愈合,听力障碍已恢复。

5.7.5.2 临床稳定

骨折已愈合,听力障碍无进一步改善。

5.7.5.3 治疗终结时间

4个月。

5.8 鼻骨骨折

5.8.1 临床治愈

骨折复位,伤口愈合,外形及鼻腔功能基本恢复正常。

5.8.2 临床稳定

骨折畸形愈合,外形及鼻腔功能基本恢复正常。

5.8.3 治疗终结时间

符合下列情形的治疗终结时间为:

a)鼻骨线形骨折为2~4周;

b)鼻骨粉碎性骨折保守治疗或鼻骨线形骨折,经复位治疗后4~6周。

5.9 口腔损伤

5.9.1 舌损伤

5.9.1.1 临床治愈

伤口愈合,肿胀消退,组织缺损基本修复。

5.9.1.2 治疗终结时间

符合下列情形的治疗终结时间为:

a)舌裂伤(浅表)为 1 个月;

b)舌裂伤(深在,广泛)为 2 个月。

5.9.2 牙齿损伤

5.9.2.1 临床治愈

无自觉症状,牙不松动,恢复牙齿外形和功能。

5.9.2.2 临床稳定

无自觉症状或症状减轻,但有牙色或轻微松动。

5.9.2.3 治疗终结时间

符合下列情形的治疗终结时间为:

a)牙齿脱位或松动(不包括Ⅰ度)为 1~2 个月;

b)牙齿断裂为 2 个月;

c)牙齿撕脱为 3 个月。

5.9.3 腮腺损伤

5.9.3.1 临床治愈

伤口愈合,肿胀消退,组织缺损基本修复,腺体分泌功能恢复正常。

5.9.3.2 治疗终结时间

3 个月。

5.9.4 面神经损伤

5.9.4.1 临床治愈

面部表情肌运动功能完全恢复或基本恢复。

5.9.4.2 临床稳定

面部表情肌功能部分恢复,且无进一步改善。

5.9.4.3 治疗终结时间

6 个月。

5.10 颌面部骨、关节损伤

5.10.1 齿槽骨骨折

5.10.1.1 临床治愈

骨折愈合,咬合基本恢复正常。

5.10.1.2 临床稳定

骨折愈合,可遗留轻度咬合错位。

5.10.1.3 治疗终结时间

3 个月。

5.10.2 颌骨骨折

5.10.2.1 临床治愈

骨折对位对线好,骨折愈合,功能恢复正常。

5.10.2.2   临床稳定

骨折愈合,可遗留轻度咬合错位。

5.10.2.3   治疗终结时间

符合下列情形的治疗终结时间为:

a)单纯性骨折为 3 个月;

b)粉碎性骨折为 6 个月。

5.10.3   颞颌关节损伤

5.10.3.1   临床治愈

颞颌关节结构正常,局部无肿痛,咀嚼有力,功能完全或基本恢复。

5.10.3.2   临床稳定

咀嚼时疼痛,功能轻度受限。

5.10.3.3   治疗终结时间

符合下列情形的治疗终结时间为:

a)颞颌关节扭伤为 2 个月;

b)颞颌关节脱位为 3 个月。

5.11   颈部损伤

5.11.1   颈部皮肤损伤

5.11.1.1   临床治愈

伤口愈合,血肿吸收,组织缺损已修复。

5.11.1.2   治疗终结时间

符合下列情形的治疗终结时间为:

a)皮肤擦伤为 2 周;

b)皮肤挫伤(血肿)为 3 周;

c)皮肤轻度裂伤(浅表)为 3 周;

d)皮肤重度裂伤(长度大于 15 cm,并深入皮下组织)为 1 个月;

e)皮肤轻度撕脱伤(浅表;小于或等于 50 cm^2)为 1.5 个月;

f)皮肤重度撕脱伤(大于 50 cm^2)为 2 个月;

g)穿透伤(组织缺损大于 50 cm^2)为 3~4 个月。

5.11.2   咽喉损伤

5.11.2.1   临床治愈

伤口愈合,吞咽、发音、呼吸功能等已恢复正常。

5.11.2.2   临床稳定

伤口愈合,进食和发音功能基本恢复正常。

5.11.2.3   治疗终结时间

符合下列情形的治疗终结时间为:

a)咽喉挫伤为 2 个月;

b）咽喉裂伤（非全层）为 3～4 个月；

c）咽喉穿孔伤为 6～8 个月。

5.11.3 食管损伤

5.11.3.1 临床治愈

进食情况良好，无脓胸。

5.11.3.2 临床稳定

自觉吞咽困难，但无食管扩张或狭窄。

5.11.3.3 治疗终结时间

符合下列情形的治疗终结时间为：

a）食管挫伤（血肿）为 2 个月；

b）食管裂伤（非全层）为 3 个月；

c）食管穿孔伤为 6～8 个月；

d）食管断裂为 10～12 个月。

5.11.4 气管损伤

5.11.4.1 临床治愈

符合下列情形的治疗终结时间为：

a）经保守治疗或支气管镜扩张后通气功能良好；

b）重建呼吸道后，呼吸通畅，功能良好；

c）肺切除后情况良好，无并发症。

5.11.4.2 临床稳定

自觉呼吸困难，但无气管扩张或狭窄。

5.11.4.3 治疗终结时间

符合下列情形的治疗终结时间为：

a）气管挫伤（血肿）为 2 个月；

b）气管裂伤（非全层）为 3 个月；

c）气管穿孔伤为 4～5 个月；

d）气管断裂为 6～8 个月。

5.11.5 甲状腺损伤

5.11.5.1 临床治愈

伤口愈合，腺体分泌及代谢调节功能恢复正常。

5.11.5.2 治疗终结时间

符合下列情形的治疗终结时间为：

a）甲状腺挫伤为 2 个月；

b）甲状腺裂伤为 3 个月。

5.11.6　声带损伤

5.11.6.1　临床治愈

损伤修复,发音功能正常。

5.11.6.2　临床稳定

损伤修复,声音嘶哑趋于稳定。

5.11.6.3　治疗终结时间

符合下列情形的治疗终结时间为:

a)单侧声带损伤为 3 个月;

b)双侧声带损伤为 4 个月。

5.12　胸部损伤

5.12.1　胸部皮肤损伤

5.12.1.1　临床治愈

皮肤肿胀消退,伤口愈合。

5.12.1.2　治疗终结时间

符合下列情形的治疗终结时间为:

a)皮肤擦伤为 2 周;

b)皮肤挫伤(血肿)为 3 周;

c)皮肤轻度裂伤(浅表)为 1 个月;

d)皮肤重度裂伤(长度大于 20 cm,并深入皮下)为 1.5 个月;

e)皮肤轻度撕脱伤(浅表;小于或等于 100 cm^2)为 2 个月;

f)皮肤重度撕脱伤(大于 100 cm^2)为 4 个月。

5.12.2　乳腺损伤

5.12.2.1　临床治愈

伤口完全愈合。

5.12.2.2　临床稳定

伤口未完全愈合。

5.12.2.3　治疗终结时间

符合下列情形的治疗终结时间为:

a)乳腺表皮挫伤,单侧或双侧累计小于或等于 100 cm^2,1.5 个月;

b)乳腺表皮挫伤,单侧或双侧累计大于 100 cm^2,3 个月;

c)乳腺组织裂伤,单侧或双侧累计长度小于或等于 5 cm,1.5 个月;

d)乳腺组织裂伤,单侧或双侧累计长度大于 5 cm,3 个月;

e)乳腺组织缺损,单侧或双侧累计小于或等于 10 cm^2,2 个月;

f)乳腺组织缺损,单侧或双侧累计大于 10 cm^2、小于或等于 20 cm^2,4 个月;

g)乳腺组织缺损,单侧或双侧累计大于 20 cm^2,6 个月;

h)单侧乳腺组织缺失,8 个月;

i)双侧乳腺缺失,16 个月。

5.12.3　胸壁损伤

5.12.3.1　临床治愈

伤口愈合,组织缺损已修复。

5.12.3.2　治疗终结时间

符合下列情形的治疗终结时间为:

a)胸壁轻度穿透伤(浅表;未深入胸膜腔;但未累及深部结构)为 2 个月;

b)胸壁严重穿透伤(伴组织缺损大于 100 cm^2)为 4 个月。

5.12.4　胸腔积血

5.12.4.1　临床治愈

符合下列情形的为临床治愈:

a)症状消失;

b)体温、血象正常;

c)胸腔积血已抽尽或引流排出;

d)X 线检查胸膜腔无积液,肺扩张良好。

5.12.4.2　临床稳定

符合下列情形的为临床稳定:

a)胸腔积血已抽尽或引流排出,但遗留胸膜粘连或增厚;

b)可能伴有一定程度的呼吸不畅。

5.12.4.3　治疗终结时间

符合下列情形的治疗终结时间为:

a)小量(胸腔积血小于或等于 500 mL)为 2 个月;

b)中量(胸腔积血大于 500 mL、小于或等于 1 500 mL)为 3 个月;

c)大量(胸腔积血大于 1 500 mL)为 4 个月。

5.12.5　胸腔积气

5.12.5.1　临床治愈

符合下列情形的为临床治愈:

a)症状消失;

b)胸壁伤口愈合;

c)X 线检查气体消失,无积液,肺扩张良好。

5.12.5.2　治疗终结时间

符合下列情形的治疗终结时间为:

a)小量(肺压缩三分之一以下)为 2 个月;

b)中量(肺压缩三分之二以下)为 3 个月;

c) 大量(肺压缩三分之二以上)为 4 个月。

5.12.6　气管损伤

同 5.11.4。

5.12.7　食管损伤

同 5.11.3。

5.12.8　肺损伤

5.12.8.1　临床治愈

症状消失,呼吸通畅,X 线检查无气体,无积液,心功能正常。

5.12.8.2　临床稳定

自觉呼吸困难,可留有轻度胸膜粘连。

5.12.8.3　治疗终结时间

符合下列情形的治疗终结时间为:

a)单侧肺挫伤为 1.5 个月;

b)双侧肺挫伤为 2 个月;

c)肺裂伤为 2 个月;

d)肺裂伤伴胸腔积血或胸腔积气为 4 个月;

e)肺裂伤伴纵隔气肿或纵隔血肿为 6 个月。

5.12.9　心脏损伤

5.12.9.1　临床治愈

符合下列情形的为临床治愈:

a)症状消失;

b)心电图及超声心动图基本恢复正常;

c)外伤性缺损经手术修复后,伤口愈合良好,无重要并发症,且术后无症状。

5.12.9.2　临床稳定

遗留胸痛、心跳、气短等症状,但心电图及超声心动图略有改善或无改善。

5.12.9.3　治疗终结时间

符合下列情形的治疗终结时间为:

a)心脏挫伤(血肿)为 4 个月;

b)心脏裂伤(未穿孔)为 6 个月;

c)心脏穿孔为 8 个月;

d)心内瓣膜裂伤(破裂)为 8 个月;

e)室间隔或房间隔裂伤(破裂)为 10 个月。

5.12.10　心包损伤

5.12.10.1　临床治愈

症状消失,伤口愈合。

5.12.10.2　治疗终结时间

4 个月。

5.12.11 胸主动脉内膜撕裂伤(血管未破裂)

5.12.11.1 临床治愈

动脉瘤切除后,症状消失,伤口愈合,无重要并发症。

5.12.11.2 治疗终结时间

4个月。

5.12.12 胸主动脉裂伤(穿孔)

5.12.12.1 临床治愈

符合下列情形的为临床治愈:

a)经手术修复后症状消失;

b)胸片显示无动脉瘤形成,纵隔影不增宽;

c)伤口愈合,无重要并发症。

5.12.12.2 治疗终结时间

6个月。

5.12.13 肋骨骨折

5.12.13.1 临床治愈

骨折愈合,对位满意,局部肿痛消失,咳嗽及深呼吸无疼痛。

5.12.13.2 治疗终结时间

符合下列情形的治疗终结时间为:

a)单根肋骨骨折为3个月;

b)一侧多于3根肋骨骨折,另一侧少于3根肋骨骨折为4个月;

c)双侧均多于3根肋骨骨折为6个月;

d)多发性肋骨骨折(连枷胸)为8个月。

5.12.14 胸骨骨折

5.12.14.1 临床治愈

骨折愈合,局部肿痛消失,咳嗽或深呼吸时无不适。

5.12.14.2 治疗终结时间

3个月。

5.13 腹部和盆部损伤

5.13.1 腹部皮肤损伤

5.13.1.1 临床治愈

皮肤肿胀消退,伤口愈合,组织缺损修复。

5.13.1.2 治疗终结时间

符合下列情形的治疗终结时间为:

a)皮肤擦伤为2周;

b)皮肤挫伤(血肿)为3周;

c)皮肤轻度裂伤(浅表)为1个月;

d)皮肤重度裂伤(长度大于 20 cm,并深入皮下)为 1.5 个月;

e)皮肤轻度撕脱伤(浅表;小于或等于 100 cm²)为 2 个月;

f)皮肤重度撕脱伤(大于 100 cm²)为 3 个月。

5.13.2 腹壁穿透伤

5.13.2.1 临床治愈

组织缺损修复,伤口愈合。

5.13.2.2 治疗终结时间

符合下列情形的治疗终结时间为:

a)腹壁轻度穿透伤,浅表;深入腹腔;但未累及深部结构为 2 个月;

b)腹壁严重穿透伤,伴组织缺损大于 100 cm² 深入腹腔为 6 个月。

5.13.3 腹主动脉损伤

5.13.3.1 腹主动脉内膜撕裂伤(血管未破裂)

5.13.3.1.1 临床治愈

动脉瘤切除后,症状消失,伤口愈合,无重要并发症。

5.13.3.1.2 治疗终结时间

4 个月。

5.13.3.2 腹主动脉裂伤(穿孔)

5.13.3.2.1 临床治愈

符合下列情形的为临床治愈:

a)经手术修复后症状消失;

b)胸片显示无动脉瘤形成,纵隔影不增宽;

c)伤口愈合,无重要并发症。

5.13.3.2.2 治疗终结时间

6 个月。

5.13.4 胃损伤

5.13.4.1 临床治愈

伤口、切口愈合,无腹膜刺激症状。

5.13.4.2 临床稳定

遗留腹痛、轻度腹胀。

5.13.4.3 治疗终结时间

符合下列情形的治疗终结时间为:

a)胃挫伤(血肿)为 2 个月;

b)胃非全层裂伤为 3 个月;

c)胃全层裂伤(穿孔)为 4 个月;

d)胃广泛性损伤伴组织缺损为 6 个月。

5.13.5　十二指肠损伤

5.13.5.1　临床治愈

伤口、切口愈合,无腹膜刺激症状。

5.13.5.2　临床稳定

遗留腹痛、轻度腹胀。

5.13.5.3　治疗终结时间

符合下列情形的治疗终结时间为:

a)十二指肠挫伤(血肿)为 2 个月;

b)十二指肠非全层裂伤为 3 个月;

c)十二指肠全层裂伤为 5 个月;

d)十二指肠广泛撕脱伤伴组织缺损为 10 个月。

5.13.6　空-回肠(小肠)

5.13.6.1　临床治愈

伤口、切口愈合,无腹膜刺激症状。

5.13.6.2　稳定标准

遗留腹痛、轻度腹胀。

5.13.6.3　治疗终结时间

符合下列情形的治疗终结时间为:

a)挫伤(血肿)为 2 个月;

b)非全层裂伤为 3 个月;

c)全层裂伤但未完全横断为 4 个月;

d)广泛撕脱或组织缺损或横断为 6 个月。

5.13.7　结肠损伤

5.13.7.1　临床治愈

伤口、切口愈合,无腹膜刺激症状。

5.13.7.2　临床稳定

遗留腹痛、轻度腹胀。

5.13.7.3　治疗终结时间

符合下列情形的治疗终结时间为:

a)结肠挫伤(血肿)为 2 个月;

b)结肠非全层裂伤为 3 个月;

c)结肠全层裂伤为 6 个月;

d)结肠广泛撕脱伤伴组织缺损为 10 个月。

5.13.8　直肠损伤

5.13.8.1　临床治愈

伤口、切口愈合,无腹膜刺激症状。

5.13.8.2 临床稳定

自述腹痛、轻度腹胀,可遗留排便不畅或便意等症状,但检查无直肠狭窄。

5.13.8.3 治疗终结时间

符合下列情形的治疗终结时间为:

a)挫伤(血肿)为 2 个月;

b)直肠非全层裂伤为 3 个月;

c)直肠全层裂伤为 6 个月;

d)直肠广泛撕脱伤伴组织缺损为 10 个月。

5.13.9 肛门损伤

5.13.9.1 临床治愈

伤口、切口愈合,大便无困难。

5.13.9.2 临床稳定

可留有肛门括约肌功能障碍,无明显改善。

5.13.9.3 治疗终结时间

符合下列情形的治疗终结时间为:

a)肛门挫伤(血肿)为 2 个月;

b)肛门非全层裂伤为 3 个月;

c)肛门全层裂伤为 6 个月;

d)肛门广泛撕脱伤伴组织缺损为 10 个月。

5.13.10 肠系膜损伤

5.13.10.1 临床治愈

血肿吸收,症状消失。

5.13.10.2 治疗终结时间

符合下列情形的治疗终结时间为:

a)肠系膜挫伤(血肿)为 2 个月;

b)肠系膜破裂伤,经手术治疗为 4 个月。

5.13.11 网膜损伤

5.13.11.1 临床治愈

血肿吸收,症状消失。

5.13.11.2 治疗终结时间

符合下列情形的治疗终结时间为:

a)网膜挫伤(血肿)为 1.5 个月;

b)网膜破裂伤,经手术治疗为 2 个月。

5.13.12 肝脏损伤

5.13.12.1 临床治愈

经治疗后,症状体征消失,无并发症。

5.13.12.2　临床稳定

经治疗后,急性症状和体征消失,留有并发症。

5.13.12.3　治疗终结时间

符合下列情形的治疗终结时间为:

a)肝脏挫裂伤,保守治疗为 3 个月;

b)肝脏损伤,修补术为 4 个月;

c)肝脏损伤,肝叶切除为 6 个月。

5.13.13　胆囊挫裂伤

5.13.13.1　临床治愈

经治疗后,症状体征消失,或胆囊切除术后无并发症。

5.13.13.2　临床稳定

经治疗后,急性症状和体征消失,留有并发症未完全痊愈。

5.13.13.3　治疗终结时间

符合下列情形的治疗终结时间为:

a)胆囊挫伤(血肿)为 2 个月;

b)胆囊轻度裂伤(胆囊管未受累,行胆囊切除术)为 3 个月;

c)胆囊重度裂伤(广泛,胆囊管破裂,行胆囊切除术)为 4 个月。

5.13.14　脾脏损伤

5.13.14.1　临床治愈

生命体征稳定,各种症状消失,血肿吸收。或脾切除后无并发症。

5.13.14.2　治疗终结时间

符合下列情形的治疗终结时间为:

a)脾脏挫裂伤,保守治疗为 2 个月;

b)脾脏损伤,修补术为 3 个月;

c)脾破裂,脾切除为 4 个月。

5.13.15　胰腺损伤

5.13.15.1　临床治愈

生命体征稳定,各种症状消失,血肿吸收,功能基本恢复,实验室检查恢复正常。

5.13.15.2　临床稳定

自述腹痛、腹胀,实验室检查轻度异常。

5.13.15.3　治疗终结时间

符合下列情形的治疗终结时间为:

a)胰腺轻度挫裂伤(浅表;无胰管损伤)为 3 个月;

b)胰腺中度挫裂伤(广泛,胰管受累)为 8 个月;

c)胰腺重度挫裂伤(多处裂伤,壶腹受累)为 12 个月。

5.13.16   肾脏损伤

5.13.16.1   临床治愈

符合下列情形的为临床治愈：

a)疼痛消失,尿液检验正常；

b)伤口愈合良好,无尿瘘形成,亦无并发泌尿系统感染。

5.13.16.2   临床稳定

符合下列情形的为临床稳定：

a)持续或间歇性镜下血尿；

b)伤口未完全愈合或有尿瘘形成或屡发泌尿系统感染。

5.13.16.3   治疗终结时间

符合下列情形的治疗终结时间为：

a)肾脏轻度挫伤,包括包膜下血肿、浅表、实质无裂伤,保守治疗,治疗终结时间为1.5 个月；

b)肾脏重度挫伤,包括包膜下血肿；面积大于 50% 或呈扩展性,治疗终结时间为3 个月；

c)肾脏轻度裂伤,肾皮质深度小于或等于 1 cm;无尿外渗,治疗终结时间为 3 个月；

d)肾脏中度裂伤,肾皮质深度大于 1 cm;无尿外渗,治疗终结时间为 6 个月；

e)肾脏重度裂伤累及肾实质和主要血管,尿外渗,经手术治疗后,治疗终结时间8 个月。

5.13.17   肾上腺损伤

5.13.17.1   临床治愈

伤口愈合,腺体功能恢复正常。

5.13.17.2   治疗终结时间

符合下列情形的治疗终结时间为：

a)肾上腺挫裂伤保守治疗为 2 个月；

b)肾上腺破裂,一侧切除为 4 个月。

5.13.18   膀胱损伤

5.13.18.1   临床治愈

生命体征稳定,各种症状消失,血肿吸收,功能基本恢复,实验室检查恢复正常。

5.13.18.2   临床稳定

符合下列情形的为临床稳定：

a)伤口基本愈合；

b)留有尿频及尿痛等膀胱刺激症状；

c)尿液检查仍不正常。

5.13.18.3   治疗终结时间

符合下列情形的治疗终结时间为：

a)膀胱挫伤(血肿)为 2 个月;

b)膀胱非全层裂伤,行修补手术,治疗终结时间为 4 个月;

c)膀胱全层裂伤、手术治疗,治疗终结时间为 6 个月;

d)膀胱广泛损伤伴组织缺损、手术治疗,治疗终结时间为 10 个月。

5.13.19 输尿管损伤

5.13.19.1 临床治愈

符合下列情形的为临床治愈:

a)切口愈合良好,尿液正常;

b)已有的肾积水、肾功能减退均有明显改善。

5.13.19.2 临床稳定

符合下列情形的为临床稳定:

a)术后伤口愈合良好,但有输尿管狭窄,原有的肾积水有所加重;

b)反复发作泌尿系统感染。

5.13.19.3 治疗终结时间

符合下列情形的治疗终结时间为:

a)输尿管挫伤(血肿)为 2 个月;

b)输尿管非全层裂伤为 4 个月;

c)输尿管全层裂伤、手术治疗,治疗终结时间为 6 个月;

d)输尿管广泛毁损、手术治疗,治疗终结时间为 12 个月。

5.13.20 子宫损伤

5.13.20.1 临床治愈

血肿吸收,伤口愈合,或子宫切除后无并发症。

5.13.20.2 治疗终结时间

符合下列情形的治疗终结时间为:

a)子宫挫伤(血肿)为 2 个月;

b)子宫轻度裂伤小于或等于 1 cm;浅表,行修补术,治疗终结时间为 2 个月;

c)子宫重度裂伤大于 1 cm;深在,行修补术,治疗终结时间为 3 个月;

d)子宫广泛破裂伤、行切除术,治疗终结时间为 4 个月。

5.13.21 卵巢损伤

5.13.21.1 临床治愈

血肿吸收,伤口愈合,或卵巢切除后无并发症。

5.13.21.2 治疗终结时间

符合下列情形的治疗终结时间为:

a)卵巢挫伤(血肿)为 1 个月;

b)卵巢轻度裂伤,浅表;小于或等于 0.5 cm,治疗终结时间为 2 个月;

c)卵巢重度裂伤,深在;大于 0.5 cm 或广泛损伤,行卵巢切除术,治疗终结时间为

3 个月。

5.13.22 输卵管裂伤

5.13.22.1 临床治愈

血肿吸收,伤口愈合,或输卵管切除后无并发症。

5.13.22.2 治疗终结时间

符合下列情形的治疗终结时间为:

a)输卵管挫伤、血肿,保守治疗,治疗终结时间为 1 个月;

b)输卵管挫裂伤,经手术修补或行输卵管切除术,治疗终结时间为 3 个月。

5.13.23 会阴部损伤

5.13.23.1 会阴部皮肤损伤

5.13.23.1.1 临床治愈

血肿吸收,伤口愈合,缺损组织已修复。

5.13.23.1.2 治疗终结时间

符合下列情形的治疗终结时间为:

a)会阴挫伤(血肿)为 1 个月;

b)会阴裂伤为 2 个月;

c)会阴撕脱伤,广泛破裂伤(Ⅲ度以上裂伤),治疗终结时间为 6 个月。

5.13.23.2 阴茎损伤

5.13.23.2.1 临床治愈

伤口愈合,排尿通畅,勃起功能良好。

5.13.23.2.2 临床稳定

伤口虽愈合,阴茎有变形,影响排尿或勃起。

5.13.23.2.3 治疗终结时间

符合下列情形的治疗终结时间为:

a)阴茎挫伤(血肿),治疗终结时间为 2 个月;

b)阴茎轻度裂伤,治疗终结时间为 4 个月;

c)阴茎撕脱伤或断裂伤,治疗终结时间为 6 个月。

5.13.23.3 尿道损伤

5.13.23.3.1 临床治愈

血肿吸收,伤口愈合,症状消失,排尿通畅,尿检正常。

5.13.23.3.2 临床稳定

排尿不畅或有尿瘘形成,或尚需定期做尿道扩张。

5.13.23.3.3 治疗终结时间

符合下列情形的治疗终结时间为:

a)尿道挫伤(血肿)为 2 个月;

b)尿道非全层裂伤为 4 个月;

　　c)尿道全层裂伤为 6 个月；

　　d)尿道全层裂伤,手术治疗后需定期做尿道扩张,治疗终结时间为 12 个月；

　　e)尿道广泛毁损、组织缺损,手术治疗后需定期做尿道扩张,治疗终结时间为 24 个月。

5.13.23.4　阴囊损伤

5.13.23.4.1　临床治愈

　　血肿吸收,伤口愈合,缺损组织已修复。

5.13.23.4.2　治疗终结时间

　　符合下列情形的治疗终结时间为：

　　a)阴囊挫伤(血肿)为 1 个月；

　　b)阴囊轻度裂伤(浅表)为 2 个月；

　　c)阴囊重度裂伤(撕脱;离断),广泛毁损、组织缺损,治疗终结时间为 3 个月。

5.13.23.5　睾丸损伤

5.13.23.5.1　临床治愈

　　伤口愈合,保留之睾丸无萎缩。

5.13.23.5.2　治疗终结时间

　　符合下列情形的治疗终结时间为：

　　a)睾丸挫伤(血肿)为 2 个月；

　　b)睾丸浅表裂伤为 3 个月；

　　c)睾丸撕脱伤、破裂伤、离断伤,治疗终结时间为 4 个月。

5.13.23.6　阴道损伤

5.13.23.6.1　临床治愈

　　血肿吸收,伤口愈合,症状消失,性交无困难。

5.13.23.6.2　临床稳定

　　自述性交痛,但查无明显狭窄。

5.13.23.6.3　治疗终结时间

　　符合下列情形的治疗终结时间为：

　　a)阴道挫伤(血肿)为 1 个月；

　　b)阴道轻度裂伤(浅表)为 2 个月；

　　c)阴道重度裂伤(深在)为 3 个月；

　　d)阴道广泛破裂伤为 4 个月。

5.13.24　骨盆骨折

5.13.24.1　临床治愈

　　骨折对位满意,骨折愈合,症状消失,功能完全或基本恢复。

5.13.24.2　治疗终结时间

　　符合下列情形的治疗终结时间为：

a)骨盆耻骨坐骨支骨折为 3 个月;

b)骨盆后关环骨折为 6 个月;

c)骨盆骨折伴骶髂关节脱位为 9 个月。

5.14 脊椎损伤

5.14.1 臂丛神经损伤

5.14.1.1 临床治愈

肌力、感觉恢复满意,肢体无畸形,功能良好。电生理检查示神经传导功能基本恢复。

5.14.1.2 临床稳定

可留有感觉、运动功能障碍,电生理检查示神经传导功能异常。

5.14.1.3 治疗终结时间

符合下列情形的治疗终结时间为:

臂丛神经挫伤为 6 个月;

臂丛神经裂伤(部分损伤)为 9 个月;

臂丛神经撕脱伤(完全断裂)为 12 个月。

5.14.2 神经根损伤

5.14.2.1 临床治愈

肌力、感觉恢复满意,肢体无畸形,功能良好。电生理检查示神经传导功能基本恢复。

5.14.2.2 临床稳定

可留有感觉、运动功能障碍,电生理检查示神经传导功能异常。

5.14.2.3 治疗终结时间

符合下列情形的治疗终结时间为:

a)神经根挫伤为 6 个月;

b)神经根裂伤(部分损伤)为 9 个月;

c)神经根撕脱伤(完全断裂)为 12 个月。

5.14.3 马尾神经损伤

5.14.3.1 临床治愈

肌力、感觉恢复满意,功能良好。神经电生理学传导功能基本恢复。

5.14.3.2 临床稳定

可留有感觉、运动功能障碍,神经电生理学检查异常。

5.14.3.3 治疗终结时间

符合下列情形的治疗终结时间为:

a)马尾神经挫伤伴一过性神经体征(感觉异常),治疗终结时间为 6 个月;

b)马尾神经挫伤出现不全性马尾损伤综合征,治疗终结时间为 10 个月;

c)马尾神经挫伤出现完全性马尾损伤综合征,治疗终结时间为 12 个月。

5.14.4 脊髓损伤

5.14.4.1 临床治愈

肌力、感觉恢复满意,肢体无畸形,功能良好。神经电生理学检查基本正常。

5.14.4.2 临床稳定

可留有感觉、运动功能障碍。电生理检查异常。

5.14.4.3 治疗终结时间

符合下列情形的治疗终结时间为:

a)脊髓挫伤伴一过性神经体征为 6 个月;

b)脊髓挫伤出现不完全性脊髓损伤综合征(残留部分感觉或运动功能),治疗终结时间为 10 个月;

c)脊髓挫伤出现完全性脊髓损伤综合征(四肢瘫或截瘫),治疗终结时间为 12 ~ 18 个月;

d)脊髓不全性裂伤(残留部分感觉或运动功能障碍),治疗终结时间为 12 个月;

e)脊髓裂伤出现完全性脊髓损伤综合征(四肢瘫或截瘫),治疗终结时间为 12 ~ 18 个月。

5.14.5 椎间盘破裂、髓核突出

5.14.5.1 临床治愈

非手术或手术治疗后症状消失,神经功能完全或基本恢复。

5.14.5.2 临床稳定

症状大部分消失,功能改善。

5.14.5.3 治疗终结时间

符合下列情形的治疗终结时间为:

a)椎间盘损伤不伴神经根损害,治疗终结时间为 3 个月;

b)椎间盘损伤伴神经根损害,椎间盘破裂,治疗终结时间为 6 个月。

5.14.6 棘间韧带损伤

5.14.6.1 临床治愈

局部肿胀消退,脊柱活动功能正常。

5.14.6.2 临床稳定

症状大部分消失,功能改善。

5.14.6.3 治疗终结时间

3 个月。

5.14.7 脊柱急性扭伤

5.14.7.1 临床治愈

局部肿胀消退,脊柱活动功能正常。

5.14.7.2 临床稳定

症状大部分消失,可遗留功能障碍。

5.14.7.3　治疗终结时间

　　3 个月。

5.14.8　寰、枢椎骨折、脱位

5.14.8.1　临床治愈

　　骨折脱位矫正,基本愈合,症状及体征基本消失,功能恢复或基本恢复,无严重后遗症发生。

5.14.8.2　临床稳定

　　可留有局部疼痛不适,或颈部活动功能障碍。

5.14.8.3　治疗终结时间

　　符合下列情形的治疗终结时间为:

　　a)寰、枢椎骨折为 6 个月;

　　b)寰、枢椎脱位为 4~6 个月。

5.14.9　颈椎骨折、脱位

5.14.9.1　临床治愈

　　骨关节关系正常,骨折愈合,局部无疼痛,颈部活动功能恢复,截瘫消失,肢体功能恢复正常。

5.14.9.2　临床稳定

　　可留有局部疼痛不适,或颈部活动功能障碍。

5.14.9.3　治疗终结时间

　　符合下列情形的治疗终结时间为:

　　a)颈椎骨折或脱位为 4 个月;

　　b)颈椎骨折伴脱位为 6 个月;

　　c)颈椎骨折或脱位合并肢体瘫痪,治疗终结时间为 12 个月。

5.14.10　颈椎小关节脱位

5.14.10.1　临床治愈

　　骨关节关系正常,局部无疼痛,颈部活动功能恢复。

5.14.10.2　临床稳定

　　留有局部疼痛不适。

5.14.10.3　治疗终结时间

　　3 个月。

5.14.11　腰椎棘突骨折

5.14.11.1　临床治愈

　　骨折愈合,局部无疼痛,颈部活动功能恢复。

5.14.11.2　临床稳定

　　留有局部疼痛不适。

5.14.11.3　治疗终结时间

　　3 个月。

5.14.12　腰椎横突骨折

5.14.12.1　临床治愈

　　骨折愈合,局部无疼痛,颈部活动功能恢复。

5.14.12.2　临床稳定

　　留有局部疼痛不适。

5.14.12.3　治疗终结时间

　　3 个月。

5.14.13　椎板骨折

5.14.13.1　临床治愈

　　骨折愈合,局部无疼痛,颈部活动功能恢复。

5.14.13.2　临床稳定

　　可留有局部疼痛不适。

5.14.13.3　治疗终结时间

　　3 个月。

5.14.14　腰椎椎弓根骨折

5.14.14.1　临床治愈

　　骨折愈合,局部无疼痛,颈部活动功能恢复。

5.14.14.2　临床稳定

　　可留有局部疼痛不适。

5.14.14.3　治疗终结时间

　　单侧 4 个月,双侧 6 个月。

5.14.15　胸、腰椎骨折

5.14.15.1　临床治愈

　　压缩椎体基本恢复正常形态,骨折愈合,胸腰部无不适,功能完全或基本恢复。

5.14.15.2　临床稳定

　　压缩椎体大部分恢复正常形态,骨折基本愈合,症状及体征减轻,脊柱功能有改善。

5.14.15.3　治疗终结时间

　　符合下列情形的治疗终结时间为:

　　a)椎体轻度压缩(前侧压缩小于等于1/3)为 3 个月;

　　b)椎体重度压缩(压缩大于1/3)为 6 个月;

　　c)椎体粉碎性骨折为 6 个月。

5.15　上肢损伤

5.15.1　上肢皮肤损伤

5.15.1.1　临床治愈

创口愈合,血肿消失,组织缺损已修复。

5.15.1.2　治疗终结时间

符合下列情形的治疗终结时间为:

a)皮肤擦伤为 2 周;

b)皮肤挫伤(血肿)为 3 周;

c)皮肤轻度裂伤(浅表)为 1 个月;

d)皮肤重度裂伤,手部伤口长大于 10 cm 或整个上肢大于 20 cm,伤口深及深筋膜,治疗终结时间为 1.5 个月;

e)轻度撕脱伤,浅表;手部伤口小于或等于 25 cm^2 或整个上肢小于或等于 100 cm^2,治疗终结时间为 2 个月;

f)上肢轻度穿透伤、深至肌肉,治疗终结时间为 2 个月;

g)上肢重度穿透伤伴软组织缺损大于 25 cm^2,治疗终结时间为 3 个月。

5.15.2　上肢神经损伤

5.15.2.1　正中神经损伤

5.15.2.1.1　临床治愈

肌力、感觉恢复满意,肢体无畸形、功能良好。电生理检查示神经传导功能恢复满意。

5.15.2.1.2　临床稳定

可留有肌力、感觉轻度障碍,电生理检查示神经传导功能轻度异常。

5.15.2.1.3　治疗终结时间

符合下列情形的治疗终结时间为:

a)正中神经挫伤为 6 个月;

b)正中神经裂伤为 9 个月;

c)正中神经断伤为 12 个月。

5.15.2.2　尺神经损伤

同 5.15.2.1。

5.15.2.3　桡神经损伤

同 5.15.2.1。

5.15.2.4　指神经损伤

5.15.2.4.1　临床治愈

感觉恢复满意,手指无畸形、功能良好。

5.15.2.4.2　临床稳定

可留有感觉轻度障碍。

5.15.2.4.3　治疗终结时间

符合下列情形的治疗终结时间为：

a) 指神经挫伤为 3 个月；

b) 指神经断裂伤为 6 个月。

5.15.3　腋动脉、肱动脉损伤

5.15.3.1　临床治愈

手术后伤口愈合,腕部桡动脉搏动正常,末梢充盈时间和皮肤温度恢复正常。功能完全或基本恢复正常。

5.15.3.2　临床稳定

伤口愈合。肢体循环恢复,但供血不够完善或遗留不同程度的缺血症状。

5.15.3.3　治疗终结时间

符合下列情形的治疗终结时间为：

a) 腋动脉、肱动脉内膜撕脱(未破裂)为 2 个月；

b) 腋动脉、肱动脉破裂为 4 个月。

5.15.4　手部多根肌腱裂伤

5.15.4.1　临床治愈

经治疗后手部无明显畸形,功能基本恢复正常。

5.15.4.2　临床稳定

经治疗后手功能大部恢复正常。

5.15.4.3　治疗终结时间

6~10 个月。

5.15.5　上肢损伤伴骨筋膜室综合征

5.15.5.1　临床治愈

症状消失,功能恢复,无后遗症。

5.15.5.2　临床稳定

症状稳定,功能基本恢复。

5.15.5.3　治疗终结时间

6 个月。

5.16　关节损伤

5.16.1　肩关节损伤

5.16.1.1　临床治愈

关节结构正常,症状消失,功能完全或基本恢复正常。

5.16.1.2　临床稳定

关节结构正常,症状基本消失,功能大部分恢复。

5.16.1.3　治疗终结时间

符合下列情形的治疗终结时间为：

　　a)肩关节软组织钝挫伤为 2 个月;

　　b)肩关节捩伤为 3 个月;

　　c)肩关节脱位为 4 个月。

5.16.2　胸锁关节脱位

5.16.2.1　临床治愈

　　关节结构恢复正常,症状消失,功能完全或基本恢复正常。

5.16.2.2　临床稳定

　　关节结构正常,症状基本消失,功能大部分恢复。

5.16.2.3　治疗终结时间

　　符合下列情形的治疗终结时间为:

　　a)胸锁关节软组织钝挫伤为 2 个月;

　　b)胸锁关节半脱位/脱位为 3 个月。

5.16.3　肘关节损伤

5.16.3.1　临床治愈

　　关节结构正常,症状消失,功能完全或基本恢复正常。

5.16.3.2　临床稳定

　　关节结构正常,症状消失,功能大部分恢复。

5.16.3.3　治疗终结时间

　　符合下列情形的治疗终结时间为:

　　a)肘关节软组织钝挫伤为 2 个月;

　　b)肘关节侧副韧带损伤为 3 个月;

　　c)肘关节脱位为 4 个月;

　　d)肘关节脱位后伴骨化性肌炎为 6 个月。

5.16.4　腕关节损伤

5.16.4.1　临床治愈

　　关节结构正常,症状消失,功能完全或基本恢复正常。

5.16.4.2　临床稳定标准

　　关节结构正常,症状消失,功能大部分恢复。

5.16.4.3　治疗终结时间

　　符合下列情形的治疗终结时间为:

　　a)腕关节软组织钝挫伤为 2 个月;

　　b)腕关节韧带损伤为 3 个月;

　　c)腕关节脱位为 3 个月;

　　d)三角纤维软骨损伤伴下尺桡关节分离为 4 个月。

5.16.5　桡骨头半脱位

5.16.5.1　临床治愈

局部疼痛消失,肘关节活动功能恢复正常。

5.16.5.2　临床稳定

关节结构正常,症状消失,功能大部分恢复。

5.16.5.3　治疗终结时间

3个月。

5.16.6　腕掌关节或掌指关节损伤

5.16.6.1　临床治愈

局部肿痛消失,无压痛,前臂旋转功能恢复正常。

5.16.6.2　临床稳定

症状基本消失,关节功能基本恢复。

5.16.6.3　治疗终结时间

符合下列情形的治疗终结时间为:

a)腕掌关节或掌指关节挫伤为3个月;

b)腕掌关节或掌指关节脱位为3个月。

5.16.7　指间关节损伤

5.16.7.1　临床治愈

关节结构正常,症状消失,功能恢复正常。

5.16.7.2　临床稳定

关节结构正常,症状消失,功能大部分恢复。

5.16.7.3　治疗终结时间

符合下列情形的治疗终结时间为:

a)指间关节侧副韧带损伤为3个月;

b)指间关节脱位为3个月。

5.17　上肢骨折

5.17.1　肩峰骨折

5.17.1.1　临床治愈

骨折愈合,功能完全或基本恢复。

5.17.1.2　临床稳定

对位尚可,或骨折对位欠佳,功能恢复尚可。

5.17.1.3　治疗终结时间

符合下列情形的治疗终结时间为:

a)肩峰关节闭合性骨折:3个月;

b)肩峰关节开放性骨折:4个月。

5.17.2 肩胛骨骨折

5.17.2.1 临床治愈

骨折对位满意,骨折线模糊,功能完全或基本恢复。

5.17.2.2 临床稳定

对位尚可,或骨折对位欠佳,功能恢复尚可。

5.17.2.3 治疗终结时间

根据损伤程度不同,治疗终结时间如下:

a)肩胛骨闭合性骨折为 3 个月;

b)肩胛骨开放性骨折为 4~6 个月。

5.17.3 锁骨骨折

5.17.3.1 临床治愈

骨折对线对位满意,有连续性骨痂形成,断端无压痛,无冲击痛,功能恢复。

5.17.3.2 临床稳定

对位尚可,或骨折对位欠佳,功能恢复尚可。

5.17.3.3 治疗终结时间

符合下列情形的治疗终结时间为:

a)锁骨闭合性骨折为 3 个月;

b)锁骨开放性骨折为 4 个月。

5.17.4 肱骨骨折

5.17.4.1 临床治愈

骨折愈合,对位满意,功能及外形完全或基本恢复。

5.17.4.2 临床稳定

骨折愈合对位良好,或骨折对位欠佳,功能恢复尚可。

5.17.4.3 治疗终结时间

符合下列情形的治疗终结时间为:

a)肱骨闭合性骨折为 3 个月;

b)肱骨开放性骨折为 4~6 个月;

c)肱骨下 1/3 开放性骨折为 6 个月。

5.17.5 尺骨骨折

5.17.5.1 临床治愈

骨折对位良好,骨折愈合,功能完全或基本恢复。

5.17.5.2 临床稳定

骨折对位 1/3 以上,对线满意,前臂旋转受限在 45°以内。

5.17.5.3 治疗终结时间

符合下列情形的治疗终结时间为:

a)尺骨闭合性骨折为 3 个月;

b)尺骨开放性骨折为 4 个月。

5.17.6 桡骨骨折

5.17.6.1 临床治愈

骨折有连续骨痂形成已愈合,肘关节屈伸功能正常,前臂旋转功能正常或活动受限在 15°以内。

5.17.6.2 临床稳定

骨折对线对位欠佳,下尺桡关节分离,腕背伸掌屈受限在 30°以内,前臂旋转功能受限 16°~30°。

5.17.6.3 治疗终结时间

符合下列情形的治疗终结时间为:

a)桡骨闭合性骨折为 3 个月;

b)桡骨开放性骨折为 4 个月。

5.17.7 尺、桡骨双骨折

5.17.7.1 临床治愈

骨折愈合,功能完全恢复或基本恢复。

5.17.7.2 临床稳定

对位对线及固定良好。手术后伤口愈合,骨折部位明显连续性骨痂。

5.17.7.3 治疗终结时间

符合下列情形的治疗终结时间为:

a)尺、桡骨闭合性骨折为 6 个月;

b)尺、桡骨开放性骨折为 6~8 个月。

5.17.8 腕骨骨折

5.17.8.1 临床治愈

骨折对位满意愈合,功能完全或基本恢复。

5.17.8.2 临床稳定

骨折基本愈合,对位良好,功能恢复尚可。

5.17.8.3 治疗终结时间

符合下列情形的治疗终结时间为:

a)腕骨骨折为 6 个月;

b)手舟状骨骨折为 8 个月;

c)舟状骨骨折伴月骨周围脱位为 10 个月。

5.17.9 掌骨骨折

5.17.9.1 临床治愈

骨折愈合,第二至第五掌指关节序列恢复,掌指关节屈伸正常。

5.17.9.2 临床稳定

骨折愈合,对线对位尚可,无明显畸形,留有部分功能受限。

5.17.9.3   治疗终结时间

4 个月。

5.17.10   手指骨折

5.17.10.1   临床治愈

骨折对位满意已愈合,手指功能及外形完全或基本恢复。

5.17.10.2   临床稳定

骨折愈合,有轻度旋转或成角畸形,手指功能尚能满足一般生活及工作需要。

5.17.10.3   治疗终结时间

3 个月。

5.18   下肢损伤

5.18.1   下肢皮肤损伤

同 5.15.1。

5.18.2   神经损伤

5.18.2.1   坐骨神经损伤

5.18.2.1.1   临床治愈

肌力、感觉恢复满意,肢体无畸形,功能良好,电生理检查提示神经传导功能恢复满意。

5.18.2.1.2   临床稳定

可留有肌力、感觉轻度障碍,电生理检查提示神经传导功能轻度异常。

5.18.2.1.3   治疗终结时间

符合下列情形的治疗终结时间为:

a)坐骨神经挫伤为 8 个月;

b)坐骨神经部分损伤为 10 个月;

c)坐骨神经完全性损伤为 12 个月。

5.18.2.2   股神经损伤

5.18.2.2.1   临床治愈

肌力、感觉恢复满意,肢体无畸形,功能良好,电生理检查提示神经传导功能恢复满意。

5.18.2.2.2   临床稳定

可留有肌力、感觉轻度障碍,电生理检查提示神经传导功能轻度异常。

5.18.2.2.3   治疗终结时间

符合下列情形的治疗终结时间为:

a)股神经挫伤为 6 个月;

b)股神经部分断裂伤为 9 个月;

c)股神经完全断裂伤为 12 个月。

5.18.2.3 胫神经损伤

5.18.2.3.1 临床治愈

肌力、感觉恢复满意,肢体无畸形,功能良好。电生理检查提示神经传导功能完全恢复。

5.18.2.3.2 临床稳定

可留有肌力、感觉轻度障碍,电生理检查提示神经传导功能轻度异常。

5.18.2.3.3 治疗终结时间

符合下列情形的治疗终结时间为:

a)胫神经挫伤为6个月;

b)胫神经部分断裂伤为9个月;

c)胫神经完全断裂伤为12个月。

5.18.2.4 腓总神经损伤

5.18.2.4.1 临床治愈

肌力、感觉恢复满意,肢体无畸形,功能良好,电生理检查提示神经传导功能恢复满意。

5.18.2.4.2 临床稳定

可留有肌力、感觉轻度障碍,电生理检查提示神经传导功能轻度异常。

5.18.2.4.3 治疗终结时间

符合下列情形的治疗终结时间为:

a)腓总神经挫伤为6个月;

b)腓总神经部分损伤为10个月;

c)腓总神经撕脱伤或完全断裂伤为12个月。

5.18.2.5 趾神经损伤

5.18.2.5.1 临床治愈

感觉恢复满意,功能良好。

5.18.2.5.2 临床稳定

可留有感觉轻度障碍。

5.18.2.5.3 治疗终结时间

符合下列情形的治疗终结时间为:

a)趾神经挫伤为3个月;

b)趾神经断裂伤为6个月。

5.18.3 股血管、腘血管损伤

5.18.3.1 临床治愈

手术后伤口愈合,脉搏正常,肢体循环恢复正常。功能完全或基本恢复正常。

5.18.3.2 临床稳定

伤口愈合。肢体循环恢复,但供血不够完善或遗留不同程度的缺血症状。

5.18.3.3 治疗终结时间

符合下列情形的治疗终结时间为：

a)股血管、腘血管内膜撕裂(未破裂)为 2 个月；

b)股血管、腘血管破裂为 4 个月。

5.18.4 肌腱及韧带损伤

5.18.4.1 髌韧带损伤

5.18.4.1.1 临床治愈

韧带修复满意,症状完全消失,功能恢复正常。

5.18.4.1.2 临床稳定

韧带修复,症状基本消失,功能基本恢复。

5.18.4.1.3 治疗终结时间

符合下列情形的治疗终结时间为：

a)髌韧带裂伤(破裂,撕裂,撕脱)为 3 个月；

b)髌韧带完全横断为 6 个月。

5.18.4.2 膝关节侧副韧带损伤

5.18.4.2.1 临床治愈

肿胀疼痛压痛消失,膝关节功能完全或基本恢复。

5.18.4.2.2 临床稳定

膝部无明显疼痛,关节有轻度不稳定,屈伸正常或稍受限。

5.18.4.2.3 治疗终结时间

3 个月。

5.18.4.3 十字韧带损伤

5.18.4.3.1 临床治愈

关节无疼痛,稳定,功能完全恢复。

5.18.4.3.2 临床稳定

关节无明显疼痛,有轻度不稳,功能基本恢复。

5.18.4.3.3 治疗终结时间

符合下列情形的治疗终结时间为：

a)不完全断裂为 3~4 个月；

b)单一十字韧带断裂、韧带替代修补术为 4~6 个月；

c)双十字韧带断裂、韧带替代修补术为 6 个月。

5.18.4.4 跟腱损伤

5.18.4.4.1 临床治愈

韧带修复满意,症状完全消失,功能恢复正常。

5.18.4.4.2 临床稳定

韧带修复,症状基本消失,功能基本恢复。

5.18.4.4.3 治疗终结时间

符合下列情形的治疗终结时间为：

a)跟腱不完全性裂伤(破裂,撕脱,撕裂)为3个月；

b)跟腱完全性裂伤(破裂,撕脱,撕裂)为6个月。

5.18.4.5 膝关节半月板损伤

5.18.4.5.1 临床治愈

膝关节疼痛肿胀消失,无关节弹响和交锁,膝关节旋转挤压和研磨试验(-),膝关节功能基本恢复。

5.18.4.5.2 临床稳定

症状基本消失,活动多或长时间工作后仍有轻度疼痛或酸困,股四头肌轻度萎缩,膝关节功能接近正常。

5.18.4.5.3 治疗终结时间

符合下列情形的治疗终结时间为：

a)非手术治疗为2个月；

b)半月板修补缝合为3个月；

c)关节镜修整为3个月。

5.18.5 下肢损伤致骨筋膜室综合征

5.18.5.1 临床治愈

症状消失,功能恢复,无后遗症。

5.18.5.2 临床稳定

症状消失,功能基本恢复。

5.18.5.3 治疗终结时间

6个月。

5.18.6 下肢关节损伤

5.18.6.1 髋关节损伤

5.18.6.1.1 临床治愈

髋关节关系正常,功能完全或基本恢复,可以正常负重及参加劳动。

5.18.6.1.2 临床稳定

关节关系正常,可留有疼痛不适、功能轻度受限。

5.18.6.1.3 治疗终结时间

符合下列情形的治疗终结时间为：

a)髋关节软组织钝挫伤为2个月；

b)髋关节捩伤为2个月；

c)单纯髋关节脱位(关节软骨未受累)为3个月；

d)髋关节骨折伴脱位为8～12个月；

e)髋关节开放性脱位为8～12个月。

5.18.6.2　膝关节损伤

5.18.6.2.1　临床治愈

　　膝关节关系正常,关节无疼痛,行走无不适,关节稳定,功能完全或基本恢复。

5.18.6.2.2　临床稳定

　　关节关系正常,可留有疼痛不适、功能轻度受限。

5.18.6.2.3　治疗终结时间

　　符合下列情形的治疗终结时间为:

　　a)膝关节软组织钝挫伤为 2 个月;

　　b)膝关节揿伤为 3 个月;

　　c)膝关节多根韧带损伤为 6 个月;

　　d)膝关节脱位伴骨折为 8 个月;

　　e)膝关节开放性脱位为 6 个月。

5.18.6.3　踝关节损伤

5.18.6.3.1　临床治愈

　　踝关节关系正常,关节无疼痛,症状消失,功能完全或基本恢复。

5.18.6.3.2　临床稳定

　　关节关系正常,可留有疼痛不适、功能轻度受限。

5.18.6.3.3　治疗终结时间

　　符合下列情形的治疗终结时间为:

　　a)踝部软组织钝挫伤为 2 个月;

　　b)踝关节揿伤为 3 个月;

　　c)踝关节骨折/伴脱位为 8 个月;

　　d)踝关节开放性脱位为 6 个月。

5.18.6.4　跖、趾或趾间关节损伤

5.18.6.4.1　临床治愈

　　关节关系正常,局部无肿痛,无皮下瘀斑,无明显压痛,步行无疼痛。

5.18.6.4.2　临床稳定

　　关节关系正常,可留有疼痛不适、功能轻度受限。

5.18.6.4.3　治疗终结时间

　　符合下列情形的治疗终结时间为:

　　a)跖趾或趾间关节揿伤为 2 个月;

　　b)跖趾或趾间关节脱位为 2 个月;

　　c)开放性跖趾或趾间关节脱位或闭合性骨折伴脱位为 4 个月;

　　d)跖趾关节骨折伴脱位为 4 个月。

5.18.6.5　距下、距舟或跗跖关节损伤

5.18.6.5.1　临床治愈

关节关系正常,局部无肿痛,无皮下瘀斑,无明显压痛,步行无疼痛。

5.18.6.5.2　临床稳定

关节关系正常,可留有疼痛不适、功能轻度受限。

5.18.6.5.3　治疗终结时间

符合下列情形的治疗终结时间为:

a)距下、距舟或跗跖关节掼伤为 2 个月;

b)距下或距舟关节脱位为 3 个月;

c)闭合性距骨骨折伴关节脱位为 4~6 个月;

d)开放性距骨骨折伴关节脱位为 6 个月。

5.18.7　下肢骨折

5.18.7.1　股骨骨折

5.18.7.1.1　股骨干骨折

5.18.7.1.1.1　临床治愈

骨折对线对位满意,骨折愈合,功能完全或基本恢复。

5.18.7.1.1.2　临床稳定

骨折愈合,对位良好,轻度疼痛、跛行,可半蹲,生活可自理。

5.18.7.1.1.3　治疗终结时间

6~8 个月。

5.18.7.1.2　股骨转子间骨折

5.18.7.1.2.1　临床治愈

骨折对位满意,有连续性骨痂通过骨折线,无跛行及疼痛,能恢复正常行走、下蹲。

5.18.7.1.2.2　临床稳定

骨折线模糊,对位尚满意,髋内翻在 25° 以内,短缩畸形在 2 cm 以内,轻度跛行及下蹲受限,能参加一般劳动及自理生活者。

5.18.7.1.2.3　治疗终结时间

符合下列情形的治疗终结时间为:

a)稳定型为 6 个月;

b)不稳定型手术治疗为 6~9 个月。

5.18.7.1.3　股骨颈骨折

5.18.7.1.3.1　临床治愈

骨折愈合,对位满意,局部无疼痛,无跛行,伸髋正常,屈髋超过 90°。

5.18.7.1.3.2　临床稳定

骨折愈合,对位良好,轻度疼痛、跛行,可半蹲,生活可自理。

5.18.7.1.3.3 治疗终结时间

符合下列情形的治疗终结时间为：

a）骨折内固定为 9 ~ 12 个月；

b）人工股骨头或全髋置换为 6 ~ 9 个月。

5.18.7.2 胫骨骨折

5.18.7.2.1 临床治愈

对线对位满意，局部无压痛、叩痛，伤肢无明显短缩，骨折成角小于5°，膝关节屈伸功能受限在15°内，踝关节屈伸活动受限在5°以内。

5.18.7.2.2 临床稳定

对位良好，或对位尚可已愈合，行走时轻度疼痛，膝关节活动轻度受限。

5.18.7.2.3 治疗终结时间

符合下列情形的治疗终结时间为：

a）胫骨平台闭合性骨折为 6 个月；

b）胫骨平台开放性骨折为 8 ~ 10 个月；

c）胫骨髁间嵴骨折为 6 个月；

d）单纯性内髁骨折为 4 个月；

e）单纯性后髁骨折为 3 个月。

5.18.7.3 髌骨骨折

5.18.7.3.1 临床治愈

骨折对位满意，骨折愈合，行走无疼痛，膝关节功能完全或基本恢复。

5.18.7.3.2 临床稳定

对位尚满意，骨折愈合，行走有疼痛，膝关节自主伸直受限5° ~ 10°，屈曲受限45°以内者。

5.18.7.3.3 治疗终结时间

3 ~ 4 个月。

5.18.7.4 腓骨骨折

5.18.7.4.1 临床治愈

对线对位满意，骨折线模糊，局部无压痛、叩痛，伤肢无明显短缩，骨折成角小于5°，膝关节屈伸功能受限在15°内，踝关节屈伸活动受限在5°以内。

5.18.7.4.2 临床稳定

对线对位尚可，骨折线模糊，伤肢短缩小于 2 cm，成角小于15°，膝关节活动受限在30° ~ 45°以内，踝关节屈伸受限在10° ~ 15°以内。

5.18.7.4.3 治疗终结时间

3 个月。

5.18.7.5　踝部多发性骨折

5.18.7.5.1　临床治愈

　　骨折对位对线好,骨折愈合,伤口愈合,功能恢复正常。X 线片显示骨折对位对线好。

5.18.7.5.2　临床稳定

　　对位良好,骨折线模糊,踝部轻微疼痛,劳累后加重,内外踝侧方移位在 2 mm 以内,前后移位在 2~4 mm 以内,后踝向后上移位在 2~5 mm 之间。

5.18.7.5.3　治疗终结时间

　　符合下列情形的治疗终结时间为:

　　a)双踝或三踝骨折为 6 个月;

　　b)开放性双踝或三踝骨折为 6 个月。

5.18.7.6　跟骨骨折

5.18.7.6.1　临床治愈

　　足跟外观无畸形,对位满意,骨折线模糊或消失,行走无不适,功能完全或基本恢复。

5.18.7.6.2　临床稳定

　　骨对位良好已愈合,或足跟轻度畸形,足弓轻度变平,行走轻度疼痛,距下关节活动轻度受限。

5.18.7.6.3　治疗终结时间

　　3 个月。

5.18.7.7　跖骨或跗骨骨折

5.18.7.7.1　临床治愈

　　骨折对位满意,有连续性骨痂通过骨折线,局部无肿胀及压痛,功能完全或基本恢复。

5.18.7.7.2　临床稳定

　　骨折对位良好,已愈合,走路仍有疼痛。

5.18.7.7.3　治疗终结时间

　　3 个月。

5.18.7.8　足趾骨折

5.18.7.8.1　临床治愈

　　骨折对位或骨折对线好,已愈合。

5.18.7.8.2　临床稳定

　　骨折对位良好,或骨折对线好,对位差,已愈合,外观轻度畸形,微肿胀,无压痛,行走时略有疼痛。

5.18.7.8.3　治疗终结时间

　　3 个月。

5.19　烧伤和腐蚀伤

5.19.1　烧伤

5.19.1.1　临床治愈

符合下列情形的为临床治愈：

a)Ⅰ度及浅Ⅱ度创面完全愈合；

b)深Ⅱ度、Ⅲ度创面基本愈合,剩余散在创面可望换药痊愈；

c)内脏并发症基本痊愈；

d)严重烧伤、大面积烧伤者基本能生活自理,颜面无严重畸形。

5.19.1.2　临床稳定

符合下列情形的为临床稳定：

a)严重烧伤、大面积烧伤或Ⅲ度烧伤创面大部愈合,剩余创面尚需植皮；

b)颜面部有较明显畸形,或有其他功能障碍。

5.19.1.3　治疗终结时间

以实际治愈或稳定时间为准。

5.19.2　腐蚀伤

5.19.2.1　临床治愈

全身症状消失,皮肤创面愈合,受损伤的骨骼已愈合,功能障碍轻。

5.19.2.2　临床稳定

全身症状基本平稳,无明显后遗中毒病变,仍有散在小创面,或明显畸形应整复者。

5.19.2.3　治疗终结时间

以实际治愈或稳定时间为准。

附录九　医疗纠纷预防和处理条例

（中华人民共和国国务院令 2018 年第 701 号）

第一章　总　　则

第一条　为了预防和妥善处理医疗纠纷,保护医患双方的合法权益,维护医疗秩序,保障医疗安全,制定本条例。

第二条　本条例所称医疗纠纷,是指医患双方因诊疗活动引发的争议。

第三条　国家建立医疗质量安全管理体系,深化医药卫生体制改革,规范诊疗活动,改善医疗服务,提高医疗质量,预防、减少医疗纠纷。

在诊疗活动中,医患双方应当互相尊重,维护自身权益应当遵守有关法律、法规的规定。

第四条 处理医疗纠纷,应当遵循公平、公正、及时的原则,实事求是,依法处理。

第五条 县级以上人民政府应当加强对医疗纠纷预防和处理工作的领导、协调,将其纳入社会治安综合治理体系,建立部门分工协作机制,督促部门依法履行职责。

第六条 卫生主管部门负责指导、监督医疗机构做好医疗纠纷的预防和处理工作,引导医患双方依法解决医疗纠纷。

司法行政部门负责指导医疗纠纷人民调解工作。

公安机关依法维护医疗机构治安秩序,查处、打击侵害患者和医务人员合法权益以及扰乱医疗秩序等违法犯罪行为。

财政、民政、保险监督管理等部门和机构按照各自职责做好医疗纠纷预防和处理的有关工作。

第七条 国家建立完善医疗风险分担机制,发挥保险机制在医疗纠纷处理中的第三方赔付和医疗风险社会化分担的作用,鼓励医疗机构参加医疗责任保险,鼓励患者参加医疗意外保险。

第八条 新闻媒体应当加强医疗卫生法律、法规和医疗卫生常识的宣传,引导公众理性对待医疗风险;报道医疗纠纷,应当遵守有关法律、法规的规定,恪守职业道德,做到真实、客观、公正。

第二章 医疗纠纷预防

第九条 医疗机构及其医务人员在诊疗活动中应当以患者为中心,加强人文关怀,严格遵守医疗卫生法律、法规、规章和诊疗相关规范、常规,恪守职业道德。

医疗机构应当对其医务人员进行医疗卫生法律、法规、规章和诊疗相关规范、常规的培训,并加强职业道德教育。

第十条 医疗机构应当制定并实施医疗质量安全管理制度,设置医疗服务质量监控部门或者配备专(兼)职人员,加强对诊断、治疗、护理、药事、检查等工作的规范化管理,优化服务流程,提高服务水平。

医疗机构应当加强医疗风险管理,完善医疗风险的识别、评估和防控措施,定期检查措施落实情况,及时消除隐患。

第十一条 医疗机构应当按照国务院卫生主管部门制定的医疗技术临床应用管理规定,开展与其技术能力相适应的医疗技术服务,保障临床应用安全,降低医疗风险;采用医疗新技术的,应当开展技术评估和伦理审查,确保安全有效、符合伦理。

第十二条 医疗机构应当依照有关法律、法规的规定,严格执行药品、医疗器械、消毒药剂、血液等的进货查验、保管等制度。禁止使用无合格证明文件、过期等不合格的药品、医疗器械、消毒药剂、血液等。

第十三条 医务人员在诊疗活动中应当向患者说明病情和医疗措施。需要实施手术,或者开展临床试验等存在一定危险性、可能产生不良后果的特殊检查、特殊治疗的,医务人员应当及时向患者说明医疗风险、替代医疗方案等情况,并取得其书面同意;在患者处于昏迷等无法自主作出决定的状态或者病情不宜向患者说明等情形下,应当向患者的近亲属说明,并取得其书面同意。

紧急情况下不能取得患者或者其近亲属意见的,经医疗机构负责人或者授权的负责人批准,可以立即实施相应的医疗措施。

第十四条　开展手术、特殊检查、特殊治疗等具有较高医疗风险的诊疗活动,医疗机构应当提前预备应对方案,主动防范突发风险。

第十五条　医疗机构及其医务人员应当按照国务院卫生主管部门的规定,填写并妥善保管病历资料。

因紧急抢救未能及时填写病历的,医务人员应当在抢救结束后 6 小时内据实补记,并加以注明。

任何单位和个人不得篡改、伪造、隐匿、毁灭或者抢夺病历资料。

第十六条　患者有权查阅、复制其门诊病历、住院志、体温单、医嘱单、化验单(检验报告)、医学影像检查资料、特殊检查同意书、手术同意书、手术及麻醉记录、病理资料、护理记录、医疗费用以及国务院卫生主管部门规定的其他属于病历的全部资料。

患者要求复制病历资料的,医疗机构应当提供复制服务,并在复制的病历资料上加盖证明印记。复制病历资料时,应当有患者或者其近亲属在场。医疗机构应患者的要求为其复制病历资料,可以收取工本费,收费标准应当公开。

患者死亡的,其近亲属可以依照本条例的规定,查阅、复制病历资料。

第十七条　医疗机构应当建立健全医患沟通机制,对患者在诊疗过程中提出的咨询、意见和建议,应当耐心解释、说明,并按照规定进行处理;对患者就诊疗行为提出的疑问,应当及时予以核实、自查,并指定有关人员与患者或者其近亲属沟通,如实说明情况。

第十八条　医疗机构应当建立健全投诉接待制度,设置统一的投诉管理部门或者配备专(兼)职人员,在医疗机构显著位置公布医疗纠纷解决途径、程序和联系方式等,方便患者投诉或者咨询。

第十九条　卫生主管部门应当督促医疗机构落实医疗质量安全管理制度,组织开展医疗质量安全评估,分析医疗质量安全信息,针对发现的风险制定防范措施。

第二十条　患者应当遵守医疗秩序和医疗机构有关就诊、治疗、检查的规定,如实提供与病情有关的信息,配合医务人员开展诊疗活动。

第二十一条　各级人民政府应当加强健康促进与教育工作,普及健康科学知识,提高公众对疾病治疗等医学科学知识的认知水平。

第三章　医疗纠纷处理

第二十二条　发生医疗纠纷,医患双方可以通过下列途径解决:

(一)双方自愿协商;

(二)申请人民调解;

(三)申请行政调解;

（四）向人民法院提起诉讼；

（五）法律、法规规定的其他途径。

第二十三条　发生医疗纠纷,医疗机构应当告知患者或者其近亲属下列事项：

（一）解决医疗纠纷的合法途径；

（二）有关病历资料、现场实物封存和启封的规定；

（三）有关病历资料查阅、复制的规定。

患者死亡的,还应当告知其近亲属有关尸检的规定。

第二十四条　发生医疗纠纷需要封存、启封病历资料的,应当在医患双方在场的情况下进行。封存的病历资料可以是原件,也可以是复制件,由医疗机构保管。病历尚未完成需要封存的,对已完成病历先行封存;病历按照规定完成后,再对后续完成部分进行封存。医疗机构应当对封存的病历开列封存清单,由医患双方签字或者盖章,各执一份。

病历资料封存后医疗纠纷已经解决,或者患者在病历资料封存满 3 年未再提出解决医疗纠纷要求的,医疗机构可以自行启封。

第二十五条　疑似输液、输血、注射、用药等引起不良后果的,医患双方应当共同对现场实物进行封存、启封,封存的现场实物由医疗机构保管。需要检验的,应当由双方共同委托依法具有检验资格的检验机构进行检验;双方无法共同委托的,由医疗机构所在地县级人民政府卫生主管部门指定。

疑似输血引起不良后果,需要对血液进行封存保留的,医疗机构应当通知提供该血液的血站派员到场。

现场实物封存后医疗纠纷已经解决,或者患者在现场实物封存满 3 年未再提出解决医疗纠纷要求的,医疗机构可以自行启封。

第二十六条　患者死亡,医患双方对死因有异议的,应当在患者死亡后 48 小时内进行尸检;具备尸体冻存条件的,可以延长至 7 日。尸检应当经死者近亲属同意并签字,拒绝签字的,视为死者近亲属不同意进行尸检。不同意或者拖延尸检,超过规定时间,影响对死因判定的,由不同意或者拖延的一方承担责任。

尸检应当由按照国家有关规定取得相应资格的机构和专业技术人员进行。

医患双方可以委派代表观察尸检过程。

第二十七条　患者在医疗机构内死亡的,尸体应当立即移放太平间或者指定的场所,死者尸体存放时间一般不得超过 14 日。逾期不处理的尸体,由医疗机构在向所在地县级人民政府卫生主管部门和公安机关报告后,按照规定处理。

第二十八条　发生重大医疗纠纷的,医疗机构应当按照规定向所在地县级以上地方人民政府卫生主管部门报告。卫生主管部门接到报告后,应当及时了解掌握情况,引导医患双方通过合法途径解决纠纷。

第二十九条　医患双方应当依法维护医疗秩序。任何单位和个人不得实施危害患者和医务人员人身安全、扰乱医疗秩序的行为。

医疗纠纷中发生涉嫌违反治安管理行为或者犯罪行为的,医疗机构应当立即向所在地公安机关报案。公安机关应当及时采取措施,依法处置,维护医疗秩序。

第三十条　医患双方选择协商解决医疗纠纷的,应当在专门场所协商,不得影响正常医疗秩序。医患双方人数较多的,应当推举代表进行协商,每方代表人数不超过5人。

协商解决医疗纠纷应当坚持自愿、合法、平等的原则,尊重当事人的权利,尊重客观事实。医患双方应当文明、理性表达意见和要求,不得有违法行为。

协商确定赔付金额应当以事实为依据,防止畸高或者畸低。对分歧较大或者索赔数额较高的医疗纠纷,鼓励医患双方通过人民调解的途径解决。

医患双方经协商达成一致的,应当签署书面和解协议书。

第三十一条　申请医疗纠纷人民调解的,由医患双方共同向医疗纠纷人民调解委员会提出申请;一方申请调解的,医疗纠纷人民调解委员会在征得另一方同意后进行调解。

申请人可以以书面或者口头形式申请调解。书面申请的,申请书应当载明申请人的基本情况、申请调解的争议事项和理由等;口头申请的,医疗纠纷人民调解员应当当场记录申请人的基本情况、申请调解的争议事项和理由等,并经申请人签字确认。

医疗纠纷人民调解委员会获悉医疗机构内发生重大医疗纠纷,可以主动开展工作,引导医患双方申请调解。

当事人已经向人民法院提起诉讼并且已被受理,或者已经申请卫生主管部门调解并且已被受理的,医疗纠纷人民调解委员会不予受理;已经受理的,终止调解。

第三十二条　设立医疗纠纷人民调解委员会,应当遵守《中华人民共和国人民调解法》的规定,并符合本地区实际需要。医疗纠纷人民调解委员会应当自设立之日起30个工作日内向所在地县级以上地方人民政府司法行政部门备案。

医疗纠纷人民调解委员会应当根据具体情况,聘任一定数量的具有医学、法学等专业知识且热心调解工作的人员担任专(兼)职医疗纠纷人民调解员。

医疗纠纷人民调解委员会调解医疗纠纷,不得收取费用。医疗纠纷人民调解工作所需经费按照国务院财政、司法行政部门的有关规定执行。

第三十三条　医疗纠纷人民调解委员会调解医疗纠纷时,可以根据需要咨询专家,并可以从本条例第三十五条规定的专家库中选取专家。

第三十四条　医疗纠纷人民调解委员会调解医疗纠纷,需要进行医疗损害鉴定以明确责任的,由医患双方共同委托医学会或者司法鉴定机构进行鉴定,也可以经医患双方同意,由医疗纠纷人民调解委员会委托鉴定。

医学会或者司法鉴定机构接受委托从事医疗损害鉴定,应当由鉴定事项所涉专业的临床医学、法医学等专业人员进行鉴定;医学会或者司法鉴定机构没有相关专业人员的,应当从本条例第三十五条规定的专家库中抽取相关专业专家进行鉴定。

医学会或者司法鉴定机构开展医疗损害鉴定,应当执行规定的标准和程序,尊重科学,恪守职业道德,对出具的医疗损害鉴定意见负责,不得出具虚假鉴定意见。医疗损害鉴定的具体管理办法由国务院卫生、司法行政部门共同制定。

鉴定费预先向医患双方收取,最终按照责任比例承担。

第三十五条　医疗损害鉴定专家库由设区的市级以上人民政府卫生、司法行政部门共同设立。专家库应当包含医学、法学、法医学等领域的专家。聘请专家进入专家库，不受行政区域的限制。

第三十六条　医学会、司法鉴定机构作出的医疗损害鉴定意见应当载明并详细论述下列内容：

（一）是否存在医疗损害以及损害程度；

（二）是否存在医疗过错；

（三）医疗过错与医疗损害是否存在因果关系；

（四）医疗过错在医疗损害中的责任程度。

第三十七条　咨询专家、鉴定人员有下列情形之一的，应当回避，当事人也可以以口头或者书面形式申请其回避：

（一）是医疗纠纷当事人或者当事人的近亲属；

（二）与医疗纠纷有利害关系；

（三）与医疗纠纷当事人有其他关系，可能影响医疗纠纷公正处理。

第三十八条　医疗纠纷人民调解委员会应当自受理之日起30个工作日内完成调解。需要鉴定的，鉴定时间不计入调解期限。因特殊情况需要延长调解期限的，医疗纠纷人民调解委员会和医患双方可以约定延长调解期限。超过调解期限未达成调解协议的，视为调解不成。

第三十九条　医患双方经人民调解达成一致的，医疗纠纷人民调解委员会应当制作调解协议书。调解协议书经医患双方签字或者盖章，人民调解员签字并加盖医疗纠纷人民调解委员会印章后生效。

达成调解协议的，医疗纠纷人民调解委员会应当告知医患双方可以依法向人民法院申请司法确认。

第四十条　医患双方申请医疗纠纷行政调解的，应当参照本条例第三十一条第一款、第二款的规定向医疗纠纷发生地县级人民政府卫生主管部门提出申请。

卫生主管部门应当自收到申请之日起5个工作日内作出是否受理的决定。当事人已经向人民法院提起诉讼并且已被受理，或者已经申请医疗纠纷人民调解委员会调解并且已被受理的，卫生主管部门不予受理；已经受理的，终止调解。

卫生主管部门应当自受理之日起30个工作日内完成调解。需要鉴定的，鉴定时间不计入调解期限。超过调解期限未达成调解协议的，视为调解不成。

第四十一条　卫生主管部门调解医疗纠纷需要进行专家咨询的，可以从本条例第三十五条规定的专家库中抽取专家；医患双方认为需要进行医疗损害鉴定以明确责任的，参照本条例第三十四条的规定进行鉴定。医患双方经卫生主管部门调解达成一致的，应当签署调解协议书。

第四十二条　医疗纠纷人民调解委员会及其人民调解员、卫生主管部门及其工作人员应当对医患双方的个人隐私等事项予以保密。未经医患双方同意，医疗纠纷人民调解委员会、卫生主管部门不得公开进行调解,也不得公开调解协议的内容。

第四十三条　发生医疗纠纷,当事人协商、调解不成的,可以依法向人民法院提起诉讼。当事人也可以直接向人民法院提起诉讼。

第四十四条　发生医疗纠纷,需要赔偿的,赔付金额依照法律的规定确定。

第四章　法律责任

第四十五条　医疗机构篡改、伪造、隐匿、毁灭病历资料的,对直接负责的主管人员和其他直接责任人员,由县级以上人民政府卫生主管部门给予或者责令给予降低岗位等级或者撤职的处分,对有关医务人员责令暂停6个月以上1年以下执业活动;造成严重后果的,对直接负责的主管人员和其他直接责任人员给予或者责令给予开除的处分,对有关医务人员由原发证部门吊销执业证书;构成犯罪的,依法追究刑事责任。

第四十六条　医疗机构将未通过技术评估和伦理审查的医疗新技术应用于临床的,由县级以上人民政府卫生主管部门没收违法所得,并处5万元以上10万元以下罚款,对直接负责的主管人员和其他直接责任人员给予或者责令给予降低岗位等级或者撤职的处分,对有关医务人员责令暂停6个月以上1年以下执业活动;情节严重的,对直接负责的主管人员和其他直接责任人员给予或者责令给予开除的处分,对有关医务人员由原发证部门吊销执业证书;构成犯罪的,依法追究刑事责任。

第四十七条　医疗机构及其医务人员有下列情形之一的,由县级以上人民政府卫生主管部门责令改正,给予警告,并处1万元以上5万元以下罚款;情节严重的,对直接负责的主管人员和其他直接责任人员给予或者责令给予降低岗位等级或者撤职的处分,对有关医务人员可以责令暂停1个月以上6个月以下执业活动;构成犯罪的,依法追究刑事责任:

(一)未按规定制定和实施医疗质量安全管理制度;

(二)未按规定告知患者病情、医疗措施、医疗风险、替代医疗方案等;

(三)开展具有较高医疗风险的诊疗活动,未提前预备应对方案防范突发风险;

(四)未按规定填写、保管病历资料,或者未按规定补记抢救病历;

(五)拒绝为患者提供查阅、复制病历资料服务;

(六)未建立投诉接待制度、设置统一投诉管理部门或者配备专(兼)职人员;

(七)未按规定封存、保管、启封病历资料和现场实物;

(八)未按规定向卫生主管部门报告重大医疗纠纷;

(九)其他未履行本条例规定义务的情形。

第四十八条　医学会、司法鉴定机构出具虚假医疗损害鉴定意见的,由县级以上人民政府卫生、司法行政部门依据职责没收违法所得,并处5万元以上10万元以下罚款,对该医学会、司法鉴定机构和有关鉴定人员责令暂停3个月以上1年以下医疗损害鉴定业务,对直接负责的主管人员和其他直接责任人员给予或者责令给予降低岗位等级或者撤职的处分;情节严重的,该医学会、司法鉴定机构和有关鉴定人员5年内不得从事医疗损害鉴定业务或者撤销登记,对直接负责的主管人员和其他直接责任人员给予或者责令给予开除的处分;构成犯罪的,依法追究刑事责任。

第四十九条 尸检机构出具虚假尸检报告的,由县级以上人民政府卫生、司法行政部门依据职责没收违法所得,并处 5 万元以上 10 万元以下罚款,对该尸检机构和有关尸检专业技术人员责令暂停 3 个月以上 1 年以下尸检业务,对直接负责的主管人员和其他直接责任人员给予或者责令给予降低岗位等级或者撤职的处分;情节严重的,撤销该尸检机构和有关尸检专业技术人员的尸检资格,对直接负责的主管人员和其他直接责任人员给予或者责令给予开除的处分;构成犯罪的,依法追究刑事责任。

第五十条 医疗纠纷人民调解员有下列行为之一的,由医疗纠纷人民调解委员会给予批评教育、责令改正;情节严重的,依法予以解聘:

(一)偏袒一方当事人;

(二)侮辱当事人;

(三)索取、收受财物或者牟取其他不正当利益;

(四)泄露医患双方个人隐私等事项。

第五十一条 新闻媒体编造、散布虚假医疗纠纷信息的,由有关主管部门依法给予处罚;给公民、法人或者其他组织的合法权益造成损害的,依法承担消除影响、恢复名誉、赔偿损失、赔礼道歉等民事责任。

第五十二条 县级以上人民政府卫生主管部门和其他有关部门及其工作人员在医疗纠纷预防和处理工作中,不履行职责或者滥用职权、玩忽职守、徇私舞弊的,由上级人民政府卫生等有关部门或者监察机关责令改正;依法对直接负责的主管人员和其他直接责任人员给予处分;构成犯罪的,依法追究刑事责任。

第五十三条 医患双方在医疗纠纷处理中,造成人身、财产或者其他损害的,依法承担民事责任;构成违反治安管理行为的,由公安机关依法给予治安管理处罚;构成犯罪的,依法追究刑事责任。

第五章 附 则

第五十四条 军队医疗机构的医疗纠纷预防和处理办法,由中央军委机关有关部门会同国务院卫生主管部门依据本条例制定。

第五十五条 对诊疗活动中医疗事故的行政调查处理,依照《医疗事故处理条例》的相关规定执行。

第五十六条 本条例自 2018 年 10 月 1 日起施行。

附录十　法医学　死亡原因分类及其鉴定指南

（中华人民共和国公共安全行业标准　GA/T 1968—2021）

1　范围

本文件规定了法医学中死亡原因的定义、分类、鉴定原则、分析方法、分析要件及鉴定意见规范性表述。

本文件适用于法医学中死亡原因的分类及鉴定。

2　规范性引用文件

下列文件中的内容通过文中的规范性引用而构成本文件必不可少的条款。其中，注日期的引用文件，仅该日期对应的版本适用于本文件；不注日期的引用文件，其最新版本（包括所有的修改单）适用于本文件。

GA/T 147 法医学　尸体检验技术总则

GA/T 150 法医学　机械性窒息尸体检验规范

GA/T 151 法医学　新生儿尸体检验规范

GA/T 167 法医学　中毒尸体检验规范

GA/T 168 法医学　机械性损伤尸体检验规范

GA/T 170 法医学　猝死尸体检验规范

3　术语和定义

下列术语和定义适用于本文件。

3.1　死亡原因（死因）　cause of death

导致机体死亡发生的疾病（内源性）、暴力（外源性）等因素。

注：暴力是指引起死亡的外源性因素，包括机械性损伤、机械性窒息、中毒、高低温损伤、电击与雷击等。疾病是指引起死亡的内源性因素。

3.2　根本死因　primary cause of death

引起死亡的原发性疾病或致死性暴力。

3.3　直接死因　immediate cause of death

致命性的并发症。

注：如休克、栓塞、损伤感染、挤压综合征等。

3.4　辅助死因　contributory cause of death

根本死因之外的，本身不会致命但在死亡过程中起到辅助作用的自然性疾病或损伤。

3.5 联合死因 combined cause of death

联合作用于机体引起死亡的两种或两种以上互不联系(可区分主次或起同等作用)的因素。

注:又称合并死因。

3.6 死亡诱因 predisposing factor of death

诱发身体原有潜在疾病急性发作或迅速恶化而引起死亡的因素。

注:包括各种精神情绪因素、劳累过度、吸烟、外伤、大量饮酒、性交、过度饱食、饥饿、寒冷、医疗穿刺与器械使用等。

4 死因逻辑分类

在疾病、暴力等因素作用于机体导致死亡的过程中,通过分析各因素在作用阶段、参与程度、作用机制等方面的逻辑关系,将死亡原因分为:根本死因、直接死因、辅助死因、联合死因、死亡诱因。死因逻辑分类参见附录 A(本书略)。

5 死因鉴定指南

5.1 鉴定原则

5.1.1 全面原则

在客观条件允许的情况下,宜按照工作流程全面完成现场勘查、尸表检验、解剖检验、实验室检验、辅助检查和案情调查后,再开展死因鉴定。

5.1.2 科学客观原则

应本着科学客观、实事求是的态度,依据尸体检验时的客观条件(发布的国家标准、行业标准或技术规范、公认或广泛采用的方法、仪器设备、环境等)开展死因调查和分析,在鉴定意见出具前上述客观条件持续稳定不变。

5.2 死因分析方法

死因分析采用排除法,即通过系统全面的工作,在现场勘验、尸表检验、解剖检验、实验室检验、辅助检查、案情调查等多方面工作基础上进行综合分析,逐一对每一种致死可能性因素进行排除,在不能排除的因素中进行逻辑死因分析,最终确定符合或接近客观事实的死亡原因。

5.3 死因分析要件

5.3.1 现场勘查

现场勘查主要对现场整体状况、尸体整体状况、损伤情况、现场血迹、遗留致伤物等方面进行勘查。

5.3.2 尸体检验

尸体检验包括尸表检验、解剖检验、组织病理学检验等,按照 GA/T 147 中相关要求执行。怀疑因机械性窒息、中毒、机械性损伤、猝死死亡的尸体,按照 GA/T 150、GA/T 167、GA/T 168、GA/T 170 相关要求执行。新生儿尸体检验按照 GA/T 151 相关要求执行。

5.3.3 实验室检验

实验室检验主要包括：

a）毒物、药物检验；

b）生物物证检验；

c）生化检验；

d）其他检验：如硅藻检验、金属残留物检验等。

5.3.4 辅助检查

包括电子计算机断层扫描（CT）检查、X线检验、磁共振成像（MRI）检查等辅助检查。

5.3.5 信息收集

包括案件调查情况、生前临床表现、既往疾病史、职业特点、性格特点等与死亡过程有关的资料信息。

6 法医病理学有关死因的鉴定意见的规范性表述

6.1 鉴定意见分类

6.1.1 法医病理学有关死因的鉴定意见分为认定性鉴定意见、符合性鉴定意见、倾向性鉴定意见、不排除性鉴定意见和不能得出结论性鉴定意见。

6.1.2 当鉴定意见使用"系"作为谓语时，尸体检验工作应至少建立在解剖检验水平的基础上，表示具备充分必要的死因证据支持，并能够与案件事实相印证。

6.1.3 当鉴定意见使用"符合"作为谓语时，尸体检验工作应至少建立在尸表检验水平的基础上，表示具备充分的死因证据支持。

6.1.4 当鉴定意见使用"倾向性"作为谓语时，尸体检验工作应至少建立在尸表检验水平的基础上，表示可以排除其他死因，且具有部分证据支持某种死因，但证据不充分。

6.1.5 当鉴定意见使用"不排除"作为谓语时，尸体检验工作应至少建立在尸表检验水平的基础上，表示可以排除其他死因，但不能排除某些死因的可能性。

6.1.6 当鉴定意见使用"无法认定"作为谓语时，尸体检验工作应至少建立在尸表检验水平的基础上，表示不具备支持某些死因的证据，且无法排除任何死因的可能性。

6.2 鉴定意见规范性表述方式

6.2.1 认定性、符合性、倾向性、不排除鉴定意见表述方式

6.2.1.1 鉴定意见达死亡机制水平的表述方式

（被鉴定人姓名/尸体名称）（系、符合、倾向于、不排除）（被××暴力作用/患××疾病）造成（根本死因）导致（直接死因）致（死亡机制）死亡。

示例：（被鉴定人姓名/尸体名称）系患冠心病导致心肌梗死致心力衰竭死亡。

6.2.1.2 鉴定意见达直接死因水平的表述方式

（被鉴定人姓名/尸体名称）（系、符合、倾向于、不排除）（被××暴力作用/患××疾病）造成（根本死因）导致（直接死因）死亡。

示例：（被鉴定人姓名/尸体名称）符合被钝性物体击打躯干及四肢造成大面积皮下出血导致挤压综合征死亡。